“受众 · 传播 · 文化”博士

丛书总主编：刘燕南

电视娱乐奇观的多维透视：
内容生产、文本与受众

徐 展 著

中国传媒大学出版社

·北京·

图书在版编目(CIP)数据

电视娱乐奇观的多维透视:内容生产、文本与受众 / 徐展著. —北京:中国传媒大学出版社,2018.7
(“受众·传播·文化”博士文丛)
ISBN 978-7-5657-2346-9

Ⅰ.①电… Ⅱ.①徐… Ⅲ.①文娱活动—电视节目—研究—中国
Ⅳ.①G222.3

中国版本图书馆 CIP 数据核字(2018) 第 140969 号

电视娱乐奇观的多维透视:内容生产、文本与受众

DIANSHI YULE QIGUAN DE DUOWEI TOUSHI:NEIRONG SHENGCHAN、WENBEN YU SHOUZHONG

著　　者	徐　展
策划编辑	欧丽娜
责任编辑	欧丽娜
封面设计	风得信·阿东
责任印制	阳金洲
出版发行	中国传媒大学出版社
社　　址	北京市朝阳区定福庄东街1号　邮编:100024
电　　话	86-10-65450528　65450532　传真:65779405
网　　址	http://www.cucp.com.cn
经　　销	全国新华书店
印　　刷	北京玺诚印务有限公司
开　　本	710mm×1000mm　1/16
印　　张	16.5
字　　数	257 千字
版　　次	2018年9月第1版　　2018年9月第1次印刷
书　　号	ISBN 978-7-5657-2346-9/G·2346　**定　价**　68.00元

总 序

历时五年，“受众·传播·文化”博士文丛终于面世。这套由中国传媒大学传播学受众与传媒生态方向的博士论文组成的系列，是年轻的新秀们献给数字时代的一份学术大礼。

被誉为“21世纪麦克卢汉”的美国学者亨利·詹金斯，在其颇具影响的《融合文化》一书中曾经指出，数字革命是一种技术变迁，也是一种社会和文化变迁。在这个变迁序列中，技术和媒介是快变量，生活方式是中变量，文化习俗则是慢变量，是一种潜藏于人们内心的深层结构。如今，无论是快变量、中变量还是慢变量，几乎所有的变化都在加速，其中最具标志性的变化，无疑是受众本身，受众是一切变迁的原动力和目的地。

技术的不断迭代和创新，在潜移默化中改变着受众的角色、地位和功能——从群体到个体、从被动到能动、从受传到传受。如何从媒介变革、从生活方式和文化习俗的变迁中寻找受众，吸引受众，培养忠诚受众，成为各传媒机构的重中之重。受众（用户）成为数字时代最具价值性、杠杆性和驱动力的主体，受众（用户）研究也比以往任何时代都更受重视和青睐。而在中国，这样的转变，不独是受技术驱动的时代变迁因素的影响，更是经历了一个与国情相关的曲折而漫长的过程。

回溯既往，改革开放之初传播学进入中国，从一开始便以其对受众的高度关注而对传统新闻学“重传轻受”的思维理念形成强烈冲击。自那时起，中国新闻传播界便在拨乱反正、与世界接轨的号召下，进行各种尝试和探索，包括采用概率论与数理统计原理及抽样方法进行受众调研；受众研究也在与关心群众、了解群众、走群众路线等政治话语的互动中，开始蹒跚学步。虽然用“受众”一词来指代读者、听众和观众的说法还没被多数人所接受，将人群划分为左、中、右的贴标签式做法仍然残存，传播者对受众有意无意的疏忽和轻视也时常可见，但是毕竟，受众研究及其一整套概念、理路和方法体系，在经历了中国式改造后，已经缓慢而持续地建立和发展起来。

我国受众研究的起始，与传媒业的市场转型大体同步。受众作为注意力经济的核心，受众研究作为了解受众、把握传播效果的重要途径，逐渐引人关注，同时也饱受因转型而产生的“政治—经济”纷争的困扰。一方面，以视听率为代表的结构性“数字受众”研究，由于深度契合传媒市场的运作模式，开始渗入传媒机构从内容生产、节目编排、广告营销到经管决策的几乎所有环节，并倒逼传媒业建立适应转型需要的游戏规则，受众调研逐渐成为传媒业运作的标准配置；与此同时，受众研究尤其是视听率测量，在适应转型需求，为传媒业提供市场表征的同时，也获得了来自市场的资源和资金支持，成为传播学中离市场最近的一个领域。另一方面，视听率引入中国，似乎天然便带有其母体的“原罪”基因，一当市场上出现一些负面现象，诸如节目低俗化、片面追求高收视，乃至数据造假等，对收视率的批判之声便充斥大街小巷。有些或有道理，有些则全然溢出了专业探讨的范畴，打上浓厚的意识形态标签，将收视率与社会效益对立起来，问罪收视率，斥责这个客观反映受众收视行为的效果指标，却全然无视社会心理和机制体制本身的问题，显示出某种话语权力的傲慢与任性。当然，这也从另外一个角度说明，受众研究离市场更近，并不意味着离意识形态更远，也不意味着能够摆脱非专业话语的干扰；离市场更近，更要有独立于市场、独立于经济利益乃至其他各种因素的自觉。

我国受众研究的生长发育，离不开改革开放三十多年来传媒业实践的滋养，也多少会留下转型期社会和文化发展的种种烙印。面对层级分明而属性混杂的传媒业，面对规模庞大且参差不齐的观众群，受众研究每每捉襟见肘；学术历练的不足和研究积累的单薄，也妨碍了受众研究寻求更多理论和方法上和自主突破；更重要的是，既要学习借鉴他人，又要结合实践，还要与某些外在因素保持距离，使得受众研究往往顾此而失彼。很显然，如何处理好与市场、与技术、与意识形态的关系，如何与学术界、与实务界、与国外同行有效对话，是受众研究能否走出一条有自身特色的创新之路的关键。

尽管面临种种困扰，我国受众研究的进步仍然有目共睹。十多年前，我在翻译传播学大家丹尼斯·麦奎尔的《受众分析》一书时，曾经在译者序“解读与思考”中总结了当时国内受众研究的三大特点：调查多，研究少；数据多，理论少；引进多，原创少。与那时相比，今天的受众研究无论在理论、方法还是理论与实践的结合上，都取得了不少进展，不仅研究的质与量均有提升，而且出现了一批努力追求理论创新的论著。受众研究在中国土壤上的探索实践，它在科学化、系统化、专业化等方向上的开拓努力，不断更新和丰富着世界受众研究的知识体系，亦在为推进传播学研究的深入发展做出贡献。

时下数字化浪潮的冲击，正不断拓展受众研究的天际线，刷出一个又一个新的起跑点。今天的受众研究，呈现出跨界、多维、数据驱动的新特征。在新技术的赋能下，受众正从单纯的接受者，朝着复合型传受者转型；从消极被动的同质化群体，朝着积极主动的个性化用户转型。他们在电视、电脑、手机等大中小屏之间，娴熟地切换自己的注意力，并不断提升自我赋权的能力。尽管我们仍在沿袭以往的“受众”称谓，但是“受众”一词的内涵已经更加丰富，也更加多元。传媒形态和传播生态在急剧变化，受众的面貌和功能也不可避免地发生改变，受众研究不可能再重复以往的经验和范式，需要除旧布新，开阔视野，需要有新理念、新方法、新视角，尤其是需要吸收新生力量。

呈现在大家面前的这一套博士文丛，便是一批青年研究者夙兴夜寐、思考钻研的结晶，不少还是他们公开出版的第一本“处女作”。身处这样一个数字技术引发的媒介大变革时代，一个所谓的“后受众时代”，他们的视野已经不再囿限于传统的受众框架和经典范式，而是开放与兼容，从受众（用户）出发，在融合文化的背景下，进入更新、更广泛、更深入的领域，并引发一系列新思考，这也是我们编辑的这套文丛以受众、传播和文化三者为题，而不是独取前者的一个主要原因。

当然，博士文丛以“受众·传播·文化”命名，还因为受众与传播、文化天然“结盟”。受众既是社会环境和特定媒介供应方式的产物，也是一定文化发展的产物。受众研究聚焦受众，但是并不囿限于受众，而是在传播与文化的广阔天地里汲取养分，并奉献着自己的光和热。就像受众不可能生活在真空里一样，受众研究也不可能脱离它所植根的传播生态和文化土壤，正是它们，构成了受众研究丰富的“后台数据”。再者，受众与传播的相生互动，在推动文化创新和发展的同时，自身也深深嵌入其中，成为文化的一个重要组成部分，涵化和形塑了受众研究的“前台特征”，某种意义上，这也是传播学文化研究学派的底色之一。尤其是今天，数字技术与融合文化的契合共进，正深刻地改变着受众的角色认同和功能权重，并重组新的传播格局，重构包括受众研究在内的传播学研究的理论框架和话语时空。如此，引入多维视角，从受众与传播和文化的内在关联中发掘新资源，探寻新路径，便成为推动研究创新升级的题中应有之义。

这套文丛，从论文撰写到修改出版，作为导师，我见证了每一位作者的成长，也深刻领会了教学相长的旨趣。这群年轻人因为共同的志向走到一起，线上线下的探索和讨论，成为他们生活的常态。从研究生到研究者，从跟随性研究到自主研究，再到独立完成博士论文，他们经历了艰难的转型过程。几度春秋易寒暑，几多心血终成书。翻开文丛，每一本都有独到之处，从中不难发现作者思考问题的认真投入，以及思维的活跃与开阔。他们的学问可能还有待精进，视角还有待拓展，研究方法的应用、话语体系的娴熟，都还有待磨砺，然而最宝贵、恰恰也是我们这个时代最为稀缺的，是对研究的真诚，对学术的敬畏，对创新的追求。他们以自己的研究经历和研究成果，成为受众研究在中国土壤里生根发芽、成长自立的参与者和贡献者。

李翔《电视真人秀体验式传播研究》，首次提出“体验式传播”这一新概念来审视电视真人秀节目的文本生产与受众期待之特征，对中国电视真人秀受众研究具有比较重要的理论价值和实践意义。

文卫华《美剧迷群：媒介消费与认同建构》，探讨全球性跨界传播背景下中国大陆美剧迷们在多重语境中建构身份认同的方式、特征和意义，对中国式迷研究的发展颇有贡献。

谷征《美国受众研究的历史轨迹》，从知识社会学的视角出发考察美国受众研究的起源和历史演进，对长期以来学界所认为的美国受众研究“主动—被动”二元对立的分析维度以及唯量化研究独尊的刻板印象，进行了质疑和分析批判。

徐展《电视娱乐奇观的多维透视：内容生产、文本与受众》，明确提出了“娱乐奇观”的概念，采用跨学科视角深入分析了娱乐奇观受众的“浸入式收视”问题，不仅丰富和完善了媒体奇观理论，也推进了娱乐节目的受众研究。

黄建《传播与敬业：组织成员心理研究》，从积极心理学和组织传播学的视角出发，采用社会网络分析法对组织内传播行为与员工积极心理之间的关系进行了深入探讨，对寻求有利于个体发挥积极能动性的组织因素有独到见解。

李冰《移动中的受众：场景视域下的手机使用研究》，以媒介场景理论和受众理论为研究框架，采用量化实证方法探讨手机使用行为、场景和身份认同三者之间的相互影响和建构关系，对移动互联环境下的受众研究颇有创新。

以上所列只是博士论文中的一部分，陆续还会有新的研究成果加入。

博士论文可能是一个人研究生涯的高峰，也可能只是一个起点，无论是高峰还是起点，都已是过去时，都是人生道路上的一个足迹。希望这些年轻的博士们能够秉持理想主义的“学”“问”追求，不断努力，那是一种修行，也是一种境界。我们编辑这套文丛，既是总结过去，展现年轻博士们的成果和潜力，同时也希望吸引更多的人加入这个领域，不断寻找新起点，向着一个又一个高峰，一起努力再出发。

刘燕南

2017 年 3 月于中国传媒大学受众研究中心

目录

目录

引 言

一、娱乐引擎与景观渗透

(一)众矢之的:电视娱乐节目矛盾的生存境况

娱乐,源于人类趋乐避苦的天性,是最能愉悦心灵、放松情感的一种方式。大众媒体自诞生以来,就承担着提供娱乐的社会功能。随着社会财富、文化积累的日渐丰富,在如今,消费社会中的"娱乐"已经不单单是一种个体的生活观念和形态,而是悄然间被冠以"产业"的姿态,电视娱乐节目的商业价值也在被最大限度地开发和利用,正在以"无孔不入"的姿态向社会各个领域渗透。社会学研究表明,娱乐与生存性劳动成反比,也就是说,一个人在社会上的工作条件越优越,报酬越高,工作时间越短,对娱乐的需求性就越高,娱乐与经济水平的提高息息相关。在娱乐化浪潮和体验经济"大行其道"的时代,娱乐节目成为其中最活跃、最积极的传播元素,但与此同时,也成为当代文化批评、道德评价的众矢之的。

一方面,电视娱乐业已经发展成为我国传媒业中产业链条相对完善、市场化程度较高的领域之一,包括电视台、民营节目制作公司等在内的多种市场主体竞相发展,在经济收益和社会效益方面均有突出表现。据不完全统计,2016 年,国内综艺节目数量共计有将近 400 档,较 2015 年几乎翻了一倍。收益方面,由于综艺节目相较于其他类型节目有着更强的广告吸附能力,加之收视对赌模式带来的高收益使得涌入综艺节目投资的社会资本大幅增加,如今的综艺节目已经成为名副其实的"吸金"主力军,也成为继电视剧、新闻之后，中国广电媒体借以拉动经济增长的最大亮点。从社会经济发展阶段来看，我国居民消费正在经历结构升级的过程，人们对休闲娱乐的需求更加迫切和多元。不仅如此，这种消费结构的转型不但是市场经济自动调节的结果，同时也与政府的大力推动密不可分——近年来，国家对于文化产业发展的政策支持和扶持力度持续加码。无论是从市场需要还是从产业政策的角度来看，电视娱乐产业都拥有广阔的发展前景。

从观众接受的角度来看，电视娱乐节目也是国内外荧屏上最受关注的节目类型之一。热闹纷繁的综艺游戏、紧张刺激的博彩益智、悬念迭起的各类选秀……你方唱罢我登场，在掀起阵阵收视狂潮的同时，也引领了一轮又一轮的舆论关注热点。从全球范围来看，影视剧依然是最受欢迎的节目类型，观众有将近一半（46%）的电视收视时间是用于观看影视节目的，尤其是连续剧（Series）；其次就是娱乐节目，大约占据观众电视消费总时长的 36%，最受欢迎的娱乐节目是真人秀和大型活动；新闻节目列于影视剧和娱乐节目之后，占据观众电视收视时长的 18%左右。[①] 与全球观众节目收视结构相似，一直以来，电视剧、新闻和娱乐节目都是驱动收视的“三驾马车”，2017 年上半年，这三大类型节目以 42.8%的播出比重占据了观众 57.1%的收视时间，其中，综艺节目又是三类节目中资源使用效率较高的节目类型。近两年，电视观众收看综艺节目的时长保持稳中有增，2016 年，全国观众人均收看综艺节目时长突破 7000 分钟，达到 7011 分钟，其收视拉动力可见一斑。[②] 换言之，在当下电视观众收视总量出现一定程度下滑的大背景下，娱乐节目关注度的逆势上扬也从另一个侧面印证了其受欢迎的程度。

然而另一方面，与娱乐节目蓬勃发展同步而来的还有社会舆论关于“泛娱乐化”“娱乐至死”的担忧和争论。无论是《超级女声》所引发的对“集体癫狂”“选秀伦理”的议论，还是《非诚勿扰》女嘉宾“宁可坐在宝马里哭”言论所带来的社会冲击波，抑或是当下对娱乐节目同质化、低俗化问题的文化及道德批判，都深深地透露出人们对电视娱乐节目沦为经济狂欢和秀场游戏的

① EuroData. One Television Year in the World. EuroData，2008.

② 数据来源：CSM.

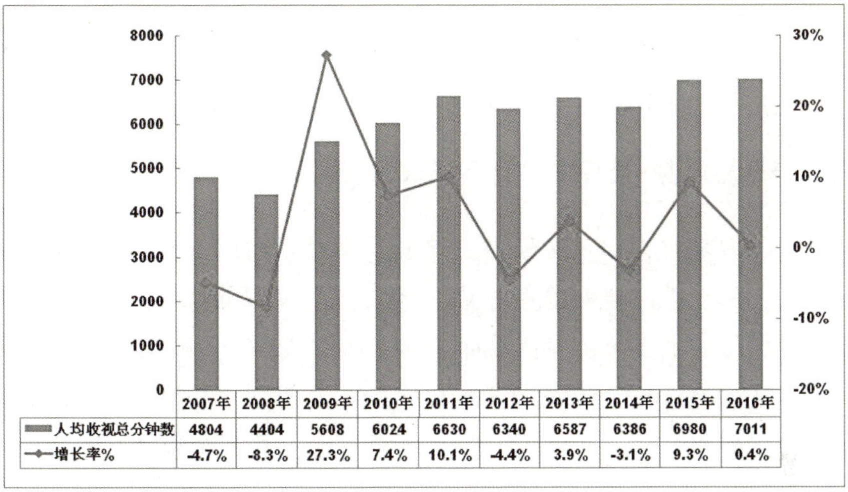

资料来源：根据 CSM 历年所有调查城市数据编制。

图 0—1　2007—2016 年综艺娱乐节目全年人均收视时长及增幅

隐忧。而政策层面的“利剑出鞘”则更加旗帜鲜明地代表了高层管理者对于泛娱乐化问题的反对态度和治理决心。其中，规范和调整力度最大的当属国家广电总局于 2011 年 10 月下发的《关于进一步加强电视上星综合频道节目管理的意见》(俗称“限娱令”)，提出对卫视的娱乐节目实行总量控制：每晚黄金时间档，全国电视上星综合频道播出娱乐节目的总数控制在 9 档以内，每个电视上星综合频道每周播出的娱乐节目总数不超过 2 档。2015 年 7 月，广电总局发布《关于加强真人秀节目管理的通知》，加强对真人秀节目的管理规范；2017 年 6 月，广电总局进一步规定，从下半年开始，全明星综艺禁止在卫视黄金档播出。对于“限娱”相关政策的出台，有人拍手称快，也有观点认为是“吹皱一池春水”。但无论怎样，对于社会文化而言，过度娱乐化所带来的杀伤力是隐性和深远的，是娱乐本质的一种异化，它已经突破了娱乐本身满足人类内在需求的合理界限，而不惜以内容上的离奇荒诞和形式上的浮华炫目来博人眼球，典型表现如娱乐元素的泛滥、主题的空洞与肤浅、品位的媚俗化与低俗化等。

不仅如此，学术理论界对于“娱乐”的探讨似乎也总有一种欲言又止、欲说还休的“暧昧”态度，英国社会学家西蒙·弗里斯(Simon Frith)则直接将这种态度形容为“鄙视”，并称其隐含着关乎美学判断与政治判断的两种对比。[①] 在这种对比中，娱乐总是处于无足轻重或者说是无关宏旨的边缘地位，由此也带来了理论与实践的落差。

（二）席卷之势：景观成为当代娱乐的重要构面

新世纪以来，在资本、技术、社会文化等多种因素的共同作用下，传媒在现实生活中的渗透性越来越强，传媒文化成为连接人类政治、经济、文化和日常生活领域的轴心力量。一方面，传媒文化成为经济发展的助推剂，带来集团资本的消长，同时也将高消费生活方式的种种符号扩散，促进消费社会的产生及其在全球各地的复制；另一方面，真实世界与传媒世界趋向融合，编码解码的边界逐渐消融。“在日常生活领域，传媒与传媒文化成为推销各种高消费理念的名人符码、消费快感、高技术和种种崭新的身份形式，人类社会进入到令人目眩神迷的信息/娱乐社会阶段。”[②]更为极端的论述则如同马尔库塞所言，“人——无论是管理者、指挥者，还是被管理者、生产者——也都成为这个庞大机器的一个部件，人们的生活、消费、思想观念完全商业化了，并且为商业广告、大众传媒所左右，人失去了主体性、选择性，成为了‘单面人’”。[③]

无论怎样，媒体正在改变着人类的生活方式与价值观念。以电影、电视为代表的视觉媒体出现之后，人们越来越关注事物的外在形象，追求赏心悦目的外观也逐渐为社会所接受。电视娱乐节目本身所提供的就是一种熟知的经验，是根据人们日常生活所做出的一种轻松调整，受众也正是基于个体经验来完成审美和娱乐的接受过程。当人们习惯通过画面、视频来获取信息，当人们渴望无限度接近现实、渴望获得情感共鸣时，影像可看与否、可体验与否、画面冲击力如何，就成为衡量传播力和影响力的重要指标。当媒体成为当代社会最大、最丰富的形象源泉时，人类的日常生活自然也就被各种

---

① 弗里斯. 娱乐[M]//库兰，古尔维奇. 大众媒介与社会[M]. 杨击，译. 北京：华夏出版社，2006.

② 凯尔纳. 媒体奇观——当代美国社会文化透视[M]. 史安斌，译. 北京：清华大学出版社，2003：9.

③ 马尔库塞. 单面人——发达工业社会的意识形态研究[M]. 左晓斯等，译. 长沙：湖南人民出版社，1988.

可感观的形象所包围。形象的无所不在也加剧了人们对形象的迷恋,景观(spectacle)逐渐成为娱乐的一个重要构成因素。

任何电视娱乐节目的传播逻辑都离不开景观与叙事。在电视娱乐节目发展的早期,景观是作为一种叙事的风格和对象而存在的,不可能脱离叙事而独立存在;而在当下,多种形态的媒介为全球受众提供了大量且复杂的影像、叙事与族裔景观内容,人们身处其中而浑然不觉。① 可以说,在景观与叙事并存的电视娱乐节目传播格局中,景观的重要性日益凸显,对形象、景观的追求成为当代娱乐传播的主要特征。首先,景观化电视娱乐节目所带来的感官冲击从叙述结构、情感线索中脱颖而出,在自有的视觉逻辑中运转,没有完整叙事的景观同样可以发挥娱乐效应。其次,片段式的景观可以呈现出多层的意义指向性,造型、色彩、场面、音响等都在一个个片段中表达着不同的意蕴,受众的解读更是多元和个性化的,每个人都能在感官震撼之余投入自己的思考。再者,在当代电视娱乐节目的构成要素中,景观成为叙事链条中不可缺少的重要环节,“景观不再是叙事的附庸,而是叙事的黏合剂”②。电视媒体最突出的特征即是图像表达带来的直观性,它直接作用于人的感官,且具有参与的随意性和无目的性。由此,在电视娱乐节目中,影像与展示、看与被看,不仅直接带来了视觉快感,更是在各种传播元素中被“委以重任”,为了达到或完成某种景观效果,叙事往往被支配,视觉效果的冲击力成为首位。湖南卫视《我是歌手》节目在最后的总决赛中首开先例,采用电视和影院同步直播,数千名观众走进电影院,享受到了一场名副其实的“视听盛宴”,即是娱乐节目越来越注重强化景观效果的一则实例。总而言之,景观成为当代娱乐的重要构面,而无所不在的电视娱乐奇观现象也是构成当代传播的主要特征之一,受众正是在这种观看中获得快感,同时也是通过观看实现自我建构的。

---

① APPADURAI, A. Modernity at Large: Cultural Dimensions of Globalization. University of Minnesota Press, 1996:35.

② 殷乐.当代传播的互文性与景观娱乐[N].中国社会科学院院报,2008-3-13.

二、文化症候与现实动因

(一)作为文化症候的电视娱乐奇观

从宏观层面来看，处于转型期的中国社会，无论是发生在政治、经济还是文化领域的任何变迁，都对身处其中的社会成员、组织结构有着或直接、或间接的影响。电视娱乐奇观，作为一种文化样态和大众媒体的视听产品，它既受到结构性社会变迁的影响，同时也对社会变迁有着一定的反作用力——此间的相互建构与影响，为研究者提供了一个多元的议题空间和丰富的视角选择。

在我国电视事业刚刚起步的头二十年里，电视台“必须根据党的方针政策尽可能地反映当前国家和人民政治生活中的重大政治事件，报道社会主义建设的成就，宣传科学技术知识以及介绍各种优秀剧目和艺术影片，并为少年儿童准备一定数量的节目”①。在那个年代里，娱乐与艺术是一种“对立”关系，且是一种人为的对立关系，具有娱乐色彩的节目本质上是一种宣传文艺，服从于“文艺为政治服务”理念，娱乐仅仅是作为宣传和教育的手段而非目的。及至20世纪90年代初，随着经济体制和社会制度改革的不断推进，广播电视体制改革也逐步深入，广播电视作为信息服务业和文化卫生事业的一部分，被纳入到第三产业发展的重点行业名单之内，电视媒体的产业属性在国家政策和法律层面得到认可。而在传播观念上，电视媒体的娱乐功能也被越来越多的人所接受和肯定，《综艺大观》《正大综艺》等电视综艺节目成为活跃在荧屏上的重要力量，“综艺”之名成就了娱乐节目在彼时“寓教于乐”的社会属性。而当下的中国，正处于经济转轨、社会转型的关键时刻，城市化进程加快，流动人口陡增，社会分层日益复杂，社会思潮多元化，电视娱乐节目无论是在数量上还是在质量上，均进入了一个前所未有的鼎盛时期，电视娱乐奇观现象更是屡见不鲜，这些都在无形中映射着社会、公

① 洪民生. 中国中央电视台30年[M]. 北京：中国广播电视出版社，1988：701.

众心理的发展与变化。比如近年来的几档热门节目——《非诚勿扰》《非你莫属》《爸爸去哪儿》《中国好声音》《奔跑吧兄弟》等，倘若仅是从节目个体出发进行分析，所得结论多是停留在节目创意、制作、营销等微观层面。但若从媒介社会学的视角出发，则可以发现，上述节目分别对应着相亲、求职、亲子关系、个人发展、全民健身等社会需求，而更深层次的则是隐藏着婚姻观、就业、代际关系、社会阶层、生活压力等社会议题。

总而言之，电视节目的发展是时代的缩影，在微观层面，我国电视娱乐节目大致经历了“文艺⇒综艺⇒娱乐”的变化轨迹，而这种变化背后透射的是社会政治经济改革的足迹。在结构性层面，电视娱乐节目能否走红，能否创造奇观成为现象级节目，其实是与能否满足社会需求、在多大程度上满足社会需求密切相关的；反过来，那些有着广泛社会影响的电视娱乐奇观，也在不断地影响受众的心理和行为，进而作用于社会意识形态和社会文化。本书所要探讨的问题是，我国电视娱乐节目发展变化的历程是怎样的？这种变化背后的社会动因何在？在当下，电视娱乐奇观已经成为最具代表性的景观社会现象之一，其社会根源和社会影响如何？对于身处传播内容两端的生产者和受众而言，生产者是如何造就了娱乐传播的商业奇观，而置身于视听/商业奇观双重范式下的受众又作何解读？在消费社会语境下，娱乐奇观这一社会文化现象的生发和扩散是否存在某种必然性？其与主流文化之间的关系如何？这种娱乐奇观逻辑背后又存在哪些负面影响和危机？

（二）电视娱乐奇观研究的现实动因

在人文社科领域，任何面向分支的研究，皆强调“贴地飞行”：其一，任何研究都需要“接地气”，“到现实中去，发掘具有理论意义的可作实证考察的问题”，[①]不能脱离具体而动态的社会—历史情境来分析社会现象，只在观念世界里打转；其二，任何研究也都需要与经验世界保持一定的距离，严谨地进行考察和探讨，从而获取超越性的理性反思和审慎预判。因为即使是再细致的调研也难免“见树不见林”，或许只能在实务层面有些许启示，正如米

① 潘忠党. 作为文化的传播[M]//传播·文化·社会译丛. 北京：华夏出版社，2003，总序.

尔斯所言："相信小范围的细节研究不管得到什么结果，都有助于启发我们解决或阐明结构意义的问题是一种愚蠢的念头。"①

当下的中国电视生态，在政策、技术和市场的三轮驱动作用下，正在不同层面呈现出愈加多元的图谱。而其中一大重要的变化就是，娱乐节目不仅与电视剧、新闻一起构成带动收视的"三驾马车"，而且以各种类型真人秀为代表的大型季播综艺节目正在成为引领中国电视节目增长的创新点。随着公众对娱乐经济和体验经济消费需求的持续释放，可以预见，娱乐节目未来将有更加广阔的发展空间。但与此同时，原创乏力、节目同质化等问题的泛化和深入，也让娱乐节目所引发的泛娱乐化倾向成为社会舆论关注的焦点。对电视娱乐节目的口诛笔伐铺天盖地而来，批评的声音一浪高过一浪，电视娱乐节目几乎被指责为社会文化庸俗化的罪魁祸首。不可否认的是，"媒体奇观逐渐改变着当代政治和社会生活。媒体文化不仅占据着受众日益增长的时间和精力，也为他们提供了梦想、幻像、行为、思维模式和身份认同的原材料"②。从这个角度来看，娱乐奇观不仅是一种媒介现象，更是一种重要的社会文化现象。对于正处于社会转型关键阶段的中国社会来说，迁徙的人群和孤独的一代正在成为受众主体。电视娱乐奇观有着深远的影响和冲击力，如何认识并引导这一冲击亟待理论上的廓清和指导。而对这一文化现象的分析和解读，恰是需要研究者进入到社会、媒介发展的历史脉络中，不仅要充分认识到每一个历史阶段娱乐节目发展状态的必然性，更要对当前消费文化语境下娱乐节目受众的审美判断和消费愉悦有理性的认识和判断。

从社会—媒介互动的角度来看，对电视娱乐节目的研究将直接触摸到社会变迁的脉搏，娱乐奇观的传播与现代化进程紧密相关，研究电视娱乐奇观有助于深入了解当代中国社会变迁的特点。从娱乐节目自身的发展来看，传媒发展的每一个转折期，娱乐性内容都是观测其变化最显著的风向标。这一方面是与传媒从业者在把握受众娱乐需求、及时进行内容调适方

---

① 徐帆.电视研究正当时：基于社会转型、媒介演进和理论纵深的思索[J].现代传播，2012(11)：55-59.

② 凯尔纳.媒体奇观——当代美国社会文化透视[M].史安斌，译.北京：清华大学出版社，2003：1.

面具有更敏锐的触角有关；另一方面，相较于新闻、纪录片、电视剧等其他节目类型而言，娱乐节目是相对远离意识形态的传播样态。因此，对娱乐节目变迁的把握，不仅对于当下娱乐节目的发展具有指导性，对于其他节目形态的发展也有极强的借鉴意义。从受众研究的角度来看，考察受众在节目流变过程中的角色变化、心理认知与态度等，可以更加深刻地了解娱乐奇观传播中传受双方的交互关系。因此，无论从社会—媒介互动的宏观层面，还是电视娱乐节目发展的中观层面，抑或是娱乐节目受众心理的微观层面，对社会变迁中电视娱乐奇观生产和消费的研究都具有重要的理论价值和实践意义。

三、本书架构与研究方法

（一）本书架构

在具体架构安排上，本书将从以下方面展开：

第一章“电视娱乐奇观的基本内涵与理论概窥”，界定基本概念，梳理相关理论，回顾总结国内外有关电视娱乐节目、景观/奇观的既有研究成果。

第二章“中国电视娱乐节目发展与受众角色变迁”，对 1958 年以来中国电视娱乐节目的发展历程进行了简短的总结——从早期的宣传文艺，到电视综艺，再到娱乐体验阶段。随着娱乐节目形态的不断发展成熟，受众在其中的角色也经历着一次次洗礼与改变：一方面，受众从被动的接收者成长为主动的参与者；另一方面，受众角色实质上也是从一种自上而下的教化式控制，转变为消费时代被商业逻辑、视听盛宴所引诱的奇观“迷狂”。

第三章“电视娱乐奇观现象剖析”，选取典型的电视娱乐奇观节目进行文本分析，案例包括以《非诚勿扰》为代表的婚恋奇观、以《中国好声音》为代表的选秀奇观、以《爸爸去哪儿》为代表的亲子奇观、以《奔跑吧兄弟》为代表的竞技奇观，分析这些节目能够走红的原因何在，其在创意策划、流程设计、节目营销等方面具体如何操作，以及这些节目与社会文化背景、受众心理有着怎样的互动与共振。

第四章“生产者与广告商共谋下的商业奇观”，以娱乐奇观的内容生产为观照对象，聚焦节目与广告的关系变化、节目模式的全球化流行以及娱乐产业的价值驱动力。通过对节目生产主体层层递进的剖析，深刻地揭示出娱乐奇观喧哗的背后所隐藏的商业逻辑和利益博弈。

第五章“视听/商业奇观双重范式下的受众解读”，研究视角转向电视娱乐奇观的另一端——受众，综合采用结构性和社会文化性受众研究的思路，首先以性别、年龄、受教育程度和收入水平等个体维度以及分地区、分节目类型对电视娱乐节目的收视进行描述性分析。在此基础上，通过深度访谈、观察法等定性研究，在社会和文化意义上更加深入地剖析受众对于娱乐奇观的解读，尤其是关注受众的“浸入式收视”及其与娱乐奇观传播的关系。

第六章“消费社会语境下电视娱乐奇观的现实反思”，立足于中国当下的消费社会语境，结合社会实际与传媒实践，从根源上剖析当代娱乐奇观产生与扩散的必然，同时也对这一媒介文化现象持“谨慎乐观”的态度，分析了娱乐奇观与主流文化之间“疏离一建构”的矛盾关系，以及这种奇观快感文化可能带来的社会文化危机。

最后结语部分是对本书的总结与讨论，归纳主要的研究结论，并探讨未来进一步深化的方向。

（二）研究方法

本书综合采用思辨与实证、定量与定性相结合的研究方法，具体包括文献研究、文本分析、个案分析、收视分析、参与观察以及深度访谈等。

1. 文献研究

文献研究旨在通过对相关文献的搜集、爬梳、鉴别和比较，了解研究对象的历史和现状，形成对研究论题的理性认识，把握研究的重点和方向。本书通过对与电视娱乐节目、受众研究、媒体景观、社会结构变迁等有关的文献进行整理、分析，对理论和已有的研究成果进行二次研究，达到借鉴、深化研究目的。

2. 文本分析

“文本”这一概念最先主要用于文学研究，指的是被研究的文学作品。

“对文学作品进行研究主要存在着两种路数，一种关注于作品本身，主要是以文本细读而著称的新批评：另一种关注文本与语境之间的关系，走的是社会历史批评之路。”①文化研究学派则进一步将解读的文本扩大至非文学作品以及一些文化活动。更宽泛地来讲，社会本身就是一个大文本，各种社会现象与社会实践都可以作为文本来进行解读。文本分析主要体现在本书的第三章，通过对《非诚勿扰》《爸爸去哪儿》《中国好声音》《奔跑吧兄弟》四档具体节目进行文本分析，为深入剖析电视娱乐奇观现象提供支持。本书将首先从电视娱乐节目文本的基本信息入手，了解节目产生的背景、基本运作方式，然后进行文本细读，分析节目采用的影像元素、叙事模式、修辞手法等，试图厘清媒体文本和奇观如何对社会现实问题进行“编码”的过程，挖掘文本背后所隐藏的意识形态及其价值观。

3. 个案分析

个案分析贯穿于本书始终，并集中体现在第三章，通过选取具有典型意义的节目代表，分别对相亲节目、选秀节目、亲子节目和户外竞技节目进行案例分析，着重考察上述类型节目产生的社会文化背景、社会意义以及它们是如何创造出属于各自样态的娱乐奇观的。

4. 收视分析

尽管收视率数字仅仅是对受众使用行为的描述，它在解析受众收视心理、收视需求等方面显得“无能为力”，但在客观反映电视节目整体收视情况、刻画目标观众的收视行为上确有重要参考价值。本书以中国广视索福瑞媒介研究（CSM）城市网数据为基础，从“数字受众”的角度来具体分析观众对电视娱乐节目的接受情况。

5. 参与观察

参与观察法是社会研究中的一种重要的质化研究方法，该方法主要用于本书对娱乐奇观受众的解读中。随着电视节目对整合营销、跨平台传播

① 王耀辉. 文学文本解读[M]. 武汉：华中师范大学出版社，1999：4.

的重视，大型娱乐节目一般都开设有官方微博、微信公众号、贴吧等互动交流平台，这为研究娱乐节目受众日常生活中的媒介消费行为，特别是收看和参与行为提供了一个便利的平台。受众围绕他们喜爱的节目展开讨论，发表观点，对节目进行解读和再生产，如此，他们不再是沉默的大多数，其轮廓和行为借助新媒体平台逐渐清晰可见。通过对受众的在线观察，可以有效避免受众研究中因研究者的介入而带来的反应性影响问题（反应性影响是指被研究者得知自己正被观察或被研究，而产生的非自然状态的反应性行为）。

6.深度访谈

“深度访谈”是媒介研究和文化研究中最受欢迎的研究方法，尤其是在受众研究领域。深访总体而言是开放式的，但也要注意访谈内容与研究主题的关联性，尽量诱导出更多与主题相关的观点，挖掘参与者自己没有意识到的却可能对研究有重要参考价值的想法。本书主要通过面对面采访、电话、电子邮件、QQ、微信等方式，对娱乐节目产制流程的双方——节目制作者和受众，进行深度访谈，获取第一手资料。

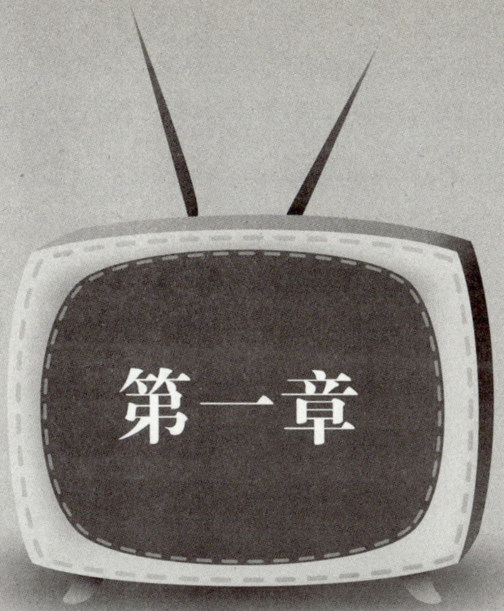

电视娱乐奇观的基本内涵与理论概窥

第一节　基本内涵

一、电视娱乐节目

“娱乐奇观”是本书的核心概念，是指围绕电视娱乐节目而组织起来的媒体文化现象。在阐述“娱乐奇观”的概念之前，首先需要对本书中的娱乐节目加以界定。自 1990 年 3 月中国第一个具有成熟样态的电视娱乐节目《综艺大观》开播以来，娱乐节目已经成为我国电视节目类型中的一个主流形态，成为与新闻时事、电视剧并驾齐驱的“三驾马车”之一。不仅如此，娱乐节目还为其他节目形态带来了新的制作理念和表现元素，新闻、体育、科教、财经等节目的故事化、娱乐化表达，实际上都是在借鉴娱乐节目的意识和手法。娱乐节目已经成为受众最为熟悉和喜爱的节目形态之一。随着电视传播观念的发展，娱乐节目的内涵和外延也在不断扩展和延伸。从广义上讲，凡是能够使人感到快乐、得到放松和消遣的节目都可以看作是娱乐节目。在这里，本书所要探讨的是狭义上的娱乐节目，也即电视节目类型划分中的专业界定。

胡智锋教授在《电视节目策划学》一书中提出：“电视综艺娱乐节目是以娱乐大众为目的，运用各种电视化手段，对各种文艺样式以及相关可提供娱乐的内容进行二度加工与创作，并以晚会、栏目或活动的方式予以屏幕化表现的节目形态。按照节目要素来分，可以分为娱乐资讯类、娱乐谈话类、综艺表演类、游戏娱乐类、益智竞技类、真人秀娱乐类、泛娱乐类节目。”①

徐舫舟在《电视节目类型学》一书中认为：“电视娱乐节目，是以电视为传播媒介，利用综合性的表达手段，将多种娱乐性元素组合在某一种形式中，在某一时段强化电视的娱乐功能，单纯地使观众身心放松、精神愉悦的电视节目类型。按照节目样式的不同，电视娱乐节目分为五大类：娱乐谈话节目、综艺游戏节目、真人秀节目、娱乐资讯类节目、益智博彩类节目。”②

孙宝国在《中国电视节目形态研究》一书中作出如下界定：“电视娱乐节目是借助于电子技术手段，运用声光效果、时空转换、视觉造型等独特的电视表现手法，广泛融合音乐、舞蹈、戏剧、戏曲、小品、曲艺、杂技、游戏、竞赛、竞猜等艺术形式或非艺术形式为一整体，用以满足广大观众多方面的艺术审美和休闲娱乐需要的一种电视节目形态。从表现题材看，可以分为电视娱乐资讯节目、电视综艺晚会节目、电视游戏娱乐节目、电视益智博彩节目等。”③

朱羽君、殷乐则认为：“何谓电视娱乐节目？即通过一定的中介形式和大众参与，在相互交流中形成一种娱乐氛围的节目形态。电视娱乐节目的基本样式包括娱乐资讯节目、真实娱乐节目、游戏类娱乐节目、公共舞台式的娱乐节目。”④

上述对电视娱乐节目的界定，基本是围绕着节目的审美特征、传播手段以及传播效果三个方面，且定义的焦点都集中在“娱乐”二字上。结合对我国电视娱乐节目发展流变的梳理，本书对电视娱乐节目作出如下界定：电视娱乐节目是由电视媒体制作传播的，借助多样化的电视表现手法，以满足电视观众娱乐需要的一种节目类型。今天所言的电视娱乐节目，与电视文艺节目、电视综艺节目既有本质的区别，同时也有密不可分的联系。首先，中国真正意义上的电视娱乐节目应以 1997 年开播的《快乐大本营》为起点，此前的宣传文艺、电视综艺虽然也有娱乐的要素，但其根本目的不在于“乐”；

① 胡智锋. 电视节目策划学[M]. 上海：复旦大学出版社，2006：93.

② 徐舫舟，徐帆. 电视节目类型学[M]. 杭州：浙江大学出版社，2006：120、123.

③ 孙宝国. 中国电视节目形态研究[M]. 北京：新华出版社，2007：88.

④ 朱羽君，殷乐. 减压阀：电视娱乐节目——电视节目形态研究之一[J]. 现代传播，2001(1)：92-96.

其次，娱乐节目脱胎自前两种节目形态，正是随着社会文化语境的变迁、传播观念和传播手段的进步，电视的娱乐功能才得以"名正言顺"，娱乐节目也作为当下最具影响力的一种节目类型而获得空前的发展与繁荣。

二、电视娱乐奇观

英语"Spectacle"是由拉丁语"Spectaculum"演变而来的。"Spectaculum"在《拉丁词典》中的解释主要有以下几层含义：展示、景象、表演、戏剧，延伸含义包括演出场所、观众席、圆形剧场、观众、奇迹等。其可追溯的最早词源"Spectare"及其重复动词"Specere"，均有"看"的意思。而从动词"Spectare"演变成名词"Spectacle"，南京大学教授周宪认为，"这暗示了某种深刻的矛盾性，即始终把看的行为与外观那值得疑问的现实联系起来"。

在《景观社会》一书中，德波采用"景观"的概念，试图"统一并解释一种呈现巨大多样性的表面现象"，画出"现实生活的地形图"，展示现代世界的图景。但德波并未对景观作出明确的定义，而是从不同的视角来揭露现代社会中的景观现象。弗尔茨和贝斯特则将"景观"明确界定为"少数人演出，多数人默默观赏的某种表演"。所谓的少数人，自然是指作为幕后操控者的资本家，他们制造了充斥当今生活的景观性演出；而多数人，指的是那些被支配的观众，他们在"一种痴迷和惊诧的全神贯注状态"中沉醉地观赏着"少数人"制造和操控的景观性演出，这种迷入性的"看""意味着控制和默从，分离和孤独"。所以，鲍德里亚用"沉默的大多数"来形容痴迷的观众。[①]

21 世纪之交，美国学者道格拉斯·凯尔纳再次继承了德波的"景观社会"理论，并立足于当代社会文化语境，将"Spectacle"发展成为"Media Spectacle"，旗帜鲜明地强调媒介在其中的决定性作用。凯尔纳对"媒体奇观"作出如下定义：媒体奇观指"那些能体现当代社会基本价值观、引导个人适应

① 张一兵. 颠倒再颠倒的景观世界——德波《景观社会》的文本学解读[J]. 南京大学学报（哲学·人文科学·社会科学版），2006(1)：5-17.

现代生活方式，并将当代社会中的冲突和解决方式戏剧化的媒体文化现象，它包括媒体制造的各种豪华场面、体育比赛、政治事件以及那些用‘突发新闻’的标签来吸引受众的事件”①。如以麦当劳为代表的消费文化奇观、以乔丹和耐克为代表的体育文化奇观、以《X 档案》为代表的电视文化奇观等。

在这里，我们还需要对中文翻译“景观”“奇观”的概念加以厘清。二者的英文都是“Spectacle”，对于该词的译法，有台湾学者认为，“Spectacle”既包括“作为主体的观看”，也包括“作为被展示观看的客体”，因此将其译为“观展”。内地比较多见的是“景象”“景观”“奇观”“情境”。德波的理论在国内最早见诸陶东风等主编的《文化研究》第三辑“视觉文化专辑”中，文中采用的是“景象”的译法。而由南京大学出版社 2006 年出版、王昭凤翻译的德波著作，则命名为《景观社会》，这一译法也基本被其后的研究所采纳和接受。2001 年，道格拉斯·凯尔纳的著作 *Media Spectacle* 面世，清华大学的史安斌教授在 2003 年将该书译为中文并出版，并基于现代媒介文化所带来的冲击性考虑，将“Spectacle”译为“奇观”。因此，“景观”与“奇观”是具有相通性的，二者都着眼于视觉呈现或视听享受，就“奇观”而言，只是更加突出所呈现“景观”的奇特性和冲击性而已。在本书中，并不对“景观”和“奇观”做出非常严格的区分，而是根据情境灵活使用。一般来说，在论述景观社会理论相关时，基本采用“景观”译法；而在描述当下电视娱乐节目所带来的各种广泛和深刻的影响时，则采用“奇观”一词。

本书所指的“娱乐奇观”，是媒体奇观在电视娱乐行业的具体表现，是由传播者、娱乐节目文本以及受众共同呈现的一场狂欢盛宴，传播者通过现代化的技术手段呈现出豪华的场景，在设定的虚拟交流空间内，以“伪真实”的事件为表现内核，营造出一种超越现实、非同一般的氛围，使得观看节目的受众被深深吸引，甚至于深度参与其中构成表演的一极，形成“全民同乐”的狂欢场景。相较于媒介奇观，电视娱乐奇观的所指更为聚焦，特指电视行业所创造的现象级娱乐节目以及由其引发的电视文化现象。概括而言，能够被称为电视娱乐奇观，需要具备以下两点要素：一是具有超强的传播力，为

① 凯尔纳. 媒体奇观：当代美国社会文化透视[M]. 史安斌，译. 北京：清华大学出版社，2003：2.

电视台带来超高收视率以及丰厚的利润回报；二是具有跨域的社会影响力，能够获得媒体和社会舆论的广泛关注，成为一段时期的社会热点话题。

第二节　理论基础

一、媒体奇观理论

“景观社会”的概念最早是由法国著名思想家、情境主义国际创始人居伊·恩斯特·德波(Guy Ernest Debord，又译为盖·德堡)于20世纪60年代明确提出的，而后经由现代西方马克思主义批判理论家、美国学者道格拉斯·凯尔纳(Douglas Kellner)进一步阐释为“媒体奇观”，他认为，“几个世纪以来，大众文化娱乐根植于奇观现象，战争、宗教、体育和公共生活的其他领域都为奇观文化的繁殖提供了丰厚的土壤。随着多媒体和信息技术的发展，技术奇观开始为现代社会和文化勾勒轮廓和轨迹。总而言之，媒体奇观已经成为经济/文化全球化的一个主要特征”①。这一理论对于理解当代社会文化现象有着很大的启发性。

德波的景观社会理论集中体现在他的《景观社会》(1967年)和《景观社会评论》(1988年)两部著作中。1957年，德波创立情境主义国际(Situationist International，1957—1972)，该理论流派成为20世纪中后期欧洲一股重要的社会文化思潮，它既是直接影响欧洲现当代先锋艺术和激进哲学话语的重要思想母体，也是《景观社会》一书的直接实践母体。② 景观社会首先是一个“影像的社会”。德波认为，现代工业社会的基础已经不再是传统社会中物质生产与消费的真实关系，而是由视觉影像来统治经济秩序。真实世界沦为影像，影像却升格成看似真实的存在。正是基于德波的思考脉络，后来的研究者明确指出，当前社会已经是“视觉成为社会现实主导形式”的“影

① 凯尔纳.媒体奇观：当代美国社会文化透视[M].史安斌，译.北京：清华大学出版社，2003：1-2.

② 德波.景观社会[M].王昭凤，译.南京：南京大学出版社，2006：代译序3.

像社会(society of the image)”,理论上也称为“视觉或者图像的转向”,也有人概括为“视觉中心主义(ocularcentrism)”。[①] 景观社会同时也是一个“媒介过剩”(media excess)的社会,一个单向度的社会。在景观的包围中,由于难以将影像与真实世界加以区分,顺从的社会大众只能成为各种影像的被动消费者。景观使人们的生活不再是直接和积极的,人们成为完全的被动者,被动地消费人为的商品景观及其所提供的服务,人们为电视节目而激动,并在对媒体影像的迷恋中消耗着时光。“景观生活已经成为人们的一种生存状态,人们对世界的了解均来自于媒体所提供的信息,甚至人们在日常生活中的言谈举止也都带有大众传媒的特征,‘现代人完全成为了观者’。”[②]

20 世纪 60 年代以来,美国当代文化研究的代表学者道格拉斯·凯尔纳(Douglas Kellner)对法兰克福学派和英国文化研究学派的理论进行了整合,提出建构“批判的文化研究”思路,主张用“媒体文化”一词取代“大众文化”“流行文化”。在《媒体奇观:当代美国社会文化透视》一书中,凯尔纳借用德波的景观社会理论对美国文化现象进行症候式的文化解读。他将“那些能体现当代社会基本价值观、引导个人适应现代生活方式并将当代社会中的冲突和解决方式戏剧化的媒体文化现象”称为“媒体奇观”。媒体奇观除了包括现代传媒屈从于奇观逻辑而创造出来的各种耸人听闻的新闻消息之外,还包括政治丑闻和党派斗争、表面上似乎无休止的文化冲突以及“恐怖战争”这类新现象等等。[③] 通过梳理 20 世纪 90 年代中后期到 21 世纪初全球(主要是美国)媒体文化的发展脉络,他指出,正是媒体打造了当代的奇观文化,比如把政治简约化为形象、故事和展览,运用各种娱乐形式向大众推销政治观点,每天的新闻报道都是按照娱乐的要求来构思,运用戏剧化成为一种惯用手段。总而言之,所有的一切在媒体文化的作用下都变成了奇观。

虽然凯尔纳所使用的“奇观”概念来源于德波的景观社会理论,但其理

---

① 张一兵. 颠倒再颠倒的景观世界——德波《景观社会》的文本学解读[J]. 南京大学学报(哲学·人文科学·社会科学版),2006(1):5-17.

② 德波. 景观社会评论[M]. 梁虹,译. 桂林:广西师范大学出版社,2007:6.

③ 凯尔纳. 媒体奇观:当代美国社会文化透视[M]. 史安斌,译. 北京:清华大学出版社,2003:2.

论框架、分析方法与德波却有明显差异。①

首先，德波的“景观社会”概念是较为单一和抽象的，带有鲜明的整体论色彩；而凯尔纳所探讨的“奇观”概念则是具体化的，比如他具体分析了以麦当劳为代表的消费文化奇观、以《X档案》为代表的电视文化奇观等，可以说，《媒体奇观》正是《媒体文化》思想的“具体化”。

其次，从研究出发点和立场来看，德波采取的是法国激进积极分子的立场和新马克思主义的视角，分析的是资本主义社会发展的某一个特定阶段——按照“景观”的概念框架所构建的媒体和消费社会。其研究立场在于对资本主义制度本身进行批判，目的是寻找具有革命性的替代方案。凯尔纳所采取的则是美国公共知识分子的立场，关注的是阶级、种族、性别和区域等具体因素，研究视角也更加多元，包括新马克思主义、文化研究、后现代主义理论等。其主要目的在于将文化研究作为进行诊断式批评的主要手段，对当代社会中的各种奇观现象进行解读和阐释。

再次，在德波的论述中，景观社会似乎是“无往而不胜”的，当代资本主义体制内出现的矛盾和冲突并未在根本上影响资本主义强劲的发展势头，媒体和消费社会通过景观效应不断复制景观，一个以市场化为主导的全球社会随着由不同集团、人物和名人的兴衰所构成景观文化的起起落落而逐渐成形。凯尔纳的研究中则着重分析了媒体奇观中的矛盾和逆转现象。一方面，“媒体文化对社会政治事务行使裁决权，决定什么是真实的、重要的和致命的”，②但另一方面，他也提出，虽然我们所处的媒体化世界里，广播电视和平面媒体正日益被少数集团所操控，但“互联网成为我们获取非官方、非主流信息的最好渠道，不同的网站内各种观点的交锋使公众有机会接触大量的信息和思想，也促进了各种民间政治力量的发展，从而让公众有机会选择与现存美国政权截然不同的媒体政治。互联网所提供的有关某些重大社会事件的海量信息和多样化的观点有助于拓宽网民的视野，提高他们的媒

① 凯尔纳.媒体奇观：当代美国社会文化透视[M].史安斌，译.北京：清华大学出版社，2003：中文简体字版前言 5-6.

② 凯尔纳.媒体奇观：当代美国社会文化透视[M].史安斌，译.北京：清华大学出版社，2003：英文原版前言 10-11.

体认知力”①。

综上，德波与凯尔纳关于“景观社会”的阐释告诉我们，景观已经无孔不入地扩散到现代社会的方方面面中去，现实被视觉化，生活在其中的人通过媒介所呈现的影像来了解世界、认知世界。在这种景观弥漫于日常生活的媒介环境中，受众的面貌也在发生相应的变化。对于有着广泛受众基础的电视娱乐节目而言，“生活是一种不断的表演；我们既是受众又是表演者”②。然而，庞大的受众关注本身也成就了一个巨大的消费市场，在媒介与受众狂欢的掩盖下，实际上是由生产者与广告商合谋的一场商业奇观。

二、媒介事件理论

与媒体奇观理论密切相关的是“伪事件”（Pseudo Event）、“媒介事件”（Media Event）两个概念。

“伪事件”是美国历史学家丹尼尔·J. 布尔斯廷（Daniel J. Boorsting）于20 世纪 60 年代提出的一个概念，他在 1961 年出版的《形象：美国伪事件指南》（*The Image：A Guide to Pseudo-Events in America*）一书中作出如下界定：“经过设计而刻意制造出来的新闻；如果不经过设计，则可能不会发生的事件。”他把诸如记者招待会、大厦剪彩、游行示威乃至候选人电视辩论等事件都归为“假事件”之列。③ 简单来说，伪事件就是为了吸引媒体报道而人为制造出来的策划事件。在布尔斯廷的论述中，所谓的“伪”是相对于真正的“自发性”而言的。伪事件不等于假事件，它是真实发生的事件，只不过是出自人为策划，是通过媒体刻意制造出来的事件。这一概念具有强烈的公共关系色彩，为了达到某种宣传目的或是传播效果而制造出来的新闻事件。一方面，在现实环境中，要想把此类事件完全从媒体的报道中屏蔽掉，不仅

① 凯尔纳. 媒体奇观：当代美国社会文化透视[M]. 史安斌，译. 北京：清华大学出版社，2003：217-218.

② ABERCROMBIE N，LONGHURST B. Audiences：A sociological theory of performance and imagination[M]. London：Sage，1998：73.

③ DANIEL J B. The image：a guide to pseudo-events in America[M]. New York：Harper &Row，Publishers Inc. 1961.

不具备可操作性，而且也忽略了其积极意义的一面；而另一方面，由于伪事件本身的“可操作性”，使得这类报道很容易走偏，媒体则成为被操纵的工具。

1992年，美国传播学者丹尼尔·戴扬(Daniel Dayan)和伊莱休·卡茨(Elihu Katz)在合著的《媒介事件：历史的现场直播》一书中，从仪式人类学的角度就媒介事件及其类型、特性、表现和效果，以及就媒介事件的出现与所引发的诸多理论与实际问题进行了系统深入的研究。

戴扬和卡茨所提出的“媒介事件”，是指“电视的节日性收看，即是关于那些令国人乃至世人屏息驻足的电视直播的历史事件——主要是国家级的事件。这些事件包括划时代的政治事件和体育竞赛、表现超凡魅力的政治使命，以及大人物们所经历的过渡仪式——分别称之为竞赛、征服和加冕”。[①] 戴扬和卡茨对“媒介事件”的界定，其实是一个更加具象的操作化概念——重大事件的电视直播，比如总统竞选、奥运会、宇航员登月等。在这些庆典性质的媒介事件中，电视文本将受众从固定节目观众的日常角色中抽离出来，并把卧室(私人场所)变成一个节日的场所(大众场所)。受众被从不经意的、疲劳的、具有消费取向的寻找快乐者转变成了一个期望目睹历史时刻的见证人。而大众媒介正是通过组织这些关于政治、体育、重大人物的“节日性”收视活动，来实现社会整合、巩固既定社会规范的目的。

2008年，戴扬在《超出媒介事件：幻想破灭、脱轨、冲突》一书中，结合新时代媒介事件的发展，对1992年的“3C模式”(Contest, Conquest, Coronation)进行了扩展，提出“3D模式”(Disenchantment, Derailment, Disruption)——幻想破灭、脱轨、冲突。“竞赛、征服、加冕”是一系列关于共识和整合的叙事常规，而以此为特征的媒介事件在本质上是一种共识性事件；“幻想破灭、脱轨、冲突”则并非叙事，而是特定的组织和接受形式，“幻想破灭”反映当代大众的犬儒，而当媒体将事件组织成暴力事故而非协商的机会时，“脱轨”和“冲突”的情况便会出现。这一模式不但鼓吹异见，甚至创造分化。在此基础上，戴扬提出一个比媒介事件内涵更为广阔的概念：“表达性事件”

---

① 戴扬，卡茨. 媒介事件：历史的现场直播[M]. 麻争旗，译. 北京：北京广播学院出版社，2000：1.

(Expressive Events)。这意味着事件在其表达过程中既可有共识,亦可以分化,因此1992年模式的媒介事件并不至完全消失(如奥巴马的就职礼就仍属共识类事件),但是这类媒体事件不再独霸天下,而是要和其他事件共存于同一媒体空间中。①

无论是媒体奇观理论,还是媒介事件的相关界说,都是对传媒影响下的当代西方社会文化现象的理论描述和建构,这种文化变迁根植于晚期资本主义的物质文化生产水平以及各种媒介全面深度介入到人类的生产、生活过程,大众传媒与消费社会之间形成一种互动共谋的关系,客观真实、媒介真实、符号真实、主观真实之间的界限日趋模糊、混沌。

基于概念内涵以及所论述的社会文化语境的不同,有学者对"媒体奇观""伪事件""媒介事件"等较为相似的概念进行了两种理论范式的区分:②

范式一:真实事件→媒介化(编码:聚焦、放大、删减、扭曲)→媒介事件(奇观)

范式二:媒介化的动机(个人、社会组织、媒介、政府)→导演事件(预编码:人为安排、表演)→媒介化→媒介事件(伪事件)

上述两种范式的划分,无疑有助于我们更好地廓清"媒体奇观""媒介事件""伪事件"等概念的区别与联系,两种理论范式的共同点在于都是经由媒介化的过程,进而产生性质上的转换,或是形式上的变化,媒介在其中扮演了至关重要的角色。但这样划分也存在一定的不足,随着媒介对社会生活渗透程度的强化,由媒介引爆的"事件",无论是奇观也好,伪事件也罢,已然成为组织当代政治活动、经济发展和日常生活的基本原则之一,有些事件很难判断源头究竟是自发性发生还是有意识的策划,比如风靡一时的各种娱乐节目奇观,电视节目必然是媒体专业策划的行为,但在节目走红、发酵的过程中,又遵循着范式一的逻辑。事实上,许多媒体奇观的构建,也是自觉的仪式化过程。比如选秀节目本身就是一个竞赛的过程,从海选开始,选手

---

① 戴扬,邱林川,陈韬文."媒介事件"概念的演变[J].传播与社会学刊,2009(9):1-17.

② 刘自雄.解析"媒介事件"的内涵[J].辽东学院学报,2005(5):35-39.

需要经历重重考验，在历尽无数次 PK 之后方能通向冠军的殿堂，而最后的总决赛，往往是采取电视直播的方式，营造出一场盛大的媒介事件。因此，综合两种理论框架，对本书具有重要的指导意义。

三、消费社会理论

进入 20 世纪以来，人类社会在政治、经济、文化等各个领域都发生巨变，这种变化更是在五六十年代达到前所未有的高度，出现了历史性的断裂与嬗变。为了对这一历史性变迁的整体变化加以阐释，具有创造力的学者纷纷提出各自的理论学说进行回应。诸如"后工业社会""后现代社会""后期资本主义""消费社会""媒介社会""信息社会""第二媒介时代"等，都是用以分析当代社会的常用理论。而在这其中，消费社会及其相关理论作为勾连社会研究、文化研究、媒介研究等多个领域的核心范式，对于理解当代大众文化以及传媒领域的新现象、新问题具有重要的启示作用。

关于消费社会的探讨涉及政治、经济、社会、文化等方方面面，而在这其中，法国思想家鲍德里亚可谓是集大成者，他在《消费社会》《生产之镜》《物的符号体系》《象征交换与死亡》等著作中，系统阐述了关于消费社会的理论。鲍德里亚认为，当代资本主义社会的基础已经从生产主导转向消费主导。"消费结构中起根本性支配作用的是，由符号话语制造出来的暗示性意义和符号价值(风格、威信、豪华和权力地位)。在消费关系中，更加吸引消费者的不是物品本身的功能，而是某种被制造出来的象征性符号意义。"①如此，消费成为当下资本主义社会的内在逻辑。这种变化集中体现在三个方面：第一，社会中的一切都成为消费品，不仅是物品，而且包括包括人的身体、心理、观念，甚至弗洛伊德所谓的自然性欲在今天都难以逃脱成为被消费的对象，或者说，在今天，凡是不能成为消费对象的东西，都不具有存在的价值；第二，消费品的普遍存在，使人们产生物质财富平等的幻觉以及增长的合理性，为当代资本主义社会提供合法性依据；第三，消费的"个性化"使

---

① 鲍德里亚. 消费社会[M]. 刘成富，全志钢，译. 南京：南京大学出版社，2008：代译序 7.

个人患上消费“强迫症”，只有将自己的一切都置于消费之中，人们才能获得安宁感与实在感。①

在消费社会里，消费被看作是社会进步的标志以及经济增长的主要动力。在各种琳琅满目商品的诱惑下，加之大众传媒的传播，整个社会浸润于一股强大的消费热潮中，人们的生存、需求、情感等都被引导至商品消费的轨道上。在此过程中，大众传媒扮演着“伪环境”和“伪事件”制作者的角色：“记者和广告商都是神奇的操纵者：他们导演、虚构物品和事件。他们对其进行‘重新诊释后才发货’，毫不客气地对其进行建构。”②

具体到中国社会，回答“当代中国是否已经进入到消费社会”这一问题是我们运用消费社会相关理论分析社会现象的前提。诚然，如果按照国内生产总值和人均 GDP 来看，我国仍然处于“发展中国家”，但自从改革开放以来，公众的消费需求以及社会购买力均呈现出突飞猛进的跃升姿态，假日经济、旅游消费、奢侈品消费……成为寻常百姓也可以触及的生活方式。“我们正在进入一个特征渐趋明显的消费社会”，③中国的消费社会转型这一判断也是基本成立的。

消费不仅是物质生活过程，同时也是精神文化和社会交往的过程。在消费社会的转型过程中，媒体无疑发挥着催化剂和助燃器的作用，越来越着眼于对公众各类消费需求欲望的创造，对物的符号意义的强调——广告中充斥着对品牌象征性意义的推崇而非其实用价值；生活时尚类杂志书籍畅销走俏，成为都市人群争相追逐的生活方式；明星名人的生活习惯、消费内容成为大众媒体趋之若鹜的报道对象……由此，媒体在满足人们文化、娱乐需求的同时，也在刺激公众的消费欲望，创造出新的消费需求，通过对商品符号价值的极度张扬，将人们带入一个符号化、景观化的世界。层出不穷的电视娱乐奇观即是消费社会典型的文化现象，费瑟斯通认为，“消费文化使用的是影像、记号和符号的商品，它们体现了梦想、欲望和离奇的幻想，它们暗示着，在自恋式地让自我而非他人感到满足时，表现的那份罗曼蒂克式的

---

① 仰海峰.消费社会批判理论评析——鲍德里亚《消费社会》解读[J].长白学刊，2004(3)：53-58.

② 鲍德里亚.消费社会[M].刘成富，全志钢，译.南京：南京大学出版社，2008：118.

③ 周宪.视觉文化与消费社会[J].福建论坛·人文社会科学版，2001(2)：29-35.

纯真和情感实现”①。而娱乐奇观正是顺应新时代人们对娱乐节目的消费需求而产生的一种大众文化现象，生产者以在不触碰底线的前提下获得最大化经济利益为动力，受众在其中获得体验、窥视、宣泄、梦幻乃至认同等多重快感。因此，娱乐奇观是当下大众传媒与消费文化联姻的典型文本，是传媒、广告商、受众共同炮制的一道活色生香的消费文化盛宴，我们对娱乐奇观的解读和分析也必然离不开消费社会的理论支撑。

第三节　娱乐节目研究溯源

一、国外相关研究

从全球范围来看，娱乐节目与电视伴随相生，且与社会变迁紧紧相扣。整体而言，国外电视研究起步于20世纪30年代中期，其理论研究的主流经历了从美国经验学派的功能分析阶段到欧洲批判学派的文化研究阶段。国内有学者依据研究方法、研究重点的变迁，将西方电视理论层面的研究归纳为三个阶段：“一是20世纪40—60年代美国经验学派的功能分析阶段；二是20世纪70—80年代欧洲批判学派的文化研究阶段；三是自20世纪90年代中期至今的全球化阶段，这一阶段，西方电视研究进入转型期，研究重点逐步转向政治经济层面。”②娱乐节目作为诞生最早、发展最为活跃的一种节目类型，同样成为各时期研究者关注的重点。尤其是针对电视的社会化影响方面，娱乐节目往往是首当其冲，成为研究者的众矢之的。

（一）基于社会功能视角的研究

在传播学经验学派的理论以及“二战”后美国学者所进行的大众传播研究中，关于电视传播的社会功能及其传播效果都是非常重要的领域。作为

① 费瑟斯通.消费文化与后现代主义[M].刘精明，译.南京：译林出版社，2000：39.

② 高金萍，孙利军.西方电视研究的理论进路[J].国外社会科学，2008(6)：12-20.

对传播的社会功能最早的论述，1948 年，拉斯韦尔提出了传播的“三功能说”——环境监视、社会协调和社会遗产传承。1959 年，美国学者赖特在此基础上提出了大众传播的第四项功能——提供娱乐，尤其在电视媒体中，娱乐性内容占其传播的信息总量的一半以上。1982 年，施拉姆在《传播学概论》中将娱乐归为传播的一般性社会功能范畴。拉扎斯菲尔德和默顿则提出大众传播的负面功能“麻醉作用”，认为如果人们过度沉溺于媒介提供的表层信息和通俗娱乐中，就会不知不觉地失去社会行动力，而满足于“被动的知识累积”。[①]

20 世纪中期，随着美国商业电视网的急剧扩张，电视娱乐的负面效果逐渐显性，越来越多的研究者开始就这一问题进行实证研究。这一时期，有两项重要的研究与电视娱乐节目密切相关。[②] 一项是施拉姆和杰克·莱尔(Jack Lyle)、爱德温·帕克(Edwin Parker)在 1958—1960 年间进行的“儿童生活中的电视”研究。这是第一次大规模针对电视对儿童影响展开的效果研究，并出版了《儿童生活中的电视》一书。调查结果显示，儿童对电视的使用存在较大差异，主要与五个要素相关：年龄、性别、智力（以智商为衡量标准）、社会阶层背景、儿童社会关系的质量（既包括亲子关系，也包括与同龄人的关系）。施拉姆等人认为，在与电视有关的各种社会问题上，与其说电视扮演了引导的角色，不如说它扮演了强化的角色。另一项研究是 20 世纪 60 年代由格伯纳所主持的“暴力与媒体”系列研究。这一研究的重点在于关注电视娱乐与暴力的问题，研究者以美国三大广播网的娱乐节目为研究对象，运用内容分析法对电视中暴力的程度与数量、电视暴力的质化特征进行分析。在这之后，电视节目中的暴力问题持续得到政府关注。1971 年，长达 5 卷的调查结果《关于电视与社会行为的卫生局长报告》出版，就“电视暴力表现与青少年行为关系”进行了大规模研究，格伯纳负责的“媒体内容与控制”部分，其研究焦点完全聚焦于传播内容，不涉及效果，尤其是有目的地对娱乐节目而非新闻、教育类节目进行了广泛研究。

---

① 郭庆光. 传播学教程[M]. 北京：中国人民大学出版社，1999：113-116.

② 洛厄里，德弗勒. 大众传播效果研究的里程碑：第三版[M]. 刘海龙等，译. 北京：中国人民大学出版社，2009：151、184.

由此可见，社会功能视角的研究主要是着眼于电视娱乐节目的传播效果、内容导向、社会化影响等方面，许多经典的研究设计、研究方法以及研究成果对于深入认识当下的电视娱乐奇观现象都具有重要的启发意义。时至今日，仍有许多研究者沿着前人的思路进行相关研究，比如，PM Valkenburg 和 SC Janssen 的论文《儿童如何看待娱乐节目传递的价值观？一个跨文化的调查》通过实证调查的方式研究了儿童从观看电视娱乐节目中获得了怎样的价值观。调查结果显示，娱乐节目对美国和荷兰两国儿童影响最大的特征是理解力和行动力，然后是幽默感、兴趣爱好、无害性、现实主义、暴力和浪漫。相较于荷兰儿童来说，美国孩子更倾向于现实主义、无害性和兴趣爱好。两个国家的男孩都更倾向于将行动和暴力与节目价值观联系起来，女孩则更多的是描述为无害和理解。① Emily Moyer-Gusé 和 Robin L. Nabi 的论文《解释娱乐电视节目中叙事性元素的作用：克服对说服的抗拒》通过实验法和问卷调查法测试了叙事性电视娱乐节目影响安全性行为计划的机制。研究基于对叙事性说服和克服抗拒的理论建构，探讨了娱乐节目产生说服影响力的过程。结果显示，电视娱乐节目可以通过隐藏说服的意图，鼓励与社会的互动，以及与角色身份认同，来克服一些观众对说服的抵抗，从而达到社会教育目的。②

（二）基于文化研究视角的研究

文化研究，“从广义来讲，是以文化的视角来研究人文社会科学的一种社会思潮和方法论，包括法兰克福学派、文化研究学派、政治经济学派、结构主义、后现代主义等；从狭义来讲，专指英国伯明翰文化研究学派”③。法兰克福学派所开辟的文化批判理论是当代西方电视研究的理论源头，其对电视的批判研究，主要集中于对科学技术和文化工业的批判层面，代表性著作

---

① PM V，SC J. What do children value in entertainment programs? A cross-cultural investigation[J]. Journal of Communication，1999，49(2)：3-21.

② EMILY M G，ROBIN L N. Explaining the Effects of Narrative in an Entertainment Television Program：Overcoming Resistance to Persuasion[J]. Human Communication Research，2010，36(1)：26-52.

③ 高金萍，孙利军. 西方电视研究的理论进路[J]. 国外社会科学，2008(6)：12-20.

包括霍克海默和阿多诺的《启蒙辩证法》、马尔库塞的《单向度的人》。法兰克福学派认为，科学技术以超越价值判断的方式支配着人类的所有认知活动，造成文化和个性的泯灭。在这样的理论基础上，他们进一步提出“媒介即意识形态”的媒介控制思想。对于文化工业的批判则是法兰克福学派批判理论中最重要的部分，在大众媒体和技术的合谋下，文化工业掩盖了社会矛盾和社会冲突，并大规模批量生产雷同的文化产品，削平个性、侵蚀大众意识。而在其中，娱乐产品成为“先锋”，文化工业正是通过大量娱乐性内容占有人们的时间和精力，使人们在不知不觉中放弃思考。他们认为，“文化工业对消费者的影响是通过娱乐确定起来的”，换言之，“人们的娱乐需求是工业生产的结果”。[①]

1953 年，阿多诺发表论文《如何看待电视》(*How to Look at Television*)，通过内容分析法对当时较为流行的电视节目进行了分析，这也是法兰克福学派早期成员中关于电视研究方面的最早专论。1957 年，这篇文章修改完善为《电视和大众文化模式》(*Television and the Patterns of Mass Culture*)，文章以宏观的视野，从新旧大众文化、多分层结构、专横和陈规化四个方面揭示出隐藏在虚假现实主义伪装下的电视。阿多诺认为，电视与其他大众文化形式没有什么区别，审美贫乏，而对观众则产生了非常“邪恶”的影响。电视的产品是经过精心设计且拥有多重结构的，目的就是从不同心理层面来麻醉观众。[②] 阿多诺所在的时代，电视媒体还远未达到今日的发达程度，因此并未占据其文化工业批判的中心，他对电视的批判也是悲观且消极的。但与此同时，阿多诺开创性地以批判理论与实证研究相结合的方式，对节目内容、传播效果、电视的深层结构以及对受众的影响等方面进行了多维度分析，对于批判性地看待今日电视娱乐奇观，尤其是以“超级模式节目”为代表的新时代的全球性文化产业，具有重要启示。

但是 20 年以后，伯明翰学派对于电视的研究结论则是另一派气象。1974 年，伯明翰学派的主将雷蒙·威廉斯出版《电视：技术与文化形式》一

① 霍克海默，阿多诺.启蒙辩证法[M].上海：上海人民出版社，2003：153.

② 阿多诺.电视和大众文化模式[M]//外国美学：第 9 辑.北京：商务印书馆，1992.

书，该书被视为是大众文化理论史上为电视正名的一部力作。威廉斯一方面充分肯定了电视作为一种文化形式所发挥的积极作用，他把电视的传播方式称为“全景式”(panorama)展示；另一方面，他也充分地意识到电视节目背后隐藏的意识形态渗透问题。此外，威廉斯还提出，电视成为一种新的生活方式，改变了人们的认知方式和生活方式：“虚构、表演、无聊的梦想和替代的景观，同时满足懒散和欲望，通过消遣从消遣之中得到的消遣……生活的侧面，以前是在自然主义戏剧中生动表现的，现在成为一种自愿的、习惯性的、内在的节奏；情节和表演的流动，戏剧性再现和表演的流动，提升为一种新的常规，一种基本需要的常规。”①

此外，还有大量关于大众文化和娱乐文化方面的著作都对本书有重要的参考价值，比如约翰·费斯克的《理解大众文化》《解读大众文化》、尼尔·波兹曼的《娱乐至死》《童年的消逝》、布尔迪厄的《关于电视》等，这些研究都从电视娱乐节目的角度探讨了大众文化形成机制以及消费社会的现实境遇，对我们理解中国电视娱乐节目的发展和社会影响具有导向性的启发作用。

(三)基于媒介经济学视角的研究

在娱乐产业风靡全球的今天，媒介经济学视角下的电视娱乐节目研究无疑占据重要一席。这一分析框架的引入，可以从经济学角度更好地解析电视娱乐奇观整个产业链条的各个环节，包括体制内外的节目生产者、与节目共生共荣的广告商以及娱乐作为媒介产业的动力机制。总体来讲，媒介经济学研究视角下的电视娱乐节目，是将经济学研究和媒介研究结合在一起，主要关注的是，引导或限制电视娱乐产业的管理者、从业者和媒体中其他决策者做出选择的经济因素，主要研究范围包括电视娱乐产业的国际贸易、营销战略、产业发展、发行政策等方面。

在早期的媒介经济学相关研究中，与电视娱乐节目密切相关的一项研究是 1952 年由斯坦纳(Peter O. Steiner)等人提出的“电视节目选择模型”，

① 王逢振. 电视与权利[M]. 天津：天津社会科学院出版社，2000：11-12.

该模型最早运用经济学理论来研究受众节目选择行为对节目收视率的影响。其主要观点是:“受众收看节目是主动选择的行为,某一时期某一频道的受众数量完全是由节目内容所决定的。受众在不同节目间选择收看的流动性非常大,如果某档节目现在收获大批收视人群,收视率很高,这时就会有竞争频道开始提供同类节目来争取这些观众,因而观众就会被竞争频道不断瓜分成为一个个更小的群体,该频道的竞争优势就会逐渐丧失,直到不得不开创另一个不同类型的节目来吸引另一批新的观众,并超过原来的观众数量。”[①]斯坦纳的这一理论模型早已被后来的电视节目竞争实践所证实,中国当下的电视娱乐节目市场更是典型。一档《超级女声》开创选秀节目先河,《加油好男儿》《我型我秀》《红楼梦中人》等各式选秀接踵而至;一档《中国好声音》以转椅、盲听再次点燃歌唱热情,《中国梦之声》《梦想合唱团》《中国星力量》等数十档歌唱选秀鏖战全年;而当观众对歌唱、才艺等选秀节目渐现疲态时,湖南卫视独辟蹊径地推出“小清新”亲子节目《爸爸去哪儿》并获得空前成功,之后,《爸爸回来了》《爸爸我来了》《爸爸请回答》等一大波“爸爸”火速袭来……

新近使用媒介经济学框架对电视娱乐节目的研究集中在媒介产业全球化战略、节目模式贸易以及内容多样化等议题上,其中节目内容的多样化问题集中反映出内容生产过程中媒介商业性与公共性的矛盾问题。例如,玛拉·爱因斯坦(Mara Einstein)对1955—2003年美国广播网黄金时间节目多样性变化进行了实证研究,她认为,“电视节目的多样性是由经济结构所决定的,依赖广告收入的电视产业结构限制了节目的多样性。在这样的结构性限制下,生产者倾向于在刻板的类型界限内生产节目,以迎合广告商青睐的观众,并且电视不可避免地会倾向于吸引规模越来越小但是高价值的观众群体以获取更大的利益”[②]。哈罗德·沃格尔(Harold L. Vogel)则在《娱乐产业经济》一书中对美国娱乐产业发展进行了详细描述与分析,其中包括

---

① 詹姆斯 G. 韦伯斯特. 视听率分析:受众研究的理论与实践[M]. 王兰柱等,译. 北京:华夏出版社,2004:175-176.

② MARA E. Broadcast Network Television, 1955—2003: The Pursuit of Advertising and the Decline of Diversity[J]. Journal of Media Economics, 2003.

对电视娱乐节目及其衍生产业链的分析。①

（四）基于受众研究视角的研究

从受众的视角来观照电视传播，同样是西方电视研究的重要一环。面对数量众多的受众研究，不同的学者进行了不同的归类。詹森和罗森格伦曾经将受众研究传统划分为：效果研究、使用与满足研究、文学批评、文化研究和接受分析等五类。丹尼斯·麦奎尔则采用更为简约的方式，将其分为：结构性、行为性和社会文化性三类。②

1. 结构性受众研究

结构性受众研究，主要指视听率调查，源于媒介产业发展的需要，其目的是为了获取有关受众规模、媒介接触、到达率、受众流动等量化信息。比如收视率调查公司尼尔森所发布的大量与娱乐产业、娱乐类电视节目相关的研究报告，其最新研究成果显示，社交平台 Twitter 流量与电视收视率之间存在直接联系，两者关联性最强的人群年龄介于 18—34 岁之间。在某电视剧开始季首映时，Twitter 上的流量每增加 8.5%，相关的电视节目收视率会增加 1%；当观看季中播放的节目时，4.2% 的 Twitter 流量对应 1%的收视率增长。③

2. 行为性受众研究

行为性受众研究主要聚焦于受众的媒介使用与媒介效果，主要考察的是受众的媒介选择、使用、意见和态度等。传播学早期很多效果导向的研究都可以归为这一类。早期的研究更多的是关注短期劝服性、行为性的效果，20 世纪 60 年代以后开始逐步转向受众的长期认知效果，即“使用与满足”相关研究。代表性研究如麦奎尔主持的电视受众“使用与满足”调查，其调查范围涉及 1969—1972 年的电视新闻、知识竞赛、家庭连续剧、青年冒险电视

---

① HAROLD L V. Entertainment Industry Economics[M]. Cambridge University Press, 2011.

② 麦奎尔. 受众分析[M]. 刘燕南，李颖，杨振荣，译. 北京：中国人民大学出版社，2006.

③ 尼尔森研究证实 Twitter 信息量与收视率显著相关[EB/OL](2013-03-21). http://it.sohu.com/20130321/n369722387.shtml.

剧等六类节目。在针对知识竞赛的节目研究中,研究者选取《挑战大学》(*University Challenge*)、《英国电视脑》(*TV Britain*)和《家庭问答》(*Ask the Family*)三档节目为分析样本,考察这些节目满足了观众哪些需求。麦奎尔等人认为,各类节目提供"满足"的功能不同,其中共通的基本类型可归纳为四种:心绪转换效用、人际关系效用、个人认同效用和环境监测效用。沿着麦奎尔的理论框架,一些学者以当下风靡全球的真人秀节目为样本,也进行了大量"使用与满足"研究,比如丽萨·伦迪(Lisa K. Lundy)等人的《无法抗拒:真实电视的消费模式》[①]、塞缪尔·埃伯索尔(Samuel Ebersole)和罗伯特·伍兹(Robert Woods)的《收看真实电视的动机:使用与满足分析》[②]等。

3. 社会文化性受众研究

社会文化性受众研究内容广泛,广义上包括批判研究、文学批评、文化研究和接受分析在内,狭义上则主要指后者。这一取向的研究根基在于认为,受众具有主动性和选择性,受众的媒介使用是特定社会文化环境下的一种反应,也是赋予文化产品和文化经验以意义的过程。[③] 在大量运用文化研究方法进行受众研究的著作和文章中,研究主题主要涉及权力的性质及权力、意识形态与受众的关系,它们寻求话语过程、文本过程和社会过程的直接联系,从而把受众和权力问题放在阐释和实践的中心。典型代表如霍尔(Hall)的编码/解码理论、莫利(Morley)的民族志研究、费斯克(Fiske)的主动受众研究、拉德维(Radway)的女性主义研究等。

在技术和资本的双重作用下,与现实世界并行的媒介世界的渗透性越来越强,真实世界与媒介景观渐次融合,编码解码的边界日渐消融,当下的受众无时无刻不处在各种"光怪陆离"的影像与叙事景观中,身处其中而可能浑然不觉。正是媒介景观的变迁导致传统的接受分析范式面临困境。一方面,新媒体的不断演进,使得媒介生产与消费的对立局面瓦解,受众借助

---

① LISA K L, AMANDA M R, TRAVIS D P. Simply Irresistible: Reality TV Consumption Patterns[J]. Communication Quarterly, 2008:56(2).

② SUSAN M, LAURIE O. Reality TV: Remaking Television Culture[M]. New York: New York University Press, 2004:336-337.

③ 麦奎尔. 受众分析[M]. 刘燕南,李颖,杨振荣,译. 北京:中国人民大学出版社,2006.

技术的力量也可以成为传播者，传受双方的关系发生改变。利文斯通（Livingstone）认为，"这种现象使得代表编码的文本与代表解码的受众已经融合在一起，造成生产/消费、编码/解码边界的逐渐消融"。[①] 另一方面，娱乐在当代社会的地位越来越突出，电视娱乐节目的接受已经成为受众接受行为的主流，受众试图从媒介影像的消费行为中获得快感，找寻失落的自我主体位置。

面对媒介景象的巨大变化，不同学者尝试提出不同的方式来解决受众研究，尤其是社会文化性受众研究或曰接受分析所面临的困境。许多学者从关注受众与权力的关系，扩展到对受众身份认同的分析，关注受众在日常生活中的身份形成与建构。比如，阿拉苏泰瑞（Alasuutari）提出第一代接受分析是霍尔的编码/解码模式，第二代是民族志转向，他主张以建构式观点发展第三代接受分析，增加反身性（Reflexivity）思考，重新以宏观社会学的角度来分析媒介文化，研究媒介塑造真实的框架与路径。[②] 莫利的观点与此相呼应，他指出第三代接受分析应将研究重点放在电视节目与其消费所产生的道德问题上，包括整体的市民责任、媒介消费行为的适当性以及公共领域与民主议题。[③] 其中最具代表性和系统化的论述则是阿伯克龙比（Abercrombie）和朗赫斯特（Longhurst）在 1998 年提出的观展/表演范式。这一范式将消费与认同的观点纳入受众研究，重视受众在媒介消费行为中对展现自我形象的关注与建构，成为继霍尔的编码/解码模式后，最重要的受众研究范式。

二、国内相关研究

在我国，随着娱乐经济、文化产业的蓬勃发展，包括文化研究者、产业经

① LIVINGSTONE S M. On the cutting edge, or otherwise, of media and communication research [J]. Nordicom Review, 2000(2): 7-13.

② ALASUUTARI P. Introduction: Three phases of reception studies[M]//Rethinking the Media Audience: The New Agenda. London: Sage, 1999: 1-21.

③ MORLEY D. "To boldly go…": the "third generation" of reception studies[M]//Rethinking the Media Audience: The New Agenda. London: Sage, 1999: 195-205.

济研究者等诸多领域的关注视线逐渐聚焦到这个被以往的理论体系所排斥或推向边缘的议题上，与娱乐产业或是娱乐节目相关的研究俨然成为传媒研究中的一支蔚为壮观的力量。尤其是近年来关于娱乐节目、娱乐传播的研究不断深化，逐渐跳出是与非、对与错的争辩及经验总结的窠臼，呈现出更加多元的研究视角。

（一）节目形态研究取向

这类研究从节目形态、类型划分等基本概念入手，厘清电视娱乐节目的形态属性，构建电视娱乐节目形态的理论体系。代表性研究如：孙宝国的专著《中国电视娱乐节目形态学》，从娱乐节目形态的基本概念和元素入手，将其分为文艺节目、晚会节目、综艺节目、游戏节目、益智节目、真人秀节目、娱乐资讯节目等 18 种节目形态。① 韩青和郑蔚的专著《电视娱乐节目新论》，以专题的形式分别介绍了目前流行的八类娱乐节目：游戏娱乐节目、赛季节目、电视晚会、真人秀、娱乐资讯和谈话节目、娱乐性剧情节目、儿童娱乐节目以及体育娱乐节目。② 李建秋的文章《电视娱乐节目类型及叙事模式》，将电视娱乐节目划分为综艺游戏类、叙事类和谈话类，并具体分析了每一类节目的表演类型与叙事模式。③

（二）文化研究取向

文化研究取向主要是借鉴西方批判理论、文化研究理论等进行媒介分析、电视文化研究，着重于对电视娱乐化、低俗化现象进行批判，考察在当代社会中，娱乐与媒介如何走向共谋，为消费主义的盛行推波助澜，涉及媒介伦理、消费文化等方面。代表性研究如：殷乐的专著《电视娱乐：传播形态及社会影响研究》，将娱乐作为一种社会交往形式置于历史和空间的背景下进行考察，深入关注娱乐的社会和心理作用，综合运用传播学、社会学、文化学、心理学等学科理论对电视娱乐传播进行了全新的梳理和审视，既形成了

---

① 孙宝国. 中国电视娱乐节目形态学[M]. 北京：新华出版社，2009.

② 韩青，郑蔚. 电视娱乐节目新论[M]. 北京：中国广播电视出版社，2005.

③ 李建秋. 电视娱乐节目类型及叙事模式[J]. 新闻爱好者（理论版），2008(9)：62-63.

对娱乐节目的文本分析，同时也从经济、青少年群体的文化身份认同以及娱乐在文化软实力构建中的作用三方面对娱乐节目的社会影响进行了阐释。① 孔令顺的文章《论电视娱乐节目的逻辑起点》，从文化研究的视角论述了构成电视娱乐节目逻辑起点的三个层面——娱乐不仅是手段，更是目的；电视不仅是视窗，更是镜像；受众不仅是看客，更是主角。② 刘冠群的文章《电视娱乐节目的对抗文化对受众抗逆力影响初探》，通过对近年来电视娱乐节目意识形态的深入分析及探讨，以及从电视娱乐节目的对抗性和由对抗产生的过度保护作用、强者定律、失败主义教育等方面如何产生和强化挫折感，探析电视娱乐节目对收视目标人群抗逆力的影响，达到反思中国当代电视娱乐节目，探求健康娱乐文化传播的目的。③

（三）产业经济取向

此类研究是对电视娱乐产业、节目生产进行的研究，近些年的一大研究热点是对电视节目模式方面的研究。代表性研究如：宗匠、汪文斌等人的专著《电视娱乐节目：理念、设计与制作》从实战的角度，对娱乐谈话、综艺游戏、真人秀等娱乐节目的创作理念、要素设计以及节目制作等方面进行了论述。④ 复旦大学周亭的博士学位论文《中国电视娱乐产业研究——一种生产者的视角》，以传播政治经济学为分析框架，对中国两类主要的电视娱乐节目生产者——以文广集团为代表的体制内生产者及以光线传媒为代表的民营电视节目制作商——的组织架构、生产流程、决策方式进行了全面观察，探究支持内容生产者活动的价值理念及其来源，总结生产者的商业模式，分析影响生产者活动的结构性因素。⑤ 胡正荣、李舒的文章《电视娱乐节目可持续发展的路径选择》，分析了电视娱乐节目实现差异化竞争的三类基本途径，即根据主办者意愿定位、根据受众需求定位、根据广告客户定位，并指出

---

① 殷乐．电视娱乐：传播形态及社会影响研究[M]．北京：中国社会科学出版社，2011.

② 孔令顺．论电视娱乐节目的逻辑起点[J]．现代传播，2012(5)：15-19

③ 刘冠群．电视娱乐节目的对抗文化对受众抗逆力影响初探[J]．华中师范大学学报(人文社会科学版)，2012(3)：145-148.

④ 宗匠，汪文斌，李幸．电视娱乐节目：理念、设计与制作[M]．北京：中国广播电视出版社，2003.

⑤ 周亭．中国电视娱乐产业研究——一种生产者的视角[D]．复旦大学，2007.

电视娱乐节目创作需要兼顾导向与市场、媒介责任与观众需求、传播者权益与社会利益等多方面因素。①

（四）节目分析取向

节目分析取向是针对具体节目进行文本、节目构成要素、传播技巧以及营销策略等方面的分析。代表性研究如：刘自雄的文章《透视电视娱乐的文化"母题"与叙述策略——〈超级女声〉的叙事话语分析》，从叙事学的"内部研究"视角来考察《超级女声》，将其看作是一部"真人连续剧"，从文本分析角度揭示这档节目的内在叙事品质——《超级女声》讲故事的奥秘，为深入理解节目的成功提供新的研究视角。② 苗棣的文章《制作为王：〈非诚勿扰〉的成功之道》，以江苏卫视《非诚勿扰》节目为个案，从节目策划、叙事技巧、结构设计、嘉宾选择、音乐风格等方面分析了该节目走红的技术性因素。③蒋为民的文章《〈中国达人秀〉的全媒体传播策略及其效能分析》，以平民选秀节目《中国达人秀》为例，总结了该节目全媒体传播的八大策略：由电视和平面媒体旋风式发起品牌认知；由门户网站造就价值观的影响力；利用贴吧论坛引发讨论和争议；微博用以极速扩散影响力；网络视频和 IPTV 成为内容来源和长尾播放平台；即时通讯平台针对目标人群快速发布信息；首次以数字电视界面信息实现节目预告效果；开发手持终端的应用软件拓展高端人群。④

（五）受众接受取向

此类研究是围绕电视娱乐节目的受众所进行的研究，包括收视分析、受众心理以及娱乐节目的粉丝研究等。代表性研究如：曾文莉、谭秀湖的专著《中国电视娱乐节目受众话语权力研究》，借助话语权力的思维方式，对中国

---

① 胡正荣，李舒. 电视娱乐节目可持续发展的路径选择[J]. 中国广播电视学刊，2008(6)：43-45.

② 刘自雄. 透视电视娱乐的文化"母题"与叙述策略——《超级女声》的叙事话语分析[J]. 新闻大学，2005(4)：66-72.

③ 苗棣. 制作为王：《非诚勿扰》的成功之道[J]. 现代传播，2010(5)：83-84.

④ 蒋为民.《中国达人秀》的全媒体传播策略及其效能分析[J]. 新闻大学，2012(2)：118-124.

电视娱乐节目受众的话语权力进行了历时性考察，并进一步从政治、经济、文化和科技变革的角度分析了受众话语权嬗变的动力场及其呈现方式，最后探讨了娱乐节目受众话语权的悖论、建构与风险。[①] 中国社科院博士生周欣欣的博士论文《中国电视娱乐节目收视现状及影响因素研究》，从社会结构和媒介结构两个方面出发，对电视娱乐节目的发展变迁及收视变化进行分析。电视娱乐节目的受众消费行为，一方面是特定媒介条件下，由大众媒介结构和产品所决定的，这包括特定时期媒介市场上存在的电视娱乐节目类型、节目样式及其共同构成的综艺娱乐节目体系，以及在节目体系之外的传媒市场竞争环境和节目体系内的不同属性综艺娱乐节目之间的竞合关系；另一方面也是特定社会结构下的受众基于个体结构、家庭结构和地区结构等形成的欣赏品味以及闲暇时间总量等共同作用的结果。[②]

（六）盘点与总结式研究

盘点、总结式研究是对某一时期或历史阶段电视娱乐节目的发展总体进行概括、评述式的研究。代表性成果如：CSM 媒介研究发布的《中国电视娱乐节目市场报告（2006—2007）》，该报告于 2006 年在上海电视节首次推出，对中国电视综艺娱乐节目的市场特征和产业前景进行了详尽分析，主要内容包括收视市场表现、节目制作情况、节目广告经营、节目创新发展、专业频道竞争以及运营状况等。[③] 胡智锋和周建新的《新世纪十年中国电视娱乐节目热点分析》一文，在梳理了新世纪十年中国电视娱乐节目热点的基础上，从中国社会面临的政治、经济、社会和文化形势等角度论述了这些热点形成的原因，最后指出，技术挑战、行业竞争、体制改革是其未来发展面临的突出难题。[④] 毕啸南的《2016 年中国综艺节目年度观察》对 2016 年电视综艺节目市场进行了回顾，具体总结为五个方面：一是综艺节目质和量均有提

---

① 曾文莉，谭秀湖. 中国电视娱乐节目受众话语权力研究[M]. 北京：中国广播电视出版社，2012.

② 周欣欣. 中国电视娱乐节目收视现状及影响因素研究[D]. 中国社会科学院研究生院，2011.

③ CSM 媒介研究. 中国电视综艺娱乐节目市场报告（2006—2007）. 该报告于 2006 年在上海电视节上发布.

④ 胡智锋，周建新. 新世纪十年中国电视娱乐节目热点分析[J]. 湖南大众传媒职业技术学院学报，2011(2)：5-8.

升，"现象级"节目匮乏；二是网络综艺成为综艺两极之一；三是一线卫视综艺平台差距缩小，二三线卫视差异化发展；四是户外真人秀、音乐、喜剧等类型表现突出；五是新技术手段丰富综艺形式。[①]

第四节　景观/奇观研究素描

一、国外相关研究

景观、奇观，或者说景观化、奇观化，其实是古今中外人类文明史发展过程中由来已久的一种现象，远古先民的宗教仪式、中世纪的圣像崇拜、拉伯雷时代的集市与狂欢节、大革命时期的庆典……这一切都是构成景观的场景。及至现代社会，在媒体技术不断进步的裹挟下，以媒体奇观为突出代表的奇观化已经渗透到人们社会生活的方方面面——从奥运会、总统大选、反恐战争、奇观电影，到普通百姓的娱乐选秀，奇观正在以内爆的方式主导人类社会生活。关于奇观的研究也成为一个在西方延续数十年而不衰的学术话题，这一现象关涉"视觉经验—社会建构"的双重性质，"既是一个涉及视觉经验与艺术创作革新的问题，也是一个揭示资本、权力或公众如何利用奇观现象组织、推进政治、经济或文化活动的问题"[②]。奇观现象的这种双重性质也决定了对其的研究涉及视觉艺术、社会批判以及意识形态政治等多个层面。

(一)视觉艺术领域相关研究

这一领域的研究以视觉经验、视觉艺术为出发点，代表性研究如美国著名视觉艺术研究专家乔纳森·科拉瑞(Jonathan Crary)的著作《知觉的悬置：注意力、景观与现代文化》(*Suspensions of Perception: Attention, Spec-*

① 毕啸南. 2016年中国综艺节目年度观察[J]. 中国电视，2017(3)：23-27.

② 王颖吉. 当代学术话语中的"奇观家族"——领域与范式差异[J]. 贵州社会科学，2010(4)：19-23.

tacle, and Modern Culture)，该研究是一项有关人类注意力及其在现代西方文化中所扮演角色的重大历史研究。作者认为，我们有意识地观看或聆听事物的方式，源自知觉性质的一个关键性转变，这一转变可以追溯到19世纪下半叶。科拉瑞将重点放在1880—1905年间，他考察了主体性的现代化与视听文化的戏剧性扩张及工业化之间的关系。该书从根本上将审美静观问题重新置于不稳定的知觉问题这一更为广阔的语境中——置于心理学、哲学、神经学、早期影像的广泛语境中，从而为理解当今社会注意力的危机问题，提供了一个历史框架。[①]

(二)历史仪式领域相关研究

这一领域的景观/奇观研究侧重于从历史考古的视角切入，主要考察了古代社会的仪式性景观现象，比如庆典、竞赛、戏剧表演等。比如，耶路撒冷希伯来大学考古研究所的教授泽夫·魏斯(Zeev Weiss)的著作《罗马和古巴勒斯坦晚期的公共景观》(*Public Spectacles in Roman and Late Antique Palestine*)展示了从公元1世纪到6世纪巴勒斯坦地区兴盛的公共娱乐盛况。依据一系列的考古发现和文字证据，作者复原了一个古老的世界，在那里，古罗马人、犹太人以及基督徒相聚在一起观看各种各样典型的异教景观，并且呼喊、怒吼、鼓掌。古罗马社会陶醉于许多诸如此类的景观中，比如戏剧表演、战车比赛、体育竞赛以及角斗，这些仪式和景观的进行需要有宏大的公共场地，常常需要花费巨额代价。为了讨好罗马，希律大帝建造了剧院、露天剧场和跑马场，并且将这些娱乐形式带到巴勒斯坦。魏斯深入研究了同时身兼观赏者和表演者身份的土著犹太人以及基督徒们对这些外来的文化形式作何反应。或许可以想象的是，犹太人和文职精英们对此的反应并无太大不同。但是，他们的警告对于抑制这些娱乐仪式的流行却没有明显作用。希律王雄心勃勃的工程建设为这一地区留下了永恒的印记，他希望巴勒斯坦合并到罗马的梦想远远超出了他的统治，游戏和景观一直持续

① JONATHAN C. Suspensions of Perception: Attention, Spectacle, and Modern Culture[M]. The MIT Press, 2001.

到5世纪。只是在那时，巴勒斯坦的公共娱乐景观已经成为一种没落的文化，最终在6世纪查士丁尼统治时期彻底消失。[①] 大卫·洛克威尔和布鲁斯·茂的《景观》(*Spectacle*)也是一部对景观仪式进行评述的著作。这本书的内容涉及广泛，既有描述性散文，也有文化名人访谈，还有评论家赫伯特·马斯卡姆(Herbert Muschamp)的批评文章。书中认为，景观是一种动态的视觉景象，是那些遍布全球的公众表演的庆祝现象和历史，从剧院到街道，从宗教节日到政治游行，从如拉斯维加斯城那样的永久性景观到短暂的烟花表演。令人眩目的色彩和照片档案记录了19个景观事件，在这其中，包括了奥运会、狂欢节、西班牙斗牛节、内达华沙漠的火人艺术节等。[②]

(三)社会政治领域相关研究

社会政治领域的景观研究，基本上是围绕着居伊·德波(Guy Debord)的现代社会景观化理论展开的，从资本主义社会中各种媒介表象或影像的视角上批判性地理解其异化本质。比如，麦肯齐·沃克(Mckenzie Wark)2013年出版的《瓦解的景观：远离20世纪的情境主义过客》(*The Spectacle of Disintegration*：*Situationist Passages out of the Twentieth Century*)一书，这是作者继对20世纪60年代情境主义国际历史的盛赞之后带来的姊妹篇，在最新的这部著作中，麦肯齐·沃克将情境主义国际后期的工作置于一个更为广阔和深度的语境下，以图示的方式总结其当代意义以及对现代性的深刻批判。作者梳理了景观社会发展的历史阶段，从分散到集中，再到他所谓的“瓦解的景观”，并以此作为研究的基础。瓦解的景观带领读者回顾了早期情境主义者克拉克的政治美学批判、拉乌尔·范内格姆的乌托邦思想、勒内·瓦纳特的朴实情境电影院、詹·弗兰科的意大利统治阶级的闹剧、爱丽丝·贝克尔·何关于意大利匿名语言的报告、居伊·德波晚期的电影以及他作为一名游戏设计师所带来的惊人作品。在金融危机丛生以及街道文化复苏的时代，激进的实践和檄文成为一段非凡的反历史，瓦解的景观

① ZEEV W. Public Spectacles in Roman and Late Antique Palestine. Harvard University Press, 2014.

② DAVID R, BRUCE M. Spectacle[M]. Phaidon Press, 2006.

揭示了试图逃离 20 世纪所采取的隐蔽之旅，并指出了 21 世纪的出口所在。[①]

美国文化评论学者、曾获得普利策新闻奖的克里斯·赫奇斯(Chris Hedges)在《幻想的帝国：读写的终结与景观的胜利》(*Empire of Illusion: The End of Literacy and the Triumph of Spectacle*)一书中，以社会学家克利斯多夫·拉什(Christopher Lasch)的自恋文化以及尼尔·波兹曼(Neil Postman)的娱乐至死理论为框架，对世界自然基金会比赛、拉斯维加斯的成人视频新闻奖以及常春藤毕业典礼等典型的仪式景观文化进行了论述，揭露这种文化背后不断强化的自我催眠。他认为，我们现在生活在两个美国社会里。一个是以印刷为基础的文字世界，在这样的美国社会里，人们有复杂思考的能力，并且能够将现实与幻象区分开来，但这种情况正在变得越来越非主流；另一个占据主导性地位的是正在从以真实为基础的世界进入到景象、虚假的世界，虽然在这样的美国社会中，社会阶层的界限被打破，社会底层的人是最大的受影响者，但是，现在的总统大选辩论以及政治修辞却后退至小学六年级的阅读水平。在这样的美国社会里，严肃电影、戏剧与报纸、书籍一起已经被置于社会边缘。[②]

戴安娜·泰勒(Diana Taylor)的著作《消失的行动：阿根廷“肮脏战争”中的性别和民族主义景观》(*Disappearing Acts: Spectacles of Gender and Nationalism in Argentina's "Dirty War"*)，是一部以 1976—1983 年阿根廷“肮脏战争”为研究对象的社会政治研究。作者着眼于民族认同是如何形成、如何性别化以及如何在景观中进行斗争的。该书综合了女性主义、文化研究以及表演理论等，作者分析了构成战争的政治景观，包括集中营、拷问、“消失”，以及兴起的戏剧演出、演示和其他试图抵抗和颠覆政府军的表演实践。通过描述景象、神话、表演以及影响阿根廷国家戏剧的解释性叙述，该书对于阿根廷暴力景观下的暴力美学和市民社会的消失进行了生动的

① MCKENZIE W. The Spectacle of Disintegration: Situationist Passages out of the Twentieth Century[M]. Verso, 2013.

② CHRIS H. Empire of Illusion: The End of Literacy and the Triumph of Spectacle[M]. Nation Books, 2010.

分析。①

Hong Kal 的《韩国民族主义的美学建构：景观、政治与历史》(*Aesthetic Constructions of Korean Nationalism: Spectacle, Politics, and History*)是一本研究韩国文化与历史的专著。相较于以往关于韩国民族主义多是以文本分析为主的研究，该书提供了一种全新的视角——韩国民族主义的美学建构。该书全面观照了殖民时代和后殖民时代的展览会、博物馆以及其他城市建筑环境，分析了其在韩国民族主义建构过程中的话语关系。借助于视觉景观、城市空间以及政府治理等理论概念，该书探讨了这些奇思妙想如何使过去以及现在的公众建立起国家想象，它们是如何代表了一种新的观看模式，又如何为殖民时代和后殖民时代的韩国达成认同做出贡献的。②

(四)媒介文化领域相关研究

奇观话语的第四个主要衍生领域是媒介文化批判领域，其主要的理论根基便是来自于道格拉斯·凯尔纳(Douglas Kellner)的"媒体奇观"相关理论。代表性研究如：玛乔丽·盖伯尔(Marjorie Garbe)等人的《媒体景观》(*Media Spectacles*)，该书汇集了大量针对显著新闻和媒体景观的批评性研究，这些研究聚焦于语言、语调、隐喻以及图像的细微差别。十六位作者探究了文字语言以及生产景观的图像，解读了这个我们通过解释性镜头而生存的世界，主题包括海湾战争、艾滋病的流行与医疗保健危机、克拉伦斯·托马斯听证会③、奥利弗·斯通的电影《刺杀肯尼迪》以及随之而来的要求公开肯尼迪遇刺文件、布什总统贸易团访日以及冷战的结束等等。受解构主

① DIANA T. Disappearing Acts: Spectacles of Gender and Nationalism in Argentina's "Dirty War"[M]. Duke University Press, 1997.

② HONG K. Aesthetic constructions of Korean nationalism: spectacle, politics, and history[M]. Routledge, 2011.

③ 克拉伦斯·托马斯(Clarence Thomas)是美国法学家，自 1991 年以来担任美国最高法院大法官，是最高法院继瑟古德·马歇尔之后的第二位黑人法官，是最高法院的保守派之一。1990 年，老布什总统任命其为联邦上诉法院法官，后提名任最高法院大法官以接替瑟古德·马歇尔。在 1991 年对托马斯的大法官批准国会听证会上，曾是其 EEOC 助理的安妮塔·希尔(法律教授，生于 1956 年)指托马斯曾对她性骚扰，引起轩然大波。事实上，安妮塔·希尔的行为纯属诬陷，在后来的参议院中，以 52 比 48 票的微小差距通过了托马斯的任命。

义、文化唯物主义、哲学、种族研究等理论的影响，这些学者运用跨学科的研究视角，对电视、报纸、杂志、专题片以及纪录片等媒体上有关的政治问题和修辞手法进行了细读，对媒体景观、流行文化和政治世界进行了批判性解读。①

理查德·塞勒（Richard Thaler）的《奇观：媒体与辛普森故事的创作》（*The Spectacle：Media and the Making of the O. J. Simpson Story*）是一部以20世纪90年代震惊全美的黑人橄榄球明星辛普森杀人案为研究对象的媒体文化研究著作。作者认为，媒体对于辛普森杀人案的报道强度和广度超过了历史上任何一次新闻事件，同时，媒体不仅是在行使报道权，同样也在创造，如此惊人的报道比例成为一场奇观，它劫持了美国文化。面临日益激烈的媒体竞争、注意力日趋分散的受众以及生存的压力，大众媒体被娱乐和小报作风所诱惑，媒体成为辛普森奇观中的重要组成部分。②

于海青的《中国的体育媒体：制造奇观》（*Sports Media in China：Making Spectacle*）是一部考察当代中国媒体与体育之间关系的专著。该书以中英文媒体上体育版资料为研究对象，探讨了电子媒介、印刷媒介以及新媒体上的体育奇观是如何生产的。虽然体育在政治和国际关系中的中心地位是构成2008年奥运会语境下中国体育文化讨论的日益突出的元素，但鲜为人知的是，中国体育与传媒之间不断发展的关系。书中梳理了新中国成立以来中国体育媒体的发展历程，记录了从平面媒体到电子媒体，再到新媒体时代的演变，阐释了体育奇观是如何受制于同时又反作用于中国媒体文化转型的。③

帕拉蒙·纳亚尔（Pramod K. Nayar）的《看见明星：景观、社会与名人文化》（*Seeing Stars：Spectacle，Society and Celebrity Culture*）是一本研究名人景观文化的著作。作者深入研究了20世纪90年代以来在印度影视娱乐业中的各类名人，包括他们的成名过程、丑闻以及大众是如何消费明星的。作者认为，正是借助于各种电视竞赛、体育、宝莱坞等影视娱乐产业，各种由

① MARJORIE G，REBECCA L W，JANN M. Media Spectacles[M]. Routledge，1993.

② PAUL T. The Spectacle：Media and the Making of the O. J. Simpson Story[M]. Praege，1997.

③ HAIQING Y. Sports Media in China：Making Spectacle[M]. Sussex Academic Press，2014.

名人带来的奇观社会现象才得以出现，这背后实际上隐藏着权力、意识形态以及经济的问题，涉及媒体、粉丝、受众心理、受众与名人的关系等多个维度。[①]

尼克·库尔德里（Nick Couldry）的专著《媒介仪式：一种批判路径》（*Media Rituals: A Critical Approach*），结合社会学、人类学等研究方法，对媒介事件、媒介仪式——公共媒介事件、真人秀、视频网站、脱口秀、肥皂剧、社会名人建构等进行了重新思考。作者认为，在如今这一被媒体包围的时代里，媒介仪式令我们重新思考既有的仪式行为观念。媒介仪式直接与权利、政府以及监控问题相关，探讨由媒介建构的仪式空间及其合法权利所在具有重要的社会现实意义。[②]

此外，在吴琼编著的《视觉文化的奇观——视觉文化总论》一书中，收录了九位欧美文化研究作者关于景观、视觉文化的文章和著作节选，包括雅克·拉康的《镜像阶段：精神分析经验中揭示的"我"的功能构型》和《论凝视作为小对形》、居伊·德波的《奇观社会》、鲍德里亚的《拟象的进程》、米克·巴尔的《视觉本质主义与视觉文化的对象》、查尔斯·伽罗安和伊冯·高德留的《视觉文化的奇观》、尼古拉斯·米尔佐夫的《幽灵写作：视觉文化构想》等。这些研究围绕着"景观""视觉性"问题，对现代世界的主体建构、文化表征运作以及视觉时间之间的关系进行分析，解释了人类文化行为尤其是视觉文化中看与被看的辩证法，揭示了这一辩证法与现代主体的种种身份认同之间的纠葛。[③]

二、国内相关研究

毫无疑问，进入新世纪以来，人类社会最大的特色之一，当属无处不在、无时不在的传媒化生存。在这个被各种新旧媒介充溢的时代里，媒体不仅已经完全融入我们的日常生活中，成为我们认知、理解和行动的最主要参

---

① PRAMOD K N. Seeing stars: spectacle, society and celebrity culture[M]. Sage Publications India Pvt Ltd., 2009.

② NICK C. Media Rituals: A Critical Approach[M]. Taylor & Francis, 2002.

③ 吴琼. 视觉文化的奇观——视觉文化总论[M]. 北京：中国人民大学出版社，2005.

照，更重要的是，它们甚至已经成为现实社会本身。随着媒体与文化结盟的日益紧密，居伊·德波、道格拉斯·凯尔纳等学者关于媒体和景观的论述也成为国内学者开始思索和探讨的议题。综合来看，相关研究主要集中在以下五个方面：

（一）景观/奇观理论溯源与阐释

这方面的研究以介绍、梳理、评述景观/奇观理论为主，代表性研究如：刘扬的专著《媒介·景观·社会》是一本围绕居伊·德波著作的文本学解读，旨在厘析德波消费文化语境中的景观拜物教批判理论，还原一个尚未被国内外学界引起高度重视，但是在历史主义基础上、全球化背景中又不得不引起重视的理论指涉；并且对这一理论域进行辩证的反思和阐释，以凸显它在学理上的当代价值和现实意义，试图将理论实践思考为实践理论。[①] 范欣的《媒体奇观研究理论溯源——从"视觉中心主义"到"景观社会"》一文从"智者时代"高尔吉亚的"三个命题"谈起，对景观理论进行了全面、深刻的梳理。文章总结认为："德波的景观社会理论和凯尔纳媒体奇观研究，融合并完善为一副观照宏观与微观、包含整体论与方法论的社会眼镜——它从一个独特景观视角出发，既有激进思想家睿智与犀利的批判，又饱含了公共知识分子身临其境的责任感与文化救赎的愿望；它既是乌托邦，又是现实域；它于我们当下中国媒体与社会问题的研究是有益的参照。"[②]曾一果的《重建批判的媒介文化研究——道格拉斯·凯尔纳的"媒介文化研究"》一文，以凯尔纳的《后现代理论——批判的质疑》《媒体文化》和《媒体奇观》为解读对象，系统地考察了凯尔纳批判思想形成的历史背景和发展变化，并指出："凯尔纳的研究目标在于通过'批判的文化研究'，整合法兰克福学派和英国文化研究学派，建立起一个既有控制又有抵抗的文化研究思路。"[③]石德生的

① 刘扬. 媒介·景观·社会[M]. 重庆：重庆大学出版社，2010.

② 范欣. 媒体奇观研究理论溯源——从"视觉中心主义"到"景观社会"[J]. 浙江学刊，2009(2)：219-223.

③ 曾一果. 重建批判的媒介文化研究——道格拉斯·凯尔纳的"媒介文化研究"[J]. 国际新闻界，2010(3)：51-55.

《景观社会理论:经济社会景观化构序构境的深刻批判》一文,系统地梳理阐释了德波"景观社会"理论的深刻意蕴、构型背景与思想渊源,作者认为,"正是'景观社会'理论所展现出的理性批判精神和深度解构方法论进路,使德波成为法国后马克思主义思想、后现代社会文化理论的杰出代表,也促进了法国后现代文化与社会批判思想的发展与滥觞"①。

(二)媒体奇观文化整体性的研究

该视角的研究以传媒文化的整体性为切入点,重在探讨大众传媒对社会文化变迁的影响。代表性研究如:张月新、张明新的专著《转型社会的媒介景观》,通过个案研究的方法,对转型期我国社会媒介景观与媒介发展进行了具体分析,以记录、勾勒、描述当前我国社会变迁过程中媒介系统的角色定位和媒介生态的格局与演变,以及这种格局的形成与演变的潜在机制。② 该书主要是对媒介发展状态和格局进行解读,与本书中的"景观"理论含义并不一样,但书中对社会与媒介互动所进行的阐释仍具有一定参考价值。王杰文的专著《媒介景观与社会戏剧》对媒介事件及其生产进行了分析,具体包括展演形态、媒介事件是怎样被当作"神话"的、语言市场与话语实践、伪造民俗、语言市场与话语实践、西方民俗学界关于"伪民俗"的争论、保卫"民俗"还是保卫"民俗学"等内容。③ 蒋晓丽等的著作《奇观与全景——传媒文化新论》,以当代传媒的实际运作情况为出发点,结合大量具体案例条分缕析地描述现象、分析原因,从传媒文化的符号化、全球化、本土化、市场化、分众化、权力化、娱乐化、多元化等方面对传媒文化及其对整个社会生活的影响进行了系统考察。④ 浙江大学范欣的博士学位论文《奇观化生存——当代中国媒体现状与境遇研究》,是一项以媒介生态学视角来关注当下媒体奇观的理论研究,作者以选秀奇观、名人奇观、媒体"原欲/罪"奇观为

① 石德生.景观社会理论:经济社会景观化构序构境的深刻批判[J].青海社会科学,2017(1):123-128.

② 张月新,张明新.转型社会的媒介景观[M].武汉:武汉大学出版社,2007.

③ 王杰文.媒介景观与社会戏剧[M].北京:中国传媒大学出版社,2008.

④ 蒋晓丽,等.奇观与全景:传媒文化新论[M].北京:中国社会科学出版社,2010.

阐述对象，对当下中国的媒介文化进行了剖析，并指出，“媒体奇观正在成为人类新的表达方式和沟通场域，媒体与人都被更深入地镶入媒体奇观中去——置身于一种无以遁逃的、奇观化的生存境遇之中。”①

（三）奇观电影研究

从传播载体来看，电影和电视无疑是最适合展示视觉奇观的媒介形式，因为就其本质而言，二者都是视觉媒介。从视听画面的冲击力来讲，电影在感官参与方面更胜电视一筹，因此，“长期以来，电影都是奇观的滋生地”。②随着类型电影、视觉大片的日渐增多，国内关于“奇观电影”的研究也渐成气候。代表性研究如：周宪的《论奇观电影与视觉文化》一文重点讨论了叙事电影与奇观电影的特性，作者认为，“从叙事电影向奇观电影的转变，表征电影文化从话语中心模式向图像中心模式、从时间模式向空间模式、从理性文化向快感文化的转变”③。邵培仁和杨丽萍的《电影地理论：电影作为影像空间与景观的研究》一文以电影地理学为观照，文章认为，“现代电影以先进的传播科技为地理再现提供了强有力的支撑，成为表现和建构聚落景观的最为真实和相对完美的载体，使得电影中的政治地理、道德地理与性别地理等想象的空间与真实的物理景观同样迷人。电影对地理和空间的艺术性呈现，引导人们创造了真实的‘地理奇观’。同时，它通过打破受众原有的时空限制和思维定势，常能建构起独特的社会景观和心理景观”④。刘悦笛在《景观社会中的“阿凡达悖论”》一文中认为，“《阿凡达》在为观者营造了‘视觉奇观’的同时，也要直面‘阿凡达悖论’的困境，即涉及战争与和平、自然与科学、地球与外星更为深层关系的价值观问题。这也恰恰凸显出‘景观社会’的两面：一面是当代社会变得越来越‘硬’，作为支撑这个社会骨架的科技的‘硬度和强度’在逐步递增；另一面是当代社会也变得愈来愈‘软’，那就是文

① 范欣. 奇观化生存——当代中国媒体现状与境遇研究[D]. 浙江大学，2009.

② 凯尔纳. 媒体奇观——当代美国社会文化透视[M]. 史安斌，译. 北京：清华大学出版社，2003：7.

③ 周宪. 论奇观电影与视觉文化[J]. 文艺研究，2005(3)：18-26.

④ 邵培仁，杨丽萍. 电影地理论：电影作为影像空间与景观的研究[J]. 河南大学学报（社会科学版），2010(5)：111-118.

化意蕴的‘创意’成分在逐渐攀升”[1]。

（四）电视奇观研究

电视作为当代影响范围最为深远、受众群体最为广泛的大众文化形式，同样成为奇观话语的重要剖析对象。代表性研究如：赖黎婕等人的著作《媒体奇观视域下的中国电视娱乐文化转型研究》，该书对当下的媒体奇观进行了多元解读，“力求阐释中国电视娱乐文化转型的各种特质，包括其价值功能、与意识形态的关联，以及对主流文化、民族文化的影响及未来的可能性”[2]。王德君的《浅析当下大型电视晚会奇观化现象》一文认为，“相较于传统艺术设计而言，奇观化所营造的视觉心理感受与审美情感体验则从以往舞台欣赏转向对视觉快感的心理追求。以视觉为中心的视觉文化体系传播系统正向传统的语言文化符号传播传统提出挑战，并使之日益成为当下传播领域所倚重的重要手段”[3]。赵红勋等人的《我国电视娱乐文化“奇观化”研究》，以娱乐节目为研究对象，梳理了我国电视娱乐节目奇观化“渐变式”的演进过程，并指出，“近年来一些娱乐节目被商业化控制，电视的崇高感将会消失，娱乐作为一种艺术将会遭到解构甚至颠覆，导致电视娱乐文化的放纵”[4]。苏州大学刘倩的博士学位论文《当代中国电视奇观现象研究》，以文化研究为理论分析框架，从电视传媒的奇观生产到受众对奇观文本的消费两个方面对当代中国电视奇观现象进行了批判性解读。[5] 何志武、张洁的《碎片化时代的媒体奇观——电视综艺节目热潮的归因与批判》一文，从社会心理和文化生态两个维度对碎片化时代电视综艺节目的奇观化呈现进行归因，同时对电视奇观呈现中游戏精神的缺乏、原创性危机以及偏执于煽情主义的娱乐功能等问题进行了深刻批判。[6]

---

① 刘悦笛．景观社会中的“阿凡达悖论”[J]．现代传播，2010(4)：86-88.

② 赖黎婕，等．媒体奇观视域下的中国电视娱乐文化转型研究[M]．广州：暨南大学出版社，2013.

③ 王德君．浅析当下大型电视晚会奇观化现象[J]．中国广播电视学刊，2011(7)：34-35.

④ 赵红勋，李明海，赖黎捷．我国电视娱乐文化“奇观化”研究[J]．新闻爱好者，2011(23)：20-21.

⑤ 刘倩．当代中国电视奇观现象研究[D]．苏州大学，2012.

⑥ 何志武，张洁．碎片化时代的媒体奇观——电视综艺节目热潮的归因与批判[J]．现代传播，2015(5)：66-71.

(五)其他奇观个案研究

除了电影、电视这两大视觉媒介之外，另有许多与媒体奇观相关的个案研究，这类研究更为微观和具体化，以个案分析的方法选取具有代表性的案例阐释媒体奇观现象。代表性研究如：周小普的专著《全球化媒介的奇观：默多克新闻集团解读》，该书以默多克的新闻集团为研究对象，系统地梳理了新闻集团在电视、电影、书籍、杂志、网络及报纸等多个媒体领域的扩张历程，对其媒体经营之道及传媒消费主义运作方法背后所隐藏的媒体奇观进行了批判式解读。[①] 王冬冬的《论上海城市形象片的去奇观化叙事》一文，通过对近十年来上海城市形象片的表现手段变化进行分析，阐释了城市形象影像叙事设计的去奇观化创作观念，揭示了城市价值观对人们当下生活产生贡献的需求是城市形象影像表达的去奇观化叙事的动力机制。[②] 王润斌、肖丽斌的《媒体奇观理论观照下的奥林匹克运动会：一种文化批判的视角》一文提出，“应在更广阔的社会背景和模式中审视媒体奇观和奥运会关系的复杂面向。就时间进路而言，以符号化、权力化和娱乐化为主要特征的奥运会媒体奇观化反映了现代性与后现代性的重叠；就空间通路而言，奥运会媒体奇观化见证着全球化和本土化的冲突融合”[③]。

---

① 周小普. 全球化媒介的奇观：默多克新闻集团解读[M]. 北京：中国社会科学出版社，2006.

② 王冬冬. 论上海城市形象片的去奇观化叙事[J]. 新闻大学，2014(1)：70-75.

③ 王润斌，肖丽斌. 媒体奇观理论观照下的奥林匹克运动会：一种文化批判的视角[J]. 体育与科学，2015(2)：26-33.

第二章

中国电视娱乐节目发展与受众角色变迁

由于政治文化传统的特殊性，中国电视娱乐节目在发展的过程中也呈现出一些独特的色彩，这既体现在娱乐节目的共时性特征上，也体现在演变历程上。自中国电视事业诞生以来，电视文艺作为早期重要的节目类型，其中也包含着娱乐的元素，在行使政治教化功能的同时，也发挥着一定的寓教于乐作用。在20世纪90年代中期以前，中国的电视娱乐节目一直在羞羞答答和蹒跚学步中缓慢前行。直到1997年以湖南卫视《快乐大本营》为代表的游戏娱乐节目的诞生，才真正宣告电视娱乐节目风潮的来临。整体而言，中国电视娱乐节目孕育于早期的文艺节目中，经历了宣传文艺、电视综艺和娱乐体验三个发展阶段。数十年的娱乐节目发展流变，根植于中国社会的发展变迁，是对受众在新时代、新环境中不断变化着的娱乐需求的反映。随着娱乐节目的沉浮起落，受众的角色也经历着一次次洗礼，他们在传媒所提供的娱乐文本中快乐着，也在娱乐中成长着：从宣传文艺阶段的接受教化者，到电视综艺阶段的观看欣赏者，再到娱乐体验阶段的参与表演者甚至是评判决定者。在这样的变迁过程中，娱乐节目对受众的影响也在日渐深入，从腠理之影响到心灵之影响，一方面，受众从被动的接收者成长为主动的参与者；另一方面，受众地位实质上也是从一种自上而下的教化式控制，转变为消费时代被商业逻辑、视听盛宴所引诱的奇观“迷狂”。

第一节　宣传文艺阶段(1958—1977年)：接受教化

中国电视诞生之初的宣传方针是“宣传政治、教育群众、充实群众文化生活”，“必须根据党的方针政策尽可能地反映当前国家和人民政治生活中的重大政治事件，报道社会主义建设的成就，宣传科学技术知识以及各种优秀剧目和艺术影片，并未少年儿童准备一定数量的节目”①。早期的电视节目中，电视文艺是重要的一类，然而，在“文艺为政治服务”的主导观念下，娱乐仅仅是作为宣传教育的一种辅助手段而非目的，对于这一时期的娱乐节目而言，充其量只能称之为“孕育期”，在表现形态上，主要以文艺表演和儿童竞赛节目为主，受众也仅是停留在接受宣传教育的地位，其对于娱乐的需求并未受到关注。

一、文艺表演节目

资料显示，在北京电视台建立初期，电影和戏剧转播在电视播出中占有很大比例。1958 年，电影占到播出时间的 75%，戏剧转播占 25%；到 1959 年底，电影依然占到 50%，戏剧转播占 30%，剩下的 20%则是新闻纪录片、教育文化节目等。② 由于受到技术设备等条件限制，早期的电视文艺节目主要是直播演播室内的表演和转播剧场演出。1958 年 5 月 1 日北京电视台试播首日，文艺表演类的节目就占据了将近一半的比重，这些节目都是在演播室内进行的演出直播。这既表明了我国电视事业发展初期对于其他艺术样式的倚重，也说明文艺节目是符合电视传播与接受特征的重要内容之一。此后，北京电视台还陆续直播过一些短小精悍的节目，如曲艺、杂技、独舞、独唱、诗歌朗诵等。

1959 年国庆十周年之际，北京电视台实况转播了天安门广场的文艺晚会演出，这是第一次大规模文艺节目实况转播。此后，各地电视台相继开播，在陆续办起自己的文艺节目的同时，也经常转播各友好国家文艺团体的访华演出，满足观众的文艺欣赏需求。1960 年春节，北京电视台开始尝试自办综合性文艺晚会，首次播出春节文艺晚会，内容涉及诗朗诵、相声、戏曲、歌舞等多种节目形式，这也是之后各类大型文艺晚会的雏形。到 1963 年 1 月 24 日，除夕之夜的春节晚会时长已经长达 4 个小时。“文革”十年，中国电

① 洪民生. 中国中央电视台 30 年[M]. 北京：中国广播电视出版社，1988：701-702.

② 杨稼. 北京电视史话[M]. 北京：中国广播电视出版社，2012：16.

视事业遭受到严重的挫折和打击，文艺节目创作和播出同样如此。直到“文革”结束，电视节目才陆续恢复播出，大批优秀的文艺节目重新上演。

总的来说，在1958年到1977年的20年时间里，中国社会经历了“大跃进”“三年自然灾害”以及长达十年的“文革”，电视文艺节目承担着“宣传政治”“传播知识”“充实群众文化生活”的历史使命，有着独特感染魅力的审美文化也必须无条件地服从于意识形态，在社会动员和文化批判方面充当“急先锋”，电视节目的娱乐功能往往是被忽视甚至是轻视的。此时的电视文艺节目所承担的更多是一种“时空转换”功能，将原有的不同艺术门类的舞台表演搬上荧屏，通过电波的远距离传输，让不同时空的观众也能够欣赏到演出实况，还远远谈不上对于镜头语言、画面构图、声画运用等电视传播技术的运用，电视的娱乐功能也基本未有体现。不过值得一提的是，由于技术限制，当时的文艺节目多数是直播和转播，现场的鲜活与生动也不失为一大特色。总之，这一时期的电视文艺节目不仅配合着新中国政治秩序的建构与巩固，也为20世纪80年代文艺节目创作的复兴奠定了基本的影像形态和思想基调。

二、儿童竞赛节目

儿童竞赛节目是早期中国电视节目中另一颇具娱乐色彩的节目形态。1961年元旦，当时的北京电视台推出自办节目节目——《新年猜谜会》，节目于元旦当日上午九时开播，首先由节目主持人王小毛（木偶）宣布猜谜游戏规则，然后节目依次上演，演完三个谜语之后，观众就可以通过电话回答谜底来参与节目。这次的《新年猜谜会》获得空前成功，于是作为电视台的传统保留节目，一直办到1966年。也有研究者认为，20世纪80年代出现的竞赛类节目热潮正是以该节目为滥觞的，这也是观众参与电视娱乐节目的早期雏形。由于电话热线太过火爆，从1964年起，节目不再采用现场电话连线参与，而是改由观众写信邮寄答案的方式。“文革”期间，《新年猜谜会》停办了十年，于1978年恢复播出，节目名称改为《新春猜谜会》，节目主持人王小毛（木偶）则改为小女孩（木偶），不过节目在两年后也停办了。除了猜谜游戏之外，各地电视台还陆续推出过大字比赛、绘画比赛等，受到少年儿童和家长的欢迎。

三、三次《笑的晚会》

20 世纪 60 年代初期，随着文艺政策的一些调整和松动，电视台开始“举办一些有益无害，不太强调政治内容的娱乐性节目”。[①] 于是，从 1961 年至 1963 年，北京电视台连续三年推出三次《笑的晚会》，以相声、小品两大传统表演艺术形式为主，笑星侯宝林、马季等均有参加，尝试探讨电视文艺节目创作的新形式。三次《笑的晚会》既是文艺政策松动的直接产物，同时也是早期观众对于娱乐性质节目矛盾态度的典型代表。晚会在内容选择和表现形式上均有所创新，节目创作者受即兴表演的启发，一反以往正式联欢演出的套路，而推出各种自编自演的搞笑节目，目的只为博取观众一笑。然而，这一电视节目追求娱乐的最初萌动，在当时严峻的社会政治环境中难逃“昙花一现”的命运。

当时电视观众对于《笑的晚会》的不同看法，也恰恰反映出人们对于媒体功能的固有认知与娱乐需求之间的矛盾态度。比如有观众来信反映：“国庆前夕《笑的晚会》中大部分的节目是多年来在机关、团体内部举办的小型晚会上司空见惯的、不登大雅之堂的、非艺术性的，迫不得已在朋友们面前要要活宝以博得谅解的一笑的洋相，想不到居然在国庆前夕，在参加庆典的外宾云集的中华人民共和国首都的电视节目中播出，简直是令人难以想象，这纯粹是以廉价的方式来向小市民趣味讨好。”[②]这封信具有相当的代表性，反映出人们对于娱乐的典型认知，也就是说，娱乐只是市井小民的低级趣味，是不能登上大雅之堂的，更毋庸说通过大众传媒进行公开传播。事实上，人们对于娱乐节目的这一态度，即便是在当下也依然大有市场。娱乐与艺术的这种人为对立，在电视娱乐节目的发展过程中几乎一直存在。无论

① 郭镇之. 中国电视史[M]. 北京：中国人民大学出版社，1991：45.

② 郭镇之. 中国电视史[M]. 北京：中国人民大学出版社，1991：46.

怎样，三次《笑的晚会》是中国早期电视文艺节目引起热烈反响的媒体事件之一，为探索电视文艺创作的新形式提供了宝贵的经验，也成为后来春节联欢晚会的起源。

第二节 电视综艺阶段(1978—1996年)：观看—欣赏

1978年，中国社会拉开了改革开放的序幕，电视传播也同样迎来新的发展曙光。1979年8月，中央广播事业局召开首次全国电视节目会议，会议强调电视是具有宣传、教育、娱乐功能的宣传工具，而非电影的附属，要求电视台“自己走路”、独立自主办节目，新闻、教育、文艺节目应该全面发展。从此，电视面貌出现改观。这一时期的电视文艺节目开始增添更多的娱乐色彩，代表性的节目形式包括综艺晚会、各类竞赛节目、综艺节目等，尤其是集纳相声、小品、歌舞、杂技等各种文艺手段于一体的综艺节目，这种全新的节目样态令观众眼前一亮，其内心的娱乐需求也被逐渐唤醒，但这一时期，明星的舞台表演是构成节目的主要内容，受众，依然只是一个欣赏者，或曰“看客”。

一、综艺晚会

曾有学者总结认为，中国电视娱乐节目的发展历程大致经历了晚会时期、娱乐时期、竞猜时期和真人秀时期四个阶段。[①] 由此可见，综艺晚会在中国早期娱乐节目发展中的重要地位。作为一种颇具中国特色的娱乐节目形式，电视综艺晚会在这一时期得到蓬勃发展，其缘由大致有五点：一是源于历史传统，晚会这种文艺表演形式其实由来已久，早在旧社会，每到逢年过节，达官贵人都喜欢在家中搞“堂会”表演，一些茶社戏楼也常常有演出，

---

① 谢耕耘，唐禾. 2006中国电视娱乐节目报告[J]. 现代传播，2006(6)：14-19.

1958年电视节目刚刚播出之时，这些表演也多次被搬上荧屏，并且保留着传统“茶座”形式；二是源于文化习俗，在传统节日或重大事件纪念日举办晚会加以庆祝，一直都是文艺界传统，由此也进一步延伸至电视节目；三是“拨乱反正”之后，整个社会的欢欣鼓舞之情亟待宣泄，热闹纷呈的晚会成为举国同庆的有效载体；四是综艺晚会创办初期，由于社会物质的匮乏以及人们对文化娱乐消费需求的强烈渴望，加之主流文化与市井文化、晚会文化的价值取向基本一致，赢得了观众的一片褒奖；五是电视传播者也开始逐步探索独有的电视语言，各电视台纷纷举办各种电视晚会，将多种文艺形式汇聚一堂，并积极寻求表达形式的突破。

所谓电视综艺晚会，是指“以现场直播的技术手段，文艺晚会的艺术样式，通过电子技术手段的制作，对各种文艺节目进行再创作，经过节目主持人的组织与串联，将文艺与娱乐融为一体，给观众以综合审美享受的电视节目形态”。[①] 其中典型代表当属中央电视台春节联欢晚会。除了央视春晚外，各地方电视台也相继推出大型综艺晚会。1982年，北京电视台播出《迎春歌声寄深情——春节华侨大联欢》，在随后的六年时间里，总计播出近百台晚会节目；1983年春节，上海电视台推出《群星璀璨电视歌会》，运用当时先进的激光新技术，依据不同的表演内容，通过激光线条营造出变幻莫测的舞台效果。

此后，大大小小的各类文艺晚会成为各地电视台荧屏上的一支生力军，并逐步向多元化发展，主要包括四大类型：一是春节、元旦、中秋等传统佳节以及五一、十一等重要纪念日的综艺晚会；二是配合一些重大活动专门制作播出的晚会，比如1989年9月6日北京首届国际电视周闭幕式上演出的大型文艺晚会《母亲河》；三是应相关部门要求或是行业需求制作的电视晚会，比如1987年播出的《中华之光》体育晚会；四是知名栏目举办的晚会，比如1990年北京电视台《七色光》栏目推出的《七色光新年文艺晚会》。

① 高鑫.电视艺术学[M].北京：北京师范大学出版社，1998：297-298.

二、竞赛节目

竞赛节目是中国电视业迎来新时期发展后萌动活力的典型代表，尤其是以益智类的竞猜节目最为活跃。从客观环境来看，刚刚错失十年读书光阴的人对知识的渴求程度是前所未有的。在百废待兴、昂扬向上的社会气氛中，知识竞赛节目同样高歌猛进。1980 年，身处改革开放前沿阵地的广东电视台率先推出《六一有奖智力竞赛》节目，随后，中央台、上海台、北京台也都陆续推出此类节目。在这些知识竞赛节目中，电视的寓教于乐功能得到充分发挥，而其中最具娱乐色彩的当属上海电视台，他们在节目中穿插有知识、技能、游戏等元素，各种即兴表演也为这类节目平添了几分生活娱乐气息。

整个 20 世纪 80 年代，在今天看来略显稚嫩的竞赛节目经历了第一次发展高潮。从竞赛内容来看，主要集中在两类：第一类是知识竞赛。从中央电视台到各省市级电视台几乎是蜂拥而上，从受众来看，有针对少年儿童、中学生、青年人以及老年人等各个年龄层群体的；从行业来看，涉及普法、民族文化、汉字、节水、保险、军事等各门类知识。第二类是专业技能竞赛，包括歌唱比赛、主持人大赛等。1984 年，中央电视台推出的首届“全国青年歌手大奖赛”（“青歌赛”）具有开创性意义，此后每两年举办一次，到 2013 年已经举办了 15 届。1985 年，上海电视台举办“‘卡西欧杯’家庭演唱大奖赛”，以家庭为单位进行歌唱比赛，并于除夕夜播出总决赛。在这之后，各类文艺竞赛活动如雨后春笋般涌现。

三、综艺节目

20 世纪 90 年代前后，中国电视娱乐节目迎来第一次发展高潮。经过十年多改革开放的积累，社会主义市场经济逐步建立起来，市场因素开始占据重要地位。电视娱乐节目同样也迎来新的春天，重要标志就是名称之变——这一时期不再以电视文艺节目来统称娱乐节目，而是正式以“综艺”

之名进入观众视野。“名称上的小改动，既是中国广电体制和市场变革的体现，也映射了传播观念的大变化：电视传播的娱乐功能被认可。这一认可来自两方面：一是彼时还遥遥在上的传播方；二是彼时还作为表演对象的观看方。而从社会层面来看，综艺之名在中国的出现，更意味着从美感到快感的审美趣味转向。”①

省级电视台最先撬动综艺娱乐节目发展的杠杆。1981年初，沐浴在改革春风中的广东电视台推出杂志性文艺专栏《万紫千红》，首开综艺节目栏目化的先河，也成为改革开放后中国电视娱乐节目的“开创者”。1984年4月，上海电视台推出同类综艺节目《大世界》，以音乐歌舞为主。1988年元旦，北京电视台推出了北京地区最早的电视综艺栏目《五彩缤纷》，主要内容为观众喜爱的音乐、舞蹈、戏曲等文艺节目，同时开辟了“观众点播”版块。北上广的这三档节目创办后，全国的电视综艺节目陆续兴盛起来，一时之间，综艺节目满天飞。

而这一时期最具代表性、影响力最大的综艺节目则是中央电视台于20世纪90年代初推出的《综艺大观》《正大综艺》和《曲苑杂坛》，尤其是前两者，在名称上即折射出电视娱乐节目的华丽转身。随后，北京、上海等地方电视台相继开办此类栏目，综艺类节目全面兴起。这一时期的综艺娱乐节目逐渐摘掉了文艺的羞涩面纱，开始以“综艺”“快乐”“轻松”的崭新面貌呈现在观众面前。电视传播者对节目娱乐性的认识也有突破性的变化，比如，当时《综艺大观》的节目创作人员就曾经说过，“娱乐性是综艺类节目的一大优势。随着改革开放，人们的审美情趣有了很大的变化，寓教于乐，用欢乐的笑声把观众引入一个严肃的主题是《综艺大观》的宗旨。应该说，人们之所以爱看这个节目，主要不是来听说教的，而是在工作、学习、劳动了一天之余，守在电视机前与家人乐一乐，这是千百万普通观众的普通心理”②。而在这种节目创作理念变化的背后，事实上是社会整体大环境以及民众心态的变化。随着市场经济地位的正式确立，中国经济步入转型发展的高速通道，

① 殷乐. 电视娱乐：传播形态及社会影响研究[M]. 北京：中国社会科学出版社，2011：86.

② 张晓海.《综艺大观》导演工作漫笔[M]//王录. 电视综艺节目特色与走向[M]. 北京：中国广播电视出版社，1999：287.

各行各业均注入新的活力，对于中国电视媒介体制以及电视节目市场的发展而言，同样具有决定性意义。总而言之，从改革开放之初到 20 世纪 90 年代中期，中国的电视综艺娱乐节目发生了质的变化——从早期注重强化社会共识的电视晚会到寓教于乐色彩浓厚的知识竞赛节目，再到杂糅多种艺术表演形式的综艺节目，娱乐节目的概念逐渐清晰，类型也越发多元，为 90 年代后期向游戏娱乐转型而奠定基础。

第三节　娱乐体验阶段(1997 年至今)：参与—表演

如前所述，在 20 世纪 90 年代中期之前，中国的电视娱乐节目经历了从边缘化到逐步得到主流社会认可的发展过程，并且在很长一段时间内是以综艺之名而存在的。直到 1997 年，以湖南卫视《快乐大本营》为代表的游戏娱乐节目的诞生，才真正宣告电视娱乐节目风潮的来临。促成这种变化的原因是多方面的：其一，源自电视台生存的需要，如何通过创办观众喜欢看的节目赢得收视率和广告，成为电视台自谋生路、自食其力的首要问题；其二，频道扩容竞争加剧的必然结果，娱乐节目作为受限制较少、灵活性较高的一类节目，自然成为各电视台创新求变的主要试验田；其三，源自人们日益提高的休闲娱乐和体验需求；其四，则是与全球化浪潮的冲击以及节目制作市场的日趋开放密切相关。总之，20 世纪 90 年代中后期以来的中国电视娱乐节目进入到一个各种类型多元、快速、发展的阶段，传统的电视综艺由盛转衰，真正意义上的娱乐节目开始借助于卫星的翅膀在荧屏间翩跹起舞。而在娱乐体验的全新发展阶段，受众不仅能够借助各种反馈手段来表达意见，而且可以直接参与节目，成为表演的一部分，甚至是通过投票、在线互动等方式影响节目进程和结果，成为评判决定者。

一、多点开花（1997—2003 年）

（一）游戏娱乐节目横空出世

1997 年 7 月 11 日，一档精心策划的游戏娱乐节目《快乐大本营》在湖南卫视开播并获得巨大成功，至今为止，该节目仍然是国内首屈一指的常规性综艺栏目，在生命周期较为短暂的中国电视娱乐业中堪称奇迹。《快乐大本营》创办之初的定位是一档融知识性、趣味性、参与性于一体的大型综艺节目，在经过最初的反复调整和磨合之后，形成了以游戏竞技为主体，穿插演艺界明星表演，注重观众参与的基本节目形态。节目的基本架构分为游戏、文艺表演和观众参与三个部分，尤其是对观众参与的重视，极大地调动起观众的积极性。

以今天的眼光看来，《快乐大本营》的节目架构似乎并无特殊之处，但是在文艺晚会充斥荧屏的当时，这样一档抛开严肃的说教、以生产快乐为主旨的纯粹娱乐性节目很快就得到观众的认可和好评。它的横空出世，一改传统综艺节目"文质彬彬"的荧屏形象，以往"拒人于千里之外"的明星却要以各种搞笑夸张的肢体动作来完成游戏，观众可以参与、可以评判。可以说，这是一场从大脑到身体的解放，极大地调动起潜藏在人们内心深处的游戏、玩耍欲望，也在一定程度上起到情绪解压阀的作用。创办近 20 年，《快乐大本营》经历无数次改版，"常变常新""勇于创新"成为这档节目永葆活力的根本原因。数据显示，《快乐大本营》开办初期的广告收入是 2000 万元，1998 年上升至 2500 万元，占彼时整个湖南台广告收入的五分之一，大量广告资金的投入使得节目迅速升温。2005 年，《快乐大本营》年度创收贡献达 4000 万元以上；2013 年，该节目仅冠名费就已经达到 1.38 亿元，成为当之无愧的"最具活力的电视娱乐品牌"。有学者对其成功之道作出如下概括："《快乐大本营》绝非偶然的一个电视娱乐节目文本，它的诞生有电视母胎的孕育，有商业文化的催生，有娱乐节目类型自我突破的实现，是一个瓜熟蒂落的文化命题。”①

《快乐大本营》的空前成功在全国各级电视台掀起一股娱乐浪潮。各地电视台纷纷推出主打“快乐”、以“游戏”为基本内核的综艺节目。任何创意产品，蜂拥而上带来的必然是泥沙俱下，如此多的形式模仿和重复制作，使得游戏娱乐类节目市场迅速分流，2000 年左右进入疲劳期，在 2000 年至 2002 年间，这类节目收视率下滑严重，观众疲态尽显。由此，一类重新焕发光彩的娱乐节目样态——益智答题节目，走入观众视线。

（二）益智答题节目再现辉煌

如前所述，早在 20 世纪 80 年代，竞赛类节目就已经在我国荧屏上掀起一股小高潮，但早期的这类节目多局限于知识竞赛，更多的是承担“教育”功能，在娱乐性和可看性上相对欠缺。而在 20 世纪末的国外节目市场上，以《谁想成为百万富翁》（*Who Wants To Be a Millionaire*）和《最弱一环》（*The Weakest Link*）为代表的新型问答节目的兴起，标志着益智类节目在欧美国家的全面复兴。借助于全球化浪潮，上述两档节目版权成功向全球 60 多个国家和地区输出，在全球掀起一股益智游戏节目热潮。受此影响，在国内，以中央电视台的《开心辞典》《幸运 52》为代表的新型益智类节目也再次回归，逐渐形成稳定的收视群体，赢得观众的认可和喜爱。

1998 年，中央电视台购买了英国博彩娱乐节目 *GOBINGO* 的版权，在借鉴改造的基础上，推出本土益智类节目《幸运 52》，并由此带动了此类节目的勃兴。节目首次以场内外互动有奖竞猜方式为主，基本模式就是主持人提问、四名选手竞争回答、获胜者获得实物大奖，题目则立足于与大众生活密切相关的问题。与此同时，场外观众也可以通过热线电话参与商标竞猜，赢得奖励。2000 年 7 月，央视经济频道在《幸运 52》取得成功的基础上，再度推出知识问答节目《开心辞典》。与以往的益智类节目较为喧闹的现场气氛不同，《开心辞典》走的则是一条“平静的娱乐风格”之路，此外，值得称道的是，《开心辞典》在引进海外节目模式的基础上也进行了成功的本土化改造，它

① 张凤铸，陈立强. 一种节目范式的解析：从《快乐大本营》说起[J]. 当代电影，2004(4)：71-76.

剔除了《百万富翁》中的巨额奖金博彩因素，取而代之以“家庭梦想”的环节设计，更加符合国人的审美习惯，也是对当时社会心态的一种映衬。《幸运52》《开心辞典》在收视和口碑上取得的双丰收，也引发了地方电视台的竞相模仿，加之此类节目投入和创意要求相对不高，全国各级频道又掀起新一轮的益智答题节目热潮，普通观众开始成为节目的主要参与群体。

（三）约会相亲节目小试牛刀

1998 年 7 月 16 日，湖南卫视受台湾约会交友节目《非常男女》的启发，推出电视相亲节目《玫瑰之约》。节目整体形式以游戏为主，分为“户外课”“心理课”“选修课”，三堂课之后，进入最后的真情告白环节，男女嘉宾互相选择，成功配对的学员顺利毕业，失败的学员还可以继续参加节目录制。在《玫瑰之约》之前，上海电视台已经在同年 1 月份抢先推出一档以爱情为主题的综艺节目《相约星期六》，可以算是内地创办最早的一档交友娱乐节目。但由于这档节目在上海电视台的地面频道播出，收视范围有限，因此并未形成太大影响力，直到湖南卫视《玫瑰之约》的开播，才将约会相亲这类全新的节目形式推向高潮。在 1998 年至 2003 年间，《玫瑰之约》以迅雷不及掩耳之势走红，一时间，婚恋节目如雨后春笋般竞相亮相，最多时同类节目有三十余档。但整体来看，多数节目只是简单模仿，缺乏持续吸引收视的创新点，生命周期并不长。

20 世纪末，以《玫瑰之约》《相约星期六》等为代表的约会交友类节目第一次将婚恋这个对于传统中国人来说相对私密的话题以娱乐的形式公开在荧幕上展示，当代青年的婚恋价值观也得以借助电视传播在社会上引起广泛关注和讨论，为疏导社会情感提供了新的渠道。同时，受众的主体意识也得到进一步强化，参与者和受众在突破传统思维的过程中获得了极大的快感和乐趣。

二、选秀神话（2004—2007 年）

真人秀可以说是目前为止在电视业中影响力最大、最为成功的一种节目类型。20世纪90年代中期，随着大量通俗娱乐节目、游戏秀和各类真人秀节目的涌现，轻娱乐成为中国电视节目中一个快速增长的领域。“真实游戏秀、真实才艺秀像一个总的驱动器，把非虚构的娱乐节目引入到中国电视的日程中。”[①]自2004年湖南卫视推出首届《超级女声》以来，各种各样或是以平民参与、或是明星名人加盟为看点的真人秀在国内掀起一股娱乐旋风。各大电视台纷纷将开办选秀节目作为短时间内树立品牌、打响频道知名度的重要利器，一时间同类节目蜂拥而上。据不完全统计，在2004年至2006年这短短的三年间，全国所出现的各种选秀节目超过500档。然而，物极必反，各电视台在具体操作过程中，不惜以各种炒作吸引眼球、获取高收视，各种毒舌评委、煽情片段、出位言论成为节目的必备要素，由此也导致管理部门出台一系列调控措施，严格管理选秀节目。2007年9月20日，国家广电总局颁布《进一步加强群众参与的选拔类广播电视活动和节目的管理》文件，对选秀节目作出诸多规范，其中包括：省级卫视不得在黄金时段播出选秀节目；选秀节目不得采用手机、电话、网络投票等方式；现场直播只能用在决赛最后一场；分赛区活动不得在上星频道播出等。自此，电视选秀节目在政策的调控下进入到新的发展阶段。

(一)《超级女声》开启平民秀狂欢

2004年，湖南卫视在英国真人秀节目《流行偶像》的基础上，结合本土化实践推出平民选秀节目《超级女声》。这是一档以歌唱选秀为外壳的大众娱乐性节目，以“想唱就唱”和“以唱为本”为出发点，面向所有喜欢唱歌的女性，并通过层层淘汰选拔，结合专家点评和大众投票征选出真正代表观众意愿的“女声”。如果说第一届《超级女声》还仅仅是让人们认识到真人秀这一节目类型所具备的无限发展潜力，那么2005年举办的第二届“超女”则迅速将这一节目类型推向社会舆论和学术研究的风口浪尖，一时间，“超女”不仅成为带有某种社会意义的时尚符号，更成为文化研究、社会研究、媒介研究、

① Annette Hill. 流行真人秀——真实电视节目受众的定性与定量研究[M]. 赵彦华，译. 北京：中国国际广播出版社，2008：作者中文版序言1.

心理研究等诸多领域共同的研究对象，成为备受瞩目的一种娱乐文化现象。

在《超级女声》的火爆效应下，各种选秀节目层出不穷，中国电视娱乐节目进入到前所未有的繁荣发展期。如果说《快乐大本营》是明星娱乐大众时代的开始，那么《超级女声》就是大众娱乐大众时代的象征。平民选秀最大的冲击力和卖点在于普通人价值的实现，“海选”成为千百万“草根”追求梦想、实现梦想的直通车。可以说，海选不仅彻底放开了参赛资格，实现了真正的大众参与，同时也将越来越疏离于传统媒体的年轻受众拉回电视机前。此外，以《超级女声》为代表的选秀节目将中国电视娱乐由游戏娱乐带向真实娱乐。英国文化学者费斯克认为，“通常而言，如果一档节目越是让人觉得逼真，就越让人觉得过瘾，也就越受欢迎。但是所谓逼真写实，其实也还是人为的创造。它之所以自然，并不是因为它真的自然，主要是由于我们的文化喜欢把我们社会中的仪俗性行为披上一件外衣，让它看起来很自然。事实上，写实主义一点也不自然，但是它合乎我们观物的心态。”[①]电视选秀节目就是这样一场由人为制造出来的逼真表演，它迎合了当下的平民化浪潮和个体意识萌发的社会心理，也为中国电视史写下浓墨重彩的一笔，成为极具研究价值的一大媒体奇观现象。

（二）《舞林大会》引领明星秀风潮

任何真人秀节目都离不开“真”“人”“秀”三个元素。其中，“真”是真实、纪实；“人”是要凸显人物的个性魅力；“秀”是秀场和表演空间。而“人”又是真人秀节目的核心和根本，其主体无非就是普通人或是明星名人两类。当新兴的平民选秀浪潮以摧枯拉朽之势占领娱乐市场之时，一些节目制作者开始反其道而行之，再次将目光瞄向明星秀。最先打出差异化牌的是上海东方卫视，在推出《我型我 SHOW》和《加油！好男儿》两档平民秀的基础上，于 2006 年 10 月策划推出明星舞蹈竞技节目《舞林大会》。如果说《超级女声》是一场盛大的平民造星运动的话，《舞林大会》则是将明星还原成普通人，给大众一次集体评审明星的机会，这也正是该节目的立意所在。

---

① J. 费斯克，J. 哈利. 解读电视[M]. 郑明椿，译. 台北：台湾远流出版公司，2006：216.

相较于以往的选秀节目，《舞林大会》的差异化主要体现在以下几点：首先是艺术形式的新颖性。当《超级女声》《我型我秀》等歌唱选秀节目风生水起的时候，东方卫视瞄准了舞蹈这块尚未被开垦的处女地，推出了以明星、主持人等为参赛主角的舞蹈真人秀，这种差异化的定位和竞争策略收效明显。其次是参赛人员的逆转性，节目颠覆了以往以普通人为主角的平民选秀模式，它以明星参赛作为看点，以往总是以光鲜亮丽的一面示众的各路明星在节目中同样要经历残酷的对决和胜负，甚至也要接受评委或委婉或尖酸的点评，这是节目吸引受众的最大看点。再次是评委点评的犀利性，面对明星，评委并没有降低对舞蹈表演的要求，反而常常以更加尖刻的语言和出位的点评获得关注。在《舞林大会》开启明星秀的差异化竞争后，湖南卫视也紧随其后，推出同类节目《名声大震》。此外，还有一些电视台尝试将平民秀和明星秀元素融合在一起，推出"平民＋明星"同台竞技的选秀节目，如江苏卫视的《名师高徒》，由明星担任"名师"，在平民中挑选"高徒"，既有明星效应，也有平民的亲和力。事实证明，"明星娱乐大众"依然有着不可替代的市场效应和收视潜力。

三、全面勃兴(2008 年至今)

2008 年对于中国电视娱乐市场而言，是路途多舛的一年，也是蓄势待发、重新布局的一年。"5・12"汶川大地震发生后，综艺娱乐节目全面停播。紧随其后的奥运会，由于央视对赛事资源的垄断性占有，地方卫视的生存空间遭到空前挤压。面对激烈的竞争局面，湖南卫视先后推出体育竞技闯关节目《奥运向前冲》(后更名为《智勇大冲关》)和娱乐脱口秀节目《天天向上》。进入 2009 年，全国电视娱乐节目市场恢复势头良好，播出比重和收视比重均有明显增长。数据显示，2009 年全国电视娱乐节目的播出比重由 2008 年的 3.9％上升至 5.3％，环比增幅为 35.9％，但还是低于 2008 年以前几年的水平；而观众的收视比重却创下新高，达到 9.2％，较上一年增长了

26%。[①] 具体到节目内容来看，娱乐节目（游戏竞技、相亲交友、求职创业、角色互换、才艺选秀……）多元发展的趋势更加明显，但整体而言，真人秀依然是娱乐节目的核心元素，且参与真人秀的主体已经从草根到明星，再到企业家以及社会各界人士，越来越多样化。真人秀节目通过这种以"提供展示舞台⇒体验成功机会⇒促进受众认同"为基本传播路径，以打破传播者和受众身份界限为基本运作模式，将电视娱乐节目带入全新的创作高度和发展高潮。

（一）各类秀场争奇斗艳

在经历了2008年的短暂休整之后，中国的电视真人秀节目开始在摸索中提升，并且从模仿抄袭逐渐转向标准化制作；在题材内容的选择上，也表现出很大的包容性，涵盖了表演选秀、生存挑战、婚恋情感、求职创业、体育竞技、身份置换、亲子教育等社会生活的方方面面，出现了类型多元、题材多样的节目样式，并在一定程度上成为社会现实的折射镜。

表演选秀是目前国内娱乐节目中分量最重、影响力最广的一类真人秀节目类型。这类节目也可以称之为才艺展示，主要是为普通人/明星提供一个自我展示的平台，尤其是表演方面的才艺，并根据一定的规则由评委和观众进行淘汰和选拔，最终产生新的偶像级人物，达到平民造星或是重新提升明星人气的目的。在《超级女声》之后，表演选秀节目主要有三类：一是以《中国好声音》《快乐男声》等为代表的歌唱类选秀；二是以《中国达人秀》《中国梦想秀》等为代表的平民选秀；三是以《我是歌手》《全能星战》等为代表的明星歌唱秀。对于大众来说，才艺展示尤其是唱歌节目的参与门槛较低，没有绝对的标准，所以也最大限度地调动了人们的热情，更加符合媒体发展的平民化和互动性趋势，为普通人成名提供了一条更加直接和公平的路径。然而，按照美国前卫艺术家安迪·沃霍尔（Andy Warhol）的"成名十五分钟"理论，每个人都能当15分钟的名人，表演选秀节目为普通人提供了一夜成名的平台，但也使这种成名变得更加短暂。

① 吴凡.2009年综艺娱乐节目收视分析[J].收视中国，2010(3).

生存挑战类既是真人秀节目中发展最早的一种类型，也是国内最早试水的真人秀节目。以《老大哥》《幸存者》等为代表的早期欧美真人秀节目的共同特征是：奇观式的环境设计、禁忌边缘的竞赛内容以及与观众的紧密互动。窥视、游戏、密闭、实时、日常生活的展示等构成这类节目的基本要素。在国内，生存挑战类真人秀以广东电视台 2000 年 6 月推出的《生存大挑战》为滥觞，随后，湖南经济电视台的《完美假期》、浙江卫视的《夺宝奇兵》、中央电视台的《龙行天下》等同类节目先后推出。2013 年 9 月，四川卫视引进韩国野外生存真人秀节目《两天一夜》，邀请六位明星主持团与嘉宾明星一起在节目中体验为期“两天一夜”没有钱的旅行，但该节目基本是以户外游戏为主，距离真正意义上的生存挑战类节目有一定差距。2016 年 6 月，安徽卫视引进韩国 SBS 节目《金炳万的丛林法则》，推出一档实境生存记录节目《我们的法则》，邀请嘉宾前往原始丛林，在原生态的生活环境中进行荒野求生。但是，由于此类型真人秀在规则设计以及尺度把握上所受限制较大，与歌唱选秀、婚恋情感、求职创业等室内录制的节目相比，成本更高可操作性不强，在国内的发展并不顺利。

婚恋情感类真人秀在经历了《玫瑰之约》《相约星期六》等早期约会相亲节目的小试牛刀后，约有近十年的沉寂期。2009 年底至 2010 年上半年，此类节目大规模复兴，多个卫视的类似节目密集亮相，如江苏卫视的《非诚勿扰》、湖南卫视的《我们约会吧》、浙江卫视的《为爱向前冲》等。经过数年积累，各电视台在节目制作、节目营销、话题炒作等方面都更加成熟，此番推出的相亲节目也已经迥异于早期的婚恋谈话节目，出位的嘉宾言论、频打擦边球的话题讨论、线上线下的全面互动等，使得一段时期内，婚恋交友成为备受社会关注的社会性议题，各方讨论争执不断，俨然一出性别表演的大众狂欢。然而，经过几年的辉煌期之后，除了江苏卫视的《非诚勿扰》外，其他同期开播的相亲类节目已经在荧屏上难觅踪影。进入 2017 年，相亲类节目再度呈现回暖之势，节目构成更加丰富，或是引入社会关系，或是结合社交元素，或是采用新技术手段，融合了户外、游戏、竞技、美食、脱口秀等多种元素，其中，以上海东方卫视的《中国式相亲》最具典型性。与以往相亲节目的不同之处在于，《中国式相亲》是“带着父母来相亲”，将一个家庭的婚姻价值观呈现在舞台上，这样的设置具有一定的创新性，贴合了中国当下的社会现实，加上主持人金星的高话题度，也为节目积累了一定的观众群。

求职创业类真人秀在国内也经历了两次发展高潮，早在2003年前后，电视荧屏就曾掀起过一股求职节目的创办热潮，如《绝对挑战》《勇往直前》《赢在中国》等。2010年以来，受就业大环境日益严峻等因素影响，以《非你莫属》《职来职往》等为代表的职场真人秀节目再次掀起高潮，仅省级卫视创办的同类节目就有近十档。在争相跟风之余，各电视台也开始在节目创新和差异化竞争方面发力，比如天津卫视在《非你莫属》成功的基础上，于2013年5月推出创业型真人秀《非你莫属之藏龙卧虎》，力求为有致富创意的个人或公司提供融资机会；江苏卫视2013年9月开播的《赢在中国碧水蓝天》则是一档由明星企业家参与的商战真人秀。此外，深圳卫视于2016年开始着力于打造双创节目带，强化"中国电视第一创投平台"的品牌形象，先后推出《为梦想加速》《合伙中国人》《一块投吧》《有志·赢在中国》等创业类节目，在创投这一垂直细分类领域持续耕耘。

除了上述几类影响力较大的节目类型外，真人秀还包括许多不同的节目内容，包括体育竞技类，如江苏卫视的《星跳水立方》、北京卫视的《跨界冰雪王》等；身份置换类，如湖南卫视的《变形计》、山东卫视的《中国同名秀》；家居生活类，如北京卫视的《暖暖的新家》、上海东方卫视的《梦想改造家》；亲子教育类，如湖南卫视的《爸爸去哪儿》、浙江卫视的《人生第一次》……总之，2008年以来，随着真人秀节目的制作理念和手段的日益成熟，各类秀场的争奇斗艳就成为中国电视娱乐节目格局中的重要一环。

（二）模式节目大显神威

电视节目模式，从狭义上来讲，是指电视节目的制作框架，包括演播室设计、灯光、台词、制作安排等；从广义上来讲，它是一种完善的电视产品运作体系和流程规范，可以进行复制、推广，不仅涵盖节目版块设置、内容组织方式、音画表达手段等外在因素，更是涉及电视产业价值链——创意、生产、销售、发行、服务等多个环节。在中国，随着《中国达人秀》《中国好声音》《爸爸去哪儿》《奔跑吧兄弟》等模式节目所取得的空前成功，引进海外电视节目模式成为一股势如破竹的潮流。这种潮流主要表现在三个方面：

其一，模式引进成为双刃剑。一方面，引进模式的种类和数量极大丰富。随着省级卫视竞争的加剧，购买和定制节目模式已成风潮，超越了“模仿”和“山寨”之后，“模式引进”俨然成为各大卫视的收视利器。另一方面，这种对于电视节目模式近乎疯狂的引进热潮，在一定程度上阻碍了原创综艺的发展，以至于广电总局先后多次发文对引进节目模式加以限制。比如，2016 年下发的《关于大力推动广播电视节目自主创新工作的通知》规定，“各电视上星综合频道每年在 19：30—22：30 开播的引进境外版权模式节目，不得超过两档。每个电视上星综合频道每年新播出的引进境外版权模式节目不得超过 1 档，第一年不得在 19：30—22：30 之间播出。”①

其二，节目模式的来源国家从欧美转向韩国。2013 年年初，湖南卫视引进韩国模式节目《我是歌手》，首次在相对沉寂的冬季推出大型节目并取得空前成功，使得国内电视观众开始认可韩国综艺节目，自此，中韩合作成为节目制作的一大潮流。2013 年《爸爸去哪儿》、2014 年《奔跑吧兄弟》的推出则将韩国模式节目提升到全新的高度。概括而言，欧美节目模式更为结构化，更重视规则和核心创意点，而韩国模式虽然也强调“包装”，也设有“编剧”一职，但他们一般不会设计对白、情节等具体化内容，而只是关注环节、任务等的安排。以真实的力量打动人，加之中韩两国文化上的相似性，成为韩国综艺节目获得国内观众青睐的关键因素。

其三，模式节目的制作流程日趋标准化，并直接带动中国电视节目制作水平迈向一个新台阶。通常来讲，引进模式的海外版权方会提供一份“节目宝典”，从情节设计、灯光、音乐、舞美到地点、流程，甚至于连邀请函的写法，其中都有详细说明；同时，还会派出专人进行现场指导，参与节目的制作、执行、营销等各个环节。以《中国好声音》为例，该节目的宣传片头、logo 设计、现场舞美布景乃至导师们拿着麦克风的手势，都基本与原版节目 *The Voice* 如出一辙，节目所用的导师转椅也同样是按照原版从国外进口的，并由专业

① 国家新闻出版广电总局.关于大力推动广播电视节目自主创新工作的通知[EB/OL](2016-06-20). http://www.sarft.gov.cn/art/2016/6/20/art_31_31064.html.

团队为转椅的搭建维护提供技术支持。从大牌嘉宾到一流表演者，从标准化的节目制作到立体化的推广营销，这种在制作流程上的“原汁原味”和“精益求精”，直接带动着中国电视进入到一个“模式制胜”的时代。

当然，高投入高产出也意味着高风险。当前的中国电视正在经历着一场节目模式的“启蒙运动”，因此也难以逃脱对于“模式”的焦虑与茫然。在对模式的“顶礼膜拜”之下，一方面，电视台不仅要为现有节目模式的生命力而忧心忡忡，更要为如何寻找到新的、富有竞争力的节目模式而殚精竭虑；而另一方面，中国在成为节目模式引进大国的同时，模仿抄袭、原创不足等问题继续困扰着中国电视节目制作。2016 年，上海电视节举办的第二届“中国模式日”论坛发布的数据显示，全球节目模式产业每年产值高达 50 亿美元，我国在此贸易上长期处于逆差的劣势，凸显出我国电视市场规模同节目生产能力的不匹配。

（三）公益娱乐渐成风气

提供娱乐是电视媒体与生俱来的社会功能，自从以《快乐大本营》《欢乐总动员》等为代表的游戏娱乐节目在荧屏上一炮而红以来，各类娱乐节目如雨后春笋般涌现。早期的电视娱乐节目为相对封闭的社会大众心理找到了一个情感宣泄的出口，满足了人们放松身心、愉悦精神的需要。但过犹不及，随着节目数量的增多和竞争的加剧，“泛娱乐化”所带来的问题日益凸显。当娱乐节目以颠覆传统，依靠出位表现来博得眼球、拼抢收视率的时候，就开始走向了过度娱乐化的一面。一方面，主管部门对过度娱乐化问题的三令五申使电视台不得不做出调整，寻求将娱乐进行巧妙包装的新思路；另一方面，在高度同质化的竞争环境中，电视媒体也需要主动开创新的营销形态，为娱乐力量寻找到更为广阔而健康的内容空间，使其充分施展或是巧妙融通。在主客观多重因素的影响下，公益与娱乐的多样态融合成为近些年来我国电视娱乐节目发展的重要特征。

在我国早期的电视生态中，娱乐节目与公益节目似乎是截然不同的两类节目形态：娱乐节目以追求欢乐为唯一目标，缺少人文关怀；公益节目则主要以刻板教化的面貌出现，贴近性和趣味性不足，很难引起受众的注意。

近年来，在节目中植入公益元素开始成为娱乐节目的普遍做法，以公益为特色的各类节目层出不穷，其中最具代表性的当属“梦想系列”。2011 年，浙江卫视引进英国 BBCW 的王牌综艺节目《就在今夜》，推出平民圆梦节目《中国梦想秀》，以帮助普通百姓实现梦想为主题，诠释乐观勇敢、积极向上的梦想力量。截至 2016 年年底，该节目已经播出九季，可以说是当前国内较为成功的大型季播节目代表。诸如《中国梦想秀》这样走“娱乐＋梦想”路线的节目还有中央电视台的《梦想合唱团》、上海东方卫视的《中国达人秀》、江苏卫视的《梦想成真》等。不仅如此，一些娱乐节目还开始聚焦社会热点，关注弱势群体生存的现实问题，比如为贫困地区学校筹款购买校车的公益音乐竞赛节目《天声一队》、关注青少年成长的角色互换节目《变形计》等。创新是任何一档节目保持生命力的源泉，将“娱乐”与“公益”进行多元融合，既是各电视台响应广电总局“开办道德类建设栏目”的被动应对，也是娱乐节目求新求变的主动创新。

（四）文化娱乐也有春天

新世纪以来，中国的传媒业经历了整合竞争、重新洗牌的涤荡与洗礼。外部，跨国传媒巨头可谓“虎视眈眈”；内部，强势媒体扩张势头明显，电视媒体的地域性日渐趋弱；此外，新媒体的快速崛起，使得传统电视媒体的生存空间遭到了前所未有的蚕食和挤压。2008 年以来，随着国内娱乐节目大战的愈演愈烈，国家广电总局先后下发“限娱令”“限歌令”等多项调控措施，一再督促各电视台自觉抵制低俗、低质等不良风气，引导积极、健康的社会风尚。如何将娱乐节目做得有文化、有品位，将传统刻板枯燥的文化节目做得有趣味、有看点，成为电视人不断思考和探索的问题。

从节目类型来看，传统的文化节目往往令人觉得曲高和寡，比如一贯被认为是高格调的读书节目多数只能被放在尴尬的午夜时段，收视率低，传播效果自然有限；曾经热闹一时的讲坛类节目也因创新力不足、跟风严重而偃旗息鼓。但是，文化类节目在荧屏上长期受冷落并非是因为此类题材不受欢迎，而是要看其能否以更为综艺化、创新化的大众表达方式进行包装和推广，以便更好地被观众所接受和认可，比如湖南卫视的姓氏解读节目《非常靠谱》、央视推出的青年电视公开课节目《开讲啦》等，均是很好地将人文与娱乐相融合，集文化性、趣味性以及话题性于一身，娱乐节目的“文化范儿”浓厚，节目取得良好的收视效果和社会传播价值自然在情理之中。

文化性娱乐节目迎来发展的春天，主要呈现两个阶段性高潮。第一次高潮是以 2013 年夏天的两档“汉字节目”为标志。2013 年夏天，在一片歌唱选秀节目的鏖战中，中央电视台的《中国汉字听写大会》和河南卫视的《汉字英雄》凭借浓郁的人文气息杀出重围。《汉字英雄》由河南卫视与视频网站爱奇艺联合打造，参赛的青少年选手通过填字游戏的形式书写汉字，逐个答题，完成十三宫格即为晋级。原本或严肃、或深沉、或晦涩的文化内容通过类似选秀节目的机制更加丰满，层次递进、形式多变的晋级规则更具剧情感，十三宫格和随机挑选的比赛规则让节目具有竞技式的节奏感和闯关式的紧张感。再加之，赛场之外，节目对小选手性格和日常生活细节的刻画，又使其具备真人秀节目的精彩和刺激。中央电视台的《中国汉字听写大会》虽然在形式上较《汉字英雄》要更加正统一些，综艺娱乐的成分更为淡化，但同样也凭借赛事晋级的形式获得不少关注。第二次高潮以 2017 年年初中央电视台的《中国诗词大会》《朗读者》以及黑龙江卫视的《见字如面》等为代表，这些节目内容结构和表现形式都相对简单，但却是传统文化、人文情怀与综艺节目相结合的全新尝试，在众声喧哗的真人秀热潮中，这样的“慢节目”犹如一股清流，回归质朴，入目入心。

近年来，这种兼具娱乐性和文化性的电视节目犹如星星之火，虽然在数量上、质量上尚难以与大型选秀节目相媲美，但这种去精英化的平民特质更容易赢得大众的心理认同，在电视节目泛娱乐化的潮流中，寻找到文化与娱乐之间的平衡点，做到精英视角、平民表达，对于文化与娱乐的融合可谓是宝贵的实践经验。

第三章

电视娱乐奇观现象剖析

相比较于纸质媒体、广播媒体而言，电视媒体视听兼备的传播特质决定了其更适宜作为一种娱乐内容的传播载体，而当下公众对娱乐休闲生活的巨大需求则进一步巩固了电视娱乐节目的重要地位。也因为如此，电视观众更有可能转化为娱乐内容的消费者。传统电视人已经充分意识到，在传播渠道多元化、传播内容碎片化的全媒体时代，电视媒体要想实现自身价值，不能简单地仅仅完成观众注意力的二次售卖，更为关键的是，要在实现二次售卖的同时，将电视观众转化为娱乐内容和娱乐产品的消费者、体验者。如此，层出不穷的各种电视娱乐奇观才得以迅猛发展，并迅速扩散和渗透到社会文化的方方面面。凯尔纳指出，当今奇观式的社会和文化正打造一种新型的信息娱乐社会，在当代社会的组织结构中，信息和娱乐领域已经融为一体。① 可以说，在当代社会中，商业、媒体、技术、权力和意识形态是紧密结合在一起的，而以电视娱乐节目为代表的媒体文化则成为以上各种因素相结合的中介。更确切地说，由各类电视娱乐节目所创造出的娱乐奇观是当代电视文化和景观社会领域最具典型性的样本，对这些现象的剖析有助于我们进一步解读当代经济生活、社会交往、文化冲突以及日常生活。

第一节　闯入公众视野的婚恋奇观

一、相亲节目：私密话题的公开呈现

如前所述，相亲节目在国内大致经历了两次发展高潮，第一次高潮是 20

① 凯尔纳. 媒体奇观——当代美国社会文化透视[M]. 史安斌，译. 北京：清华大学出版社，2003：13-14.

世纪末以《玫瑰之约》《相约星期六》等为代表的约会交友类节目，以谈话、游戏为核心元素；第二次高潮即是2010年以来以《非诚勿扰》《中国式相亲》等为代表的婚恋情感类真人秀节目。曾经处于私密的婚恋观念在电视荧屏的魅惑下，成为众目睽睽下的热点话题。此时的相亲节目早已跳出早期婚恋谈话节目的“羞涩”和“遮掩”，不仅极度凸显娱乐化效果，而且将个人情感话题与社会婚恋问题紧密相融，折射出当下人们对于择偶、婚姻、家庭的观念与态度，将当代中国一些看似凌乱的社会发展问题和社会话语勾连在了一起。

在众多的相亲节目中，江苏卫视于2010年1月15日开播的《非诚勿扰》无疑为其中翘楚。尽管遭受种种非议，也历经多次改版调整，走过“七年之痒”的《非诚勿扰》尽管收视率和社会影响力已然在走下坡路，但其对于国内相亲节目发展的里程碑意义不言而喻。江苏卫视也曾凭借该节目热播带来的品牌辐射效应，积极推动频道发展与管理体制创新，一度占据省级卫视排头兵的位置，与湖南卫视、浙江卫视形成“三足鼎立”之势。在2012年卫视广告招标中，《非诚勿扰》以18.1989亿元的总标额紧随央视的《新闻联播》与《焦点访谈》之后，成为综艺节目“吸金王”。① 开播以来，《非诚勿扰》所获荣誉无数，2010年至2012年连续三年获得《新周刊》“中国电视榜”的“最佳生活类节目奖”，主持人孟非也史无前例地蝉联三届“年度节目主持人奖”。节目不仅在国内“名利双收”，2013年节目版权更是输出至非洲，并成功入选到哈佛商学院的教材内容。在此之前，在哈佛大学商学院的研究范本中，电视节目所占的比重很少，仅有《美国偶像》《60分钟》等节目入选过研究范本。②

这样一档以爱情、家庭、两性关系为主题的媒介产品之所以能够在当下的中国取得如此成功，是有着深刻的社会变迁因素以及社会心理背景的。首当其冲的便是近年来备受关注的“剩男剩女”问题。社会学相关研究对这一问题原因的分析主要包括：计划生育政策以及“重男轻女”传统思想造成的男女人口比例失衡、快节奏与高压生活下年轻人交友时间少、现代人更加

① 陈成.2012多家卫视广告招标《非诚勿扰》吸金18亿[EB/OL](2011-11-18).http://news.sina.com.cn/m/2011-11-18/093223486510.shtml.

② 许思鉴.《非诚勿扰》将入哈佛课本[N].法制晚报，2013-06-20，A45.

个人化的生活态度和生活方式、都市生活中不确定的人际关系，以及女性受教育程度提升强化了择偶梯度效应，等等。

其次，以电视娱乐节目为代表的传媒文化为当下那些躁动不安、渴望成名且具有一定消费能力的年轻人，提供了张扬个性、实现自我价值的平台，同时传媒自身也从中赚得更多的商业利益。在《非诚勿扰》节目中，男女嘉宾得以在舞台上展示他们的生活、思想和行为，其中一些参与者为了争取表达和争辩的机会，甚至不惜牺牲自己在异性面前的形象，并因此饱受诟病。对于观众一方而言，通过观看节目嘉宾的相亲过程，获得了猎奇、窥探心理的满足感。可以说，《非诚勿扰》不仅仅是一个单纯的交友平台，更是展现当今年轻族群生活态度的舞台，带来的是各种人生态度的碰撞。它既是性别、情感、阶级、物质等多重话语进行对话、交流的公共领域，也是对主体进行观照、展示主导意识形态的娱乐奇观。

二、《非诚勿扰》文本分析：一出性别表演的婚恋观碰撞

《非诚勿扰》开播以来，节目收视表现在很长一段时期内牢牢占据同时段排名首位。作为一档常态性周播栏目，其强大的生命力和社会议题性造就了声势浩大的电视奇观，对当下的婚恋文化和性别政治产生了重要影响。在《非诚勿扰》的舞台上，各种人性欲望、消费元素、价值观念不断形成冲突、内爆，并瞬间由线上引向线下，演化成“真人＋表演＋婚恋＋镜像”的媒体奇观。在这场游戏奇观中，美艳动人的单身女性、才华横溢的相亲直男以及个性鲜明的“电视红娘”和幽默犀利的心理专家都通过镜像的透射和阐释来演绎自身的角色，节目使日常生活中的相亲行为成为一种艺术表达和舞台表演。闯入公众视野的婚恋奇观，一方面为渴望表达、渴望成名的女性提供了一条进入社会议题中心的途径，另一方面也满足了喜好窥探隐私的娱乐消费者。当然，表演/作秀自然也篡夺了这个舞台上原本的主体——相亲/婚恋，表演者与受众在看与被看之间共同完成了对欲望的生产和认同的快感。

(一)舞台、规则与表演

《非诚勿扰》所呈现的这场娱乐奇观首先离不开的就是承载奇观生成的空间背景,也即舞台场景。与之前的相亲交友类节目相比,《非诚勿扰》的舞台设计、场面调度等经过了更加精细缜密的设计和包装。在每期节目进入正片之前,是一段 1 分钟时长的女嘉宾 MV,唯美的画面、轻柔的声音,将原本生活中普通的“丑小鸭”瞬间包装成美丽、优雅的“电视广告女主角”,从而也让观众对节目产生期待。随后在喧嚣的呼唤声和掌声中,“欢迎来到江苏卫视 * * *(广告赞助商)《非诚勿扰》,有请主持人孟非”。镜头通过“全知”视角的表达,对 T 型舞台进行了全景式的扫描,镜头跟随主持人孟非走过长长的 T 台,画面定格在孟非的略显严肃的脸和标志性的光头上。伴随着始终如一的开场白,在热情澎湃的喧哗声、鼓掌声以及不断闪烁的镁光灯照射下,一场华丽的视听盛宴拉开大幕。24 位美丽的单身女生从柱形高台走下,如模特走秀般穿过 T 台,站成半圆形,等待被电梯带到舞台上的男嘉宾。

从舞台布景来看,首先,节目打破了以往设计中舞台与观众席界限分明的传统,主持人和男嘉宾与 24 位女嘉宾经由一段舞台相对而立,观众则包围在 T 台两边,女嘉宾占据最耀眼的位置,通过特写镜头、水平摇摄以及面部表情镜头的快速剪辑,营造出强烈的现场感和悬疑感。其次,独特的灯光设置成为推进节目剧情的动力元素,女嘉宾亮灯时的“蓝灯”和灭灯时的“红灯”,以及在节目进行过程中的天蓝色背景和男嘉宾遗憾离场时的红色背景,红蓝两个色泽对比度极强的灯光成为场景奇观的重要组成部分。再次,音效的完美配合烘托出现场气氛,当男嘉宾以失败退场时,黄丽玲那略带伤感的歌声就会响起:“离开的时候,有些话没亲口说……”恰如其分地诠释出离场男嘉宾失落的心情;若男女嘉宾顺利牵手,欢快喜悦的《浪漫爱》歌声便会伴随他们走下舞台,整个演播厅都洋溢在幸福的氛围中。

《非诚勿扰》的节目规则同样颇具游戏色彩和刺激性。男嘉宾通过“爱之初体验”“爱之再判断”“爱之终决选”和“权力逆转”四轮闯关来完成相亲过程,在场女生通过亮灯或灭灯来表示对男嘉宾是否认可。此外,还设有男嘉宾心仪的“心动女生”和按下“爆灯”键的“动心女生”,以此增加男女嘉宾以及女嘉宾之间的冲突。在上述精心设计的规则和环节推进中，整个相亲过程充满悬念和紧张感，24∶1的PK随时会发生戏剧性变化。随着台上做出亮灯或灭灯选择，观众也在凝视和判断，并且将自己的交友观、恋爱观透射到对一个个男女嘉宾的认同与排斥中。

“从电视的本质看，真人秀节目符合电视的日常性和非日常性的特征。一方面，在现代生活高节奏、高效率下的观众更加渴望了解同他们一样在彼地又同时生活着的人们的生存状况，获得一些日常经验；另一方面，他们也需要看到一些非日常、奇观化的东西。真人秀节目满足人们日益求真的文化消费心理。”[①]于是，在《非诚勿扰》的舞台上，事实上的相亲与虚拟化的表演勾连在一起，男女嘉宾看似“真实”的本色表现实则是处于“拟态化”虚拟世界中，“真实”与“虚拟”“相亲”与“表演”之间相互穿越、相互交织，将观众带入错乱的奇观感知中。

节目每期有24位女嘉宾和5位男嘉宾参与，24位女嘉宾相对固定，若被牵手离开则由新的参与者递补。场上的女嘉宾一般都是盛装出席，男嘉宾形象则尽量保持生活中的真实状态。单从视觉效果上来讲，女嘉宾的外表可以说是高度“标准化”的：身着华丽裙装，画着精致妆容，极力凸显优雅的女性气质。长卷发、蝴蝶结、短裙、丝带甚至烟熏妆都是十分常见的外形“符号”，着装朴素、素颜或是以短发、长裤形象示人的女嘉宾数量则非常少见，也显得格外与众不同。而许多“节目红人”在现实生活中大都是从事平面模特或是演艺工作，参与节目的目的性也并非仅为“相亲”，她们大多有一定的舞台经验，在镜头前的表现力也很强。在每期节目的5位男嘉宾的安排上，节目组也是颇费思量，一般都会有一位形象出众的“帅哥型”、一位职业收入不错的“钻石王老五型”、一位有过丰富或者特殊感情经历的“情感故事型”，还有一位敢于表达某种价值观的“出位言论者”，剖析每位嘉宾都如同倾听一段充满曲折的人生故事，如此搭配使得节目更具看点和话题性，避免观众的审美疲劳，节目自身也变得生活化和故事化。

---

① 谢耘耕，陈虹. 中国真人秀节目发展报告[J]. 新闻界，2006(2)：8-12.

资料来源:《非诚勿扰》节目截图

图 3—1　《非诚勿扰》舞台布景

(二)话语、冲突与欲求

以《非诚勿扰》等为代表的电视相亲节目之所以能够在 2010 年的中国电视荧屏上再度掀起收视热潮,不仅是因为这类节目自身表现形式的调整与改良,更深层次的原因在于"相亲""两性""剩男剩女"这些字眼已经成为触动当下时代和社会最为敏感的话题之一。凯尔纳认为,应该用多元化和异质的概念来解读各种看似彼此矛盾的奇观,将奇观本身"看作一个各种话语冲突的场域"。[①] 根据霍尔的理论,受众对于电视事件意义的理解一般遵循三种解码方式:主导式、协商式和对抗式,总是有某种意义会力争在多种话语的对抗中取得领导权,"因此,一个事件的意义成为一场为掌握话语权而进行的符号斗争"[②]。在《非诚勿扰》节目中,这种话语之间的冲突更是成为节目奇观化传播的重要推手和筹码所在。

节目现场,男女嘉宾、主持人与心理专家之间形成一个相互交织、相互碰撞的话语场,"唇枪舌剑"背后体现的正是当代年轻人日益多元的价值观和生活态度。《非诚勿扰》开播之初,女嘉宾马诺凭借一句"我宁愿坐在宝马车里哭,也不愿意坐在自行车上笑"的言论,不仅使自己迅速蹿红,登上各大

① 凯尔纳. 媒体奇观:当代美国社会文化透视[J]. 史安斌,译. 北京:清华大学出版社,2003:14.
② 史蒂文森. 认识媒介文化——社会理论与大众传播[M]. 王文斌,译. 北京:商务印书馆,2001:66.

娱乐版头条，同时也使得刚开播不足一个月的《非诚勿扰》节目一夜之间家喻户晓。在这里，首先还原当期节目（2010 年 1 月 17 日第 3 期）的完整过程：

23 岁的男嘉宾赵晨（自由职业者）将 11 号女嘉宾马诺作为自己的“心动女生”，但是马诺在第一环节就已经灭灯。按照节目规则，当男嘉宾进入最后一个环节时，仍可以坚持选择“心动女生”，但是有被拒绝的可能。于是，在进入“男生权利”环节后，赵晨获得最后一次提问的机会：

赵晨：我的问题是，以后愿不愿意经常陪我一块儿骑单车？

马诺：我还是坐在宝马里哭吧。（微笑着）

孟非：她的答案是她不爱自行车，她喜欢坐在宝马里面。

其实，从当时的节目视频来看，马诺只是与众多拒绝了男嘉宾的女嘉宾一样，她当时或许只是想用一种“冷幽默”的方式表示拒绝。但是，这件事情在节目播出之后，“宝马女”“拜金女”……迅速成为媒体放大和炒作的焦点，马诺和《非诚勿扰》节目也随之走红。事情并没有到此为止，随后几期的节目中，这一话题被反复炒作，有好几位男嘉宾“专程”来参加节目，以一种“为民除害”的大义凛然姿态，不求相亲结果怎样，只为当面把这个“拜金女”驳斥得体无完肤。其中，最具代表性的是第 15 期节目（2010 年 4 月 3 日）中的男嘉宾骆磊。

男嘉宾骆磊在“理想女生”环节中的自白：“……这一点呢，我今天要代表全国广大的网民说一句话，我看这个节目的时候呢，我看到有一些女嘉宾啊，说男嘉宾，说他谈恋爱的次数连她的零头都不够，你觉得这个东西光荣吗？不光荣啊这个。考试的时候，你把这个说出来，老师会给你加分吗？不会。她还说家就是她想玩到几点回就几点回，这个叫家吗？这个叫 Hotel，翻译过来叫宾馆，你不带钥匙都没关系，服务员可以帮你开门，所以不希望找到这样一位。”

孟非：11 号马诺，有什么要回应的？

马诺：我觉得他记忆力不错，我都没记住。

骆磊：我觉得我还有几句话想告诉马诺，其实我个人认为，你其实不应该留在这里，如果我是你，我肯定不会留在这里。因为现在《非诚勿扰》当中有一个“诚”字，我觉得是要诚心，是很真诚地来这个节目，想寻找自己的另一半，而你提出的要求，像什么在宝马里流眼泪，我觉得像我们这种小青年，不是家里很有钱的话，没有办法满足到你这样的高要求。所以我觉得你应该让出这个位置，让那些更加真诚的女孩子可以到这个节目中来。然后我还想建议你一下，你其实适合去的节目应该是选美，因为下面坐的不是大款，就是富豪。不要说你坐在宝马里面流眼泪，就算你坐在保时捷里面流鼻涕都是可以的。谢谢。

“宝马”和“单车”，一个简单的对比却瞬间刺痛了无数人敏感的神经，也成为促进节目迅速传播和成名的重要推手。正是在这种台上台下冲突不断、媒体借此不停制造话题的过程中，《非诚勿扰》节目实现了奇观化传播，扩大了节目的社会知名度和影响力。在每期节目结束后，总有嘉宾名字会成为百度热搜词，《非诚勿扰》也常年占据“百度综艺风云榜”的前五位。而以“江苏卫视 非诚勿扰”为关键词搜索可以找到相关网页约 300 万个，相关新闻 464,000 篇；在《非诚勿扰》节目的百度贴吧里，帖子数量高达12,918,500篇，关注人群数为 363,418 人；《非诚勿扰》的新浪微博粉丝数也达到 4,176,357 人。①

（三）观看、认同与快感

《非诚勿扰》所创造的娱乐奇观如同一个二级符号系统：一方面，节目自身通过声音、画面、人物等吸引受众观看；另一方面，这些媒介信息进入到大众传播领域，对人们的价值观念和意识形态产生了潜移默化的影响。古人

① 数据统计时间：2014 年 1 月 21 日 16：00。

云：食色，性也。饮食和男女情爱是人的本性，后者更是最能触动人类永恒的情感兴奋点。在当下快节奏的都市生活中，相亲节目聚焦“剩男剩女”这一最具时代感的话题，在节目走红的同时，也为大众提供了释放情感、寻求认同的平台，成为“全民话题”。舞台上，参与节目的男女嘉宾无论社会地位、相貌才艺如何，都可以自由地表达观点，畅所欲言，从而获得在日常真实生活中所无法得到的情感满足。与此同时，作为观众，也在观看的过程中获得了身体阅读快感和生产式快感。

费斯克将大众快感划分为两种类型：“一种是躲避式的快感，它们围绕着身体，而且在社会的意义上，倾向于引发冒犯与中伤；另一种是生产诸种意义时所带来的快感，它们围绕的是社会认同与社会关系，并通过对霸权力量进行符号学意义上的抵抗，而在社会的意义上运作。”[①]他认为，躲避式的快感往往集中在身体上，而生产对抗式意义的快感则集中在心灵。

在身体层面，“以身体来阅读”是受众观看真人秀节目时产生快感的一种方式，相亲类真人秀就为受众提供了各种各样产生身体快感的元素。首先，身体快感来自于感官体验。如前所述，《非诚勿扰》的舞台设计、场面调度、嘉宾形象都经过了精细缜密的设计和包装，身着华丽服装、面容精致的女嘉宾，她们在舞台上展示着自己的身姿，进行身体的炫耀，由此也完成了“看与被看”的双重凝视。其次，也是最特别的，身体快感来自于独特的情感体验。与其他类型真人秀不同的是，相亲节目将私密话题公开呈现，受众在观看中满足窥视的欲望。节目传播者则在此基础上，继续提供各种能够增加受众快感的文本，比如，对男嘉宾的衣着打扮、情感经历以及对女嘉宾的择偶标准的讨论等都是促使受众获得快感的重要因素。

费斯克所言的第二种快感产生方式，是受众在阅读文本时，结合自身而产生的一系列顺从社会意义或抵制社会意义的快感，即生产性快感。其产生的根源位于宰制性意识形态的内部，它关注的是社会认同与承认。当宰制性的意识形态及其所提倡的主体性符合我们的利益时，此时产生的快感便会顺从此类意识形态与主体性；反之，产生的快感便会抵抗或者修正此类

① 费斯克.理解大众文化[M].王晓钰，宋伟杰，译.北京：中央编译出版社，2006：58.

意识形态与主体性。这种顺从或抵抗的模式邀请社会中各种“权力”等级的大众，在阅读文本时生产与自己切身相关的快感。①

《非诚勿扰》在挑选男女嘉宾时，非常注重“异质性”，几乎涵盖了社会各类职业、各个阶层，既有年薪过百万的“高帅富/白富美”，也有普普通通的上班族，更不乏漂泊他乡的自由职业者。受众从这些嘉宾身上总可以找到自己的某种映射，从而产生情感联系和身份认同。基于此，受众在观看节目，也即阅读文本的过程中，便会产生很强的代入感，“化身”男嘉宾或女嘉宾，作出某种选择，书写自己的文本，彰显自己的权力。由此，受众不仅是观者，更是参与者，节目也在更深层次得到了大众的认可。这种认可，正是大众的快感与这些快感的生产性之间的一种持续的运动（即在生产者的文本与阅读者切身的社会情境之间的一种持续的运动），以及一种赋予权力的感觉（这种权力的赋予，可以从意义的生产转移到物质性的社会关系）。②

第二节 平民与明星共舞的选秀奇观

一、选秀节目："庶民的胜利"

自 2004 年湖南卫视推出首届《超级女声》以来，或是以平民参与、或是以明星加盟为看点的各种选秀节目在国内综艺荧屏上掀起一股娱乐旋风。然而，在经历了短暂的辉煌之后，歌唱类节目虽然一直是各大电视台争相拼抢的收视高地，前赴后继的选秀节目也多达数十个，但中国选秀似乎已陷入了无尽的模仿、抄袭的恶性循环，以致媒体发出了“选秀已死”的慨叹。其间尽管也不乏出色的节目案例，但它们都不足以扭转音乐选秀节目发展的整体颓势，也不足以引领选秀节目发展的全新航向。直到 2012 年夏天《中国好声音》的横空出世，再次宣告了歌唱选秀节目强大的市场号召力，在荧屏内外

---

① 卢文浩.《非诚勿扰》的快感产生机制分析[J]. 新闻世界，2011(1)：44-45.

② 费斯克. 理解大众文化[M]. 王晓钰，宋伟杰，译. 北京：中央编译出版社，2006：69.

掀起了全民娱乐的追捧狂潮，上演了一场轰轰烈烈的娱乐奇观。《中国好声音》的出现，让对这类节目已经产生审美疲劳的中国电视观众重新兴奋起来，不仅是普通观众为之激动和尖叫，更有大批的文化精英和音乐专业人士为之鼓掌和叫好。《中国好声音》也被誉为自《超级女声》以来“最值得期待的音乐盛事”和“耳尖上的中国”。可以说，在国内选秀节目悄然走向低迷的时候，《中国好声音》以“平民式的狂欢”重新唤醒受众对于综艺节目的热情，并成为2012年最热门的娱乐话题。

《中国好声音》第一季于2012年7月13日在浙江卫视开播，节目版权引进自荷兰节目 *The Voice of Holland*，由星空卫视旗下的灿星制作联合浙江卫视共同打造，是中国电视节目制作史上首次真正意义上的制播分离，对中国电视节目制作理念产生了深远影响。以《中国好声音》《中国达人秀》等为代表的版权引进节目，在产制流程上保持了“原汁原味”和“精益求精”，直接带动中国电视进入到一个“模式制胜”的时代。从大牌嘉宾到一流表演者，从标准化的节目制作到立体化的推广营销，这一切都让如今的电视节目看上去更像是一部商业大片，也意味着电视荧屏已然迎来高投入高产出的“大片时代”。

首期节目甫一亮相，便在微博上赢得好评一片。这部制作精良，集合了刘欢、那英、杨坤、庾澄庆四大导师的音乐综艺节目，横扫同时段的其他节目，一大批社会文化精英人士在微博上以不加掩饰的赞誉之词对节目进行大力推荐。在众多微博网友的持续热议之下，当晚《中国好声音》新浪微博转发量突破600万次，新浪微博风云榜实时热点排行第一；节目播出六期后，节目收视突破四个点，百度指数突破150万。而第一季节目最后的“巅峰之夜”总直播收视更是高达5.57%，直接“秒杀”同时段播出的中央电视台中秋晚会。有了第一季节目的高收视基础和观众的口碑积累，2013年7月12日开播的第二季《中国好声音》首期节目就以3.65%的超高收视创下中国电视综艺节目首播收视率最高纪录。在前五期节目中，收视接连破三、破四、破五，遥遥领先于收视榜单，成就了一场收视神话。除了每周五晚蹲守电视机前观战的观众人数与日俱增外，“好声音”在网络上的呼声同样居高不下，往往每到开播时间点，便能引发一股全民关注“好声音”的热潮，节目迅速蹿升至微博话题榜首位，诸多热门学员一跃成为网民争相热议的对象，再次形成全民收看“好声音”的娱乐奇观。

二、《中国好声音》文本分析：一个平民追梦的现实童话

与其他音乐节目或选秀节目相比，《中国好声音》犹如一部高潮迭起的电视综艺大片，掀起了一场关于“创新”的自省与反思。“盲选”“转身”“导师”“学员”等一系列关键词成为新一代电视选秀节目争相效仿的基本规则。如果说，以《超级女声》为代表的第一代平民选秀节目是所谓“民意启蒙”“草根主义”的简单运作，是当代大众文化崛起的标志的话，那么，以《中国好声音》为代表的第二代平民选秀节目则是中国电视节目拥抱“高品质”、展现“国际范儿”的崭新尝试，同时也将电视节目制作从理论到实践都带至一个全新的高度。从节目叙事流程的角度来看，《中国好声音》历经全国范围内的大规模“宣传动员”，通过海选淘汰、分组考核、晋级赛三阶段比拼之后，进入最后的“巅峰之夜”总直播，为广大电视观众创造出一种仪式化收视，形成不同于常规节目的“节日性收视”，也即戴扬和卡茨所言的“媒介事件”收视。

（一）三种脚本：竞赛、征服和加冕

戴扬和卡茨将电视节目的收视分为“固定收视”和“节日收视”。惯常性的晚间收视将疲劳的观众置身于一系列的恢复体力的选择面前——诸多的频道、节目、产品，“文本”不是一种节目而是流动，体验是放松的、昏昏欲睡的，却不具有挑战性。而另一些各种各样的“特别节目”则超出了日常收视的界限，节日性节目、连续短片、高度戏剧化的或一次性或一年一度的演出，这种“特别”的特征使它们跨上了节日电视样式的边缘。① 这种节日电视样式也就是所谓的“媒介事件”。从符号关系学上来讲，媒介事件的特征首先取决于干扰性、垄断性、直播性和远地点性这些要素。而从类型上来讲，媒

① 戴扬，卡茨. 媒介事件：历史的现场直播[M]. 麻争旗，译. 北京：北京广播学院出版社，2000：139、144.

介事件的素材可以划分为“竞赛”“征服”和“加冕”三大类，这些就是构成媒介事件样式本体的主要叙述形式，或称之为“脚本”，它们决定着每一事件内人物角色的分配及其扮演的方式。① 表3—1详细地列出了这三类事件的特征。电视娱乐节目形态多种多样，其叙事方式也各不相同：益智类节目以游戏、答题为关键词，野外生存类、闯关类节目突出的是对抗和征服，而大部分的娱乐节目都有对胜利者的“加冕”。对于选秀节目而言，“竞赛”“征服”和“加冕”也成为最基本的叙事模式。以《中国好声音》为例，每一位学员在海选阶段要在严格的比赛规则下，自由、公开地展开竞争，完成“竞赛”阶段的叙事；进入到分组考核和晋级赛阶段后，竞赛依然必不可少，而要想在“强手如林”的队伍中脱颖而出，还需要有强大的“实力”征服导师、征服评审团才可以；及至最后的“巅峰之夜”直播，总冠军诞生，也就完成了最后的“加冕”仪式。

表3—1 “竞赛”“征服”和“加冕”的各个层面②

层面	事件类型		
	竞赛	征服	加冕
1. 周期性	固定(周期性)	不固定	不固定(再发)
2. 规则	商定规则	无规则	习俗、传统
3. 场地(舞台)	赛场、体育馆、广场、演播室等	社会场所临界边界，极限	街区、教堂、城市旅行线
4. 对手	人对人	英雄对准则、信念、自然	仪式对现实；人对象征
5. 优势	均等	英雄处劣势	仪式处劣势
6. 戏剧性	谁会赢？	英雄会成功吗？	仪式会成功吗？主人公配得上这些神圣象征吗？能把现实挡在外吗？
7. 人物角色	遵守规则；强者为胜；败者还有机会	重塑规则；允许间断性；人类巨大飞跃	体现规则；象征连续

①② 戴扬，卡茨. 媒介事件：历史的现场直播[M]. 麻争旗，译. 北京：北京广播学院出版社，2000：31，41.

续表

层面	事件类型		
	竞赛	征服	加冕
8. 电视角色	中立的	吟游诗人	虔诚的、祭祀的
9. 观众角色	裁判	见证；充满敬畏；寄予英雄超凡魅力；抑制不信任	与中心重新协作；宣誓效忠
10. 信息	规制至高无上	规则可以改变	规则从传统沿袭
11. 权威形式	合理—合法	超凡魅力	传统
12. 冲突管理关系	构架冲突，将其微型化、人性化	通过超党派确认克服冲突	通过唤起社会基本价值提供冲突中断
13. 时间指向	现在	将来	过去

首先是“竞赛”。“‘竞赛’是让势均力敌的个体或团体相互对抗并按严格的规则进行竞争。这种游戏由参赛选手自由进入，尤其是参与本身不具有义务性。游戏限定了时间和地点，因而超越了某种日常生活，参赛者和观看者都了解规则，而观看者与选手或裁判一样是游戏的组成部分。”[①]从电视节目整体来看，节目形态是最直接的外化形式，也是决定该节目是否具备创新要素、能否令观众眼前一亮的首要元素。《中国好声音》之所以能够赢得认可，为中国电视选秀注入一股清新的暖流，很重要的原因在于这档节目的模式设计从理念上匡正了以往一些选秀节目的缺陷和偏颇，将音乐选秀拉回至最本质的东西——“声音”。节目第一阶段为学员海选，基本形式是四位导师收徒组队，每一位参赛学员依次出场展示歌唱实力，导师背对学员进行“盲听”，若认可即亮灯转身表示愿意将该学员纳入门下；若多位导师转身，则权力反转，学员可以从已转身的导师中选择自己心仪者加入其战队，直至最终组队完成。其中，“盲听盲选”概念的引入让声音成为选秀的唯一标准，也让节目回归“寻找好声音”“用耳朵听”的纯粹音乐本质。在这一阶段，每个怀揣音乐梦想的人都可以报名参加，无论身份职业，无论是否受过专业的音乐启蒙或教育，只要“声音”可以打动导师，就能够在这场竞赛中取

① 戴扬，卡茨. 媒介事件：历史的现场直播[M]. 麻争旗，译. 北京：北京广播学院出版社，2000：39.

得胜利。这种竞赛的紧张氛围也贯穿于导师和学员的互选环节，如果某一位学员演唱时有多位导师转身，那么导师与导师之间也需要上演一场“抢学员”的戏码，在多方互动中通过煽情、搞笑、猎奇等各种娱乐元素达到竞赛和悬念的叙事效果。

其次是“征服”。“征服”往往是要打破规则。戴扬和卡茨在《媒介事件：历史的现场直播》一书中认为，“征服”主要是体现在英雄对于人类极限的超越，是在电视的“不可能的使命”中，在单枪匹马克服各种困难的钢骨虎胆英雄们的英勇业绩中找到日常的回音。这一点在电视选秀节目中似乎不容易对号入座，但倘若从节目规则、参赛表现等角度来看，每一位学员能够在海选中获得导师转身的机会，本身已经是对“导师”的征服。不仅如此，进入导师考核赛和晋级赛之后，学员之间高手如林，要想在短短几天的专业指导之后，能够获得通往最终“巅峰之夜”的通行证，更需要有超越自我、征服听众的全新突破。这也正是“征服”所具备的两个考验层面：通过自由意志的行为实现对已知极限的超越，以超凡魅力为结果。比如第二季“好声音”中的学员张恒远，他从海选开始接连唱了五首摇滚作品，这与导师希望看到多元化的想法背道而驰，非常冒险，但他每一次的摇滚演唱，都在不断突破自己，表达自己的态度和思考，最终赢得了导师和现场评审团的认可，一路过关斩将杀入总决赛。

最后是“加冕”。“加冕”最能够体现电视“节日性收视”的仪式性，通过唤起社会基本价值在某种程度上弥合冲突。《中国好声音》最后的总决赛“巅峰之夜”可谓是媒介事件“加冕”仪式的典型案例。第一季“好声音”总决赛时间点选在中秋之夜，传统来讲，中秋夜的荧屏一般都是被各种晚会所占据，而“好声音”开创性地选择在具有“团圆、美好”意义的传统节日里上演最后的终极 PK，整个直播历时近五个小时，营造了一场盛大的电视直播事件。为了对当晚的决赛直播进行预热，浙江卫视从下午 4 点启动“2012 中国好声音巅峰之夜倒计时特别节目”，对整季节目进行了系统回顾，每一位决赛学员的晋级之路、导师与学员的深厚感情、学员为实现梦想所付出的努力……通过极富感染力的画面语言呈现在观众面前，许多忠实观众更是如同要出席盛大仪式般，早早等待在电视机前。晚上 7 点 43 分，决赛直播正式开始，分为“群星演唱会”“巅峰时刻”“颁奖盛典”三个环节。在“群星演唱会”环节，学员们曾经演唱过的歌曲的原唱者，包括莫文蔚、刘若英、李宇春、张靓颖、汪峰、李玟等多位当红明星出席，以“演唱会”的方式向观众致意。晚间9点，总决赛进入正题，四大战将进行终极对决，中间也穿插着各种“明星助阵”，以及获得六个额外奖项的学员领奖、献唱。总决赛的舞台上请来了多位实力唱将与学员搭档演唱，连美国偶像亚军亚当·兰伯特也被邀请来为学员们助阵，声势之大可见一斑。最终，梁博以一曲《我爱你中国》夺得最后的总冠军，完成了“加冕”仪式。

（二）显文本：流程、故事与情感

所谓“显文本”是指“被接受、认同因而以直接性参与到主体的信念、意识形态构建的文本”。[①] 萨拉·科兹洛夫曾经指出：“大多数的电视节目——情景喜剧、动作系列片、卡通片、肥皂剧、小型系列片、供电视播放而制作的影片等，都是叙述性文本。”[②]从整体叙事结构来看，《中国好声音》是一个由不同的叙事文本组合成的嵌套式结构的大文本。所谓的“嵌套式结构”，即在一个大故事中嵌套有多个小故事，这些小故事之间既保持一定的独立性，同时又存在互动。具体到《中国好声音》来看，每一期节目都是一个大文本，而每个参赛学员则构成相对独立的小文本。节目除了以“竞赛”“征服”为主题的盲选、PK、表演这些传统叙事之外，更重要的看点还在于情感传播——讲故事，通过选手个人的背景故事，亦即选手的个人文本来完成。[③] 选手的个人文本的阐述方式则是多种多样的，既有登台前视频短片中家人朋友的介绍以及个人陈述，又有演唱结束之后与导师之间的互动交流，还有专门讲述选手故事的衍生节目《酷我真声音》。根据统计，每位选手的演唱时间与背景故事时间大致相当，可见故事与情感传播对于这档节目的重要性。

在深入剖析《中国好声音》的故事文本之前，首先需要对节目基本流程做

① 徐翔，邝明艳. 接受与效果研究中的“潜文本”——文学理论与传播研究的交叉视角[J]. 文艺理论研究，2010(1)：121-124.

② 罗伯特. 重组话语频道[M]. 麦永雄等，译. 北京：中国社会科学出版社，2000：45.

③ 程耿金妍，冯尚钺. “好声音”中“好故事”的叙事学分析——以《中国好声音》为例[J]. 中国传媒科技，2013(4)：75-77.

一解构，以便更好地了解整个节目架构、叙事脉络以及各个环节的功能作用。《中国好声音》主要分为四个阶段：海选淘汰、分组考核、晋级赛、巅峰之夜。其中，每一个阶段的赛程都遵循高度模式化的设计，每一个版块及其中的环节设计都有明确的目的性，并肩负着不同的传播功能，这一架构在海选阶段表现得尤为明显，由此也促成了节目在海选阶段极具话题性，颇受观众热议。

《中国好声音》是一档引进自海外成功模式的版权节目，原版节目 *The Voice* 系列由荷兰的 John de Mol 和 Roel van Velzen 首创，2010 年开始在荷兰 RTL4 电视台播出，造成全国轰动。其后，*The Voice* 节目的荷兰版权方积极向全球推广，从英、美、法到中国、土耳其、菲律宾等，先后有 45 个国家购买了 *The Voice* 的版权，推出众多 *The Voice* 本土版本，并获得空前成功。《中国好声音》在制作上严格遵循模式要求，大到节目流程、环节设计，小到现场道具和色彩，均与原版如出一辙。比如，四位导师的转椅和现场 Logo 塑像等，都是从英国运至国内的，这些极具识别力的标签，一方面证明节目源自正版，另一方面也成为营销推广的重要元素。

《中国好声音》模式的引进，改变了以往电视选秀节目版块功能不明、环节定位模糊的弊端，各个版块设计思路十分清晰，且都有着明确的传播功能和表现形式，形成完善的叙事结构。如图 3－2 所示，节目版块主要有四个部分：后台介绍、舞台表演、现场互动、离场结束。在后台介绍环节，首先通过一段 VCR 介绍引出参赛选手，后场主持人对选手及前来助威的亲朋好友进行简短的采访后，选手登台表演。这一阶段主要是选手个人介绍，以信息传播功能为主。第二个版块是舞台表演，“盲听盲选”和“转椅”是核心创意，这一阶段常常通过各种特写镜头极尽所能地展现选手入情的演唱、导师用心的聆听以及现场观众的如痴如醉、后台亲友的紧张期待，营造出紧张刺激、充满悬念的现场感。随着导师转身，观众和亲友开始起立鼓掌，现场气氛达到第一次高潮，情感传播迅速升温。进入现场互动版块后，不仅更加强调竞赛和悬念这两大叙事元素，而且在导师与导师之间、导师与选手之间的多方互动中，充分利用搞笑、煽情、猎奇等娱乐化手段，增加冲突和看点。而导师的点评也更加凸显出节目的专业性，与“寻找 The Voice”的节目宗旨形成呼应。在最后的离场版块，则重在突出情感传播，引发观众共鸣。

资料来源：本研究自制

图 3—2　《中国好声音》海选阶段节目版块设计

选手介绍一直是音乐选秀节目的必备要素，但《中国好声音》并不是简单的背景介绍，而是通过选手自白、选手与导师的互动、家人讲述等方式，将选手追求音乐梦想的经历和情感淋漓尽致地展现出来，让人物形象变得立体、丰满和真实，不仅让他(她)走近导师，也走近观众，情感传播进一步强化。“说话构成细节，细节构成故事，故事构成命运，命运构成收视。这就是泛真人秀节目呈现的背后的逻辑链条。命运主题在转型中国有着特别的意义，是最有可能在节目与观众之间引起化学反应的。”[①]《中国好声音》宣传总监陆伟曾经表示，“讲好故事，一开始就是作为‘好声音’的重要谋略，也是作为节目的一大卖点加以设计。在各大城市选中的选手会提前来到上海，导演组成员要分别了解他们背后的故事，最好的平衡是有三分声音、二分故事，这样的选手会重点推荐，栏目组也会进行精心设计，以求场上的氛围正好可以带出选手的故事”[②]。事实上，“好声音”团队中还有一个非常重要的角色——故事导演，他们会不断地与学员交流，了解其职业、家庭、情感等各方面情况。然后，在确保不编造、不篡改事实的前提下，故事导演会选择学员所说的最闪光部分，让他们在节目中自然表达，并提炼出有特色的关键词。[③] 正是因为如此，才有了“好声音”和“好故事”的完美结合，共同造就了节目收视和口碑的双丰收。

《中国好声音》作为一部叙事性极强的娱乐节目文本，它的本质在于以影像的方式讲述了一群当代年轻人如何追寻自己音乐梦想的故事，人物、情节、戏剧冲突这些叙事要素贯穿整季节目始终，上演了一波三折的故事，人生百态、喜怒哀乐尽在其中。“母题”(Motif)作为叙事学研究的重要范畴，是指“在

---

① 李兆丰. 市场、品牌与卫视的“主流化”生存——卫视品牌价值观分析[J]. 现代传播，2013(3)：11-15.

② 关力制. “好声音”承认编故事：安排徐海星谈亡父 刘欢忘词[EB/OL](2012-08-11). http://ent.people.com.cn/n/2012/0811/c86955－18720027－1.html.

③ 徐帆. 娱乐专业主义：基于《中国好声音》的解读[J]. 南方电视学刊，2012(5)：15-18.

民间叙事作品(包括神话、传说、民间故事、叙事诗歌等)中最小的情节元素。这种情节元素具有鲜明的特征,能够从一个叙事作品中游离出来又组合到另一个作品中去,它在民间叙事中反复出现,在历史传承中具有独立存在能力和顽强的继承性。母题本身的数量是有限的,但通过不同的组合,可以变换出无数的故事"。① 从"文本间性"的角度来看,《中国好声音》实际上借鉴了大量的传统叙事母题,主要涉及灰姑娘、爱情、厄运考验以及追逐梦想四类(见表3—2)。

表3—2 《中国好声音》四类叙事母题

叙事母题	基本定义	代表学员
灰姑娘母题	原本默默无闻的参赛选手借助节目平台,通过歌唱脱颖而出,走向成名之路	大部分普通参赛选手
爱情母题	所有涉及爱情的事件,例如在爱人的鼓励下参赛,在节目中向爱人告白等	金志文、李代沫
厄运考验母题	所有涉及挫折、考验的事件,例如遭遇家庭变故、疾病、意外事故等	徐海星、郑虹、姚贝娜
追逐梦想母题	讲述内心执着的梦想和信念,最常见的就是从小怀揣音乐梦想,希望成为一名真正的歌手	吴莫愁、梁博、丁少华

资料来源:本研究自制

第一,灰姑娘母题。"灰姑娘的故事"也是选秀节目中最常用的叙事母题,二者在叙事主题上有着高度的共通之处。在《中国好声音》这样的平民选秀舞台上,一大批普普通通的现代"灰姑娘"因为内心执着的音乐梦、明星梦,在神奇外力(电视台、导师、观众)的帮助下,通过歌唱脱颖而出,走向成名之路。从叙事结构来看,二者同样高度相似,如图3—3所示,只需对故事的"行动元"进行置换,不难看出,《中国好声音》实际上讲述的就是一个现

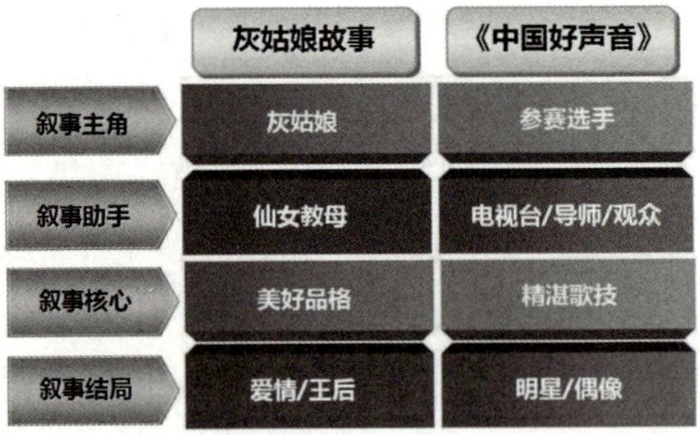

资料来源:本研究自制

图3—3 灰姑娘故事与《中国好声音》在叙事结构上的对应

① 陈建宪.神祇与英雄——中国古代神话的母题[M].上海:三联书店出版社,1994:11.

代版灰姑娘的故事，节目坚持“真声音、真音乐”的原则，鼓励有梦想的年轻人为之奋斗的主题，与灰姑娘的故事在主题寓意上表现出高度对应关系。

第二，爱情母题。爱情是叙事作品中永恒的母题，也是最能打动人心的美好情感。在《中国好声音》的舞台上，对于爱情话题的捕捉和渲染在很多位学员身上都可以看到，其中颇具代表性的就是金志文。在海选阶段的第一次亮相中，金志文以一曲改编版《为爱痴狂》赢得四位导师转身，其与女友长达八年的爱情长跑成为重点刻画的环节，台上的金志文、后台的女友以及导师椅上的杨坤不约而同落泪，节目组甚至还策划出后台浪漫求婚的桥段，将现场气氛带至高潮，“真爱的不离不弃”这一美好情感大大推进了文本与受众之间的联系。

第三，厄运考验母题。厄运考验也是民间文学作品中最常见的母题，在很多叙事作品中，主人公通常都会经历各种人生坎坷，经历重重磨难才能走向美好的结局。这样的故事同样发生在《中国好声音》的许多参赛学员身上，其中最具代表性的如徐海星、姚贝娜。徐海星是第一季“好声音”首期亮相的选手，也是节目精心安排的第一个故事，成为首期“好声音”最大的亮点和舆论讨论的焦点。在视频介绍环节，徐海星的妈妈以及全家福照片反复出现，为舞台上选手讲述“父亲身故”埋下伏笔。在选手演唱完毕后，其与四位导师的对话如下：

徐海星：我从小就接受爸爸的训练……这次我站在这个舞台上，其实我是想唱歌给刘欢老师听，因为我爸爸特别喜欢你，然后我就站在这个舞台上了。

刘　欢：谢谢，谢谢，替我感谢你的父亲。

那　英：哦，所以刚才你也是给你爸爸唱。

徐海星：对，这是我来站在这个舞台上面的目的。

那　英：太有力量了，这声音。

杨　坤：你父亲今天没来吗？

徐海星：我妈妈来了，我觉得我爸爸也来了。

那　英：觉得啊？

徐海星在短暂的三秒钟停顿之后，开始动情地讲述“自己希望爸爸可以放心，为了爸爸登上这个舞台”，这番感人至深的讲述，赢得了导师和现场观众的一致掌声，也使得刘欢潸然泪下，节目气氛达到高潮。同样采用厄运考验母题的还有战胜癌症的姚贝娜、自闭症女孩郑虹等。

第四，追逐梦想母题。“梦想”这一母题对于以《中国好声音》为代表的选秀节目而言具有极其重要的象征意义，在这一母题的观照下，平民选秀节目与电视受众的心理达到高度契合，这也成为这类节目样式能够取得成功的主要原因之一。“梦想”，原本就是一个多么令人憧憬的字眼，每个人从儿时起就会怀有对明天、对未来的美好期冀。但是，梦想的实现过程往往是坎坷的、残酷的，即便这样，真正能够跨越现实的距离而成就梦想的也仅是少数人。电视选秀节目则给了无数普通人一个实现梦想的平台，此类节目也在梦想的航标下，带给观众以新的瞩目和期待。“梦想”之所以成为“好声音”等娱乐节目常用的叙事母题，一方面是因为梦想是人类追求美好未来、创造美好生活的原动力，是每个人必然经历、不可回避的人生主题；另一方面，对梦想主题的反复宣扬也极大地满足了现代人的心理需求——受众将自身的梦想投射到节目主角身上，并通过一系列幻想得到一定程度的弥补。追逐梦想几乎也是大部分“好声音”参赛选手必然会谈起的话题，比如吴莫愁，这个性格开朗的东北女孩讲述了从小在大篷车上与音乐结下的不解之缘，自己的梦想就是希望能够开32场演唱会。

（三）伴随文本：显性、生成和解释

没有纯粹的文本，也没有纯粹的解释。“任何一个符号文本，都携带了大量社会约定和联系，这些约定和联系往往并不显现于文本之中，而只是被文本‘顺便’携带着。可以说，所有的符号文本，都是显文本与伴随文本的结合体，这种结合，使文本不仅是符号的形式组合，而成为一个浸透了社会文化因素的动态构造。”[①]因此，要想理解文本符号表意与释义的机制，那些在显文本中看不到的但却隐藏于文本之外、参与文本意义构成的伴随文本同

① 赵毅衡. 论“伴随文本”——扩展“文本间性”的一种方式[J]. 文艺理论研究，2010(2)：2-8.

样需要被关注。“伴随文本”的概念与“潜文本”“隐文本”“类文本”等具有一定的相通性，它们都与克里斯蒂娃有关“文本间性”的论述存在紧密的关联。作为当代西方后现代文本理论的核心概念，“文本间性”也即“互文性”，“任何作品的文本都是像许多行文的镶嵌品那样构成的，任何文本都是对其他文本的吸收和转化”①。因此，每个文本都是其他文本的镜子，它们相互参照、彼此牵连，形成一个潜力无限的开放网络，以此构成文本过去、现在、将来的巨大开放体系和文学符号学的演变过程。赵毅衡指出，这些成为“伴随文本”的因素自身并不构成文本，而是参与到符号表意之中，与符号本身合起来构成了文本。他进一步将整个伴随文本系列划分为显性伴随文本、生成伴随文本以及解释伴随文本三大类(见表 3—3)。

表 3—3 “伴随文本”的分类及其定义

一级分类	二级分类	三级分类	概念定义	《中国好声音》的伴随文本
文本出现前就已经发生的伴随文本	显性伴随文本	副文本(框架因素)	即“显露”在文本的表现层上的附加因素，它们是显现的，并不隐藏，可以把它们看作文本的“框架因素”。如书籍的标题、题词、序言；电影的片头片尾	制作方、播出平台、导师人选等
		型文本(类型因素)	指明文本所从属的集群，即文化背景规定的文本“归类”方式，如与其他文本属同一个创作者、同一个演出者、同一个派别等	选秀节目
	生成伴随文本	前文本(影响因素)	前文本是一个文化中先前的文本对此文本生成产生的影响。例如一部电影的生成，受到之前整部电影史、整部文化史的意义压力	此前社会环境对此类节目的影响

① 克里斯蒂娃. 符号学：意义分析研究[M]//朱立元. 现代西方美学史. 上海：上海文艺出版社，1993：947.

续表

一级分类	二级分类	三级分类	概念定义	《中国好声音》的伴随文本
文本发生后才带上的，在文本被解释时起作用	解释伴随文本	元文本（评论因素）	此文本生成后、文本被接受之前，所出现的影响意义解释的各种文本，包括对此作品及其作者的新闻评论等，也即评论与环境因素，在文本出现之后才生成	传媒报道
		超文本（链接因素）	可被“链接”起来一同接受的各种其他文本，如延伸文本、参考文本等	同一时期播出的其他相关节目等
		先文本/后文本（续写因素）	两个文本之间有特殊关系，如仿作、续集、后传，既是生产性伴随文本，也可以是解释性伴随文本	原版节目、后续产业链延伸等

资料来源：根据赵毅衡《论“伴随文本”——扩展“文本间性”的一种方式》编制

从这一理论视域出发，可以发现，电视娱乐节目作为一种用声音和影像表达的特殊文本，对其的解读，不单单要从节目流程、版块设计、故事情节等呈现在受众面前的“显文本”出发，更需要关注这些“表演”背后的伴随文本——制作公司、播出平台、导师身份、主持人、媒体评论以及其所引发的跟风效应等等，如此才能对节目做出更为全面的文化解读。

1.副文本

副文本是“显露”在文本表面的伴随性因素，它们可能对意义起决定性作用，例如一个简单的作者名字，可以带来大量关于此文本未经宣布的消息，而这些因素往往被大肆宣传。对于电视娱乐节目而言，节目制作方、播出平台、导师人选等副文本都是直接影响受众选择的重要因素。

首先是节目制作方——灿星制作。如图3—4所示，成立于2010年年底的灿星制作是星空华文旗下的电视节目制作公司，由华人文化投资基金直接控股，占有53%的股份，默多克新闻集团占有剩下47%的股份。值得注意的是，SMG(上海东方传媒集团有限公司)也是华人文化基金的发起方之一。灿星制作此前曾经推出《中国达人秀》《中国梦想秀》《舞林争霸》等节目，而

《中国好声音》则是其首次将真正意义上的“制播分离”引入内地，通过“对赌模式”，直接参与浙江卫视的广告分成。

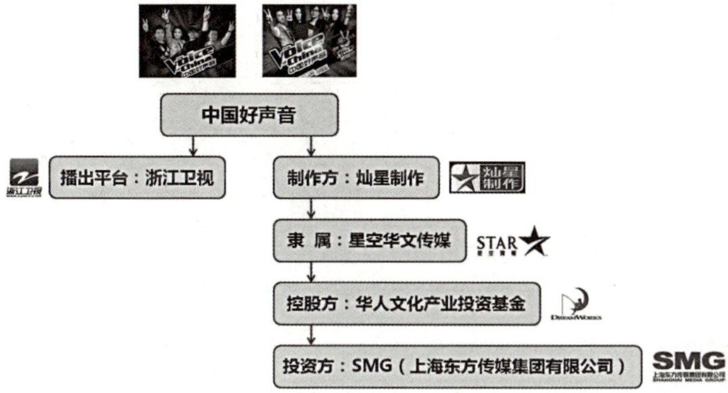

资料来源：本研究自制

图 3—4　《中国好声音》副文本示意

其次是播出平台。2008 年，浙江卫视在全国省级卫视排名中尚处于第五位，凭借《中国好声音》的强势崛起，它成为近几年来当之无愧的收视黑马，牢牢占据省级卫视排名前三甲，《中国好声音》也成为无可争议的“综艺节目之王”。浙江卫视这种看似偶然的成功背后，实则是其在音乐领域耕耘多年的结果。2007 年，浙江卫视创办《我爱记歌词》节目，掀起中国电视的 K 歌浪潮；2008 年，《我爱记歌词》与其衍生节目《爱唱才会赢》，以及音乐互动节目《我是大评委》成为频道主推的“综艺三剑客”；2010—2011 年，连续两年推出专业音乐选秀节目《非同凡响》。可以说，在《中国好声音》诞生前的五年时间里，浙江卫视在娱乐节目制作上始终锚定音乐领域发力，由此既积累了丰富的节目制作经验，也培养起受众的收视习惯，为《中国好声音》的横空出世奠定了基础。

再次是导师人选。在《中国好声音》之前，选秀节目的评委阵容并不十分“华丽”，“毒舌点评”是其主要看点。而“好声音”则开创了选秀节目一线大牌明星加盟的风气。第一季四位导师——刘欢、那英、庾澄庆、杨坤都是华语乐坛的风云人物，这也成为节目前期宣传最大的噱头。此后李玟、汪峰等前来助阵，更是明星效应的延续。从“评委”到“导师”，不仅仅是称呼的变化，也可以窥见人物身份角色的改变，节目与嘉宾的合作不再是简单的出场费形式，而是将导师团队与节目后期市场开发利益紧密捆绑，以“技术入股、彩铃分红”的形式实现互利共赢。

2. 型文本

“型文本也是文本框架的一部分，它指明文本所从属的集群，即文化背景规定的文本‘归类’方式。型文本可能是伴随文本中最重要的部分，因为它是文本与文化的主要连接方式。”①《中国好声音》在节目类型上指向歌唱类选秀节目，这与《超级女声》《快乐男声》《花儿朵朵》等早期同类节目相仿。这类节目之所以成为电视台扎堆“火并”的主战场，原因无外乎有三点：其一，歌唱类节目拥有广泛的受众基础，歌曲本身可以被反复演绎，相比较于舞蹈、喜剧等艺术形式，流传度和可接受性更广；其二，从国际趋势来看，音乐类节目也都是最主流、生命周期最长久的节目类型；其三，正因为歌唱类节目有如此大的市场容量，电视台“蛋糕做大以便分一杯羹”的思想根深蒂固，加之广告商对这类节目的青睐，共同造就了歌唱类节目市场的火爆。当然，“物极必反”的生存法则在节目市场同样适用，大量同质化的竞争带来的必然是“泥沙俱下”，《超级女声》的鼎盛局面很难再现。于是2012年，经历了7年之痒的选秀节目似乎遭遇穷途末路，“选秀已死”的论调也一再被提起。

与此前的歌唱选秀不同，《中国好声音》“出身名门”，在多个海外市场获得成功，且其核心出发点与一般的选秀节目有本质不同。《超级女声》等节目本质上是一种造星运动，旨在打造平民偶像，为草根提供圆梦平台，“草根—明星”是基本模式；而“好声音”则是真正歌唱实力的比拼，其初衷是选择好声音，为华语乐坛注入新鲜血液，“盲听盲选”的全新规则令观众眼前一亮。不仅如此，《中国好声音》在许多环节上都有创新之处，比如融入励志、音乐评论等新鲜元素，让这档大众娱乐节目在专业性上更胜一筹，由此不仅赢得普通受众的喜爱，也博得很多音乐专业人士的好评，成为业内外一致热议的娱乐奇观。

① 赵毅衡. 论“伴随文本”——扩展“文本间性”的一种方式[J]. 文艺理论研究，2010(2)：2-8.

3.前文本

前文本实际上是“产生文本时全部文化条件的总称，文本生成时受到的全部文化语境的压力，是文本组成无法躲避的所有文化文本组成的网络”。[①]如前所述，在20世纪90年代中期，随着各类通俗娱乐节目（包括游戏秀和真人秀节目）的涌现，轻娱乐开始成为国内电视节目中一个快速发展的领域。自2004年湖南卫视率先推出《超级女声》以来，各种平民秀、明星秀就成为电视台竞争突围的“必杀技”。同类节目的大量泛滥以及节目品质的走低，直接导致管理部门出重拳调控，许多节目纷纷取消海选，也不需要广电总局的选秀批文，但事实上仍是以真人秀形式展现唱歌才艺为主题的节目。2012年1月1日，《关于进一步加强电视上星综合频道节目管理的意见》正式实施，选秀类节目发展面临新的考验。在《中国好声音》之前，相比于歌唱实力，节目和受众似乎更关注选手的形象，在许多音乐节目中，“好面孔”胜过“好声音”，甚至还有一些节目为博眼球、博话题，审美和审丑常常不分彼此，缺乏基本的诚意。而“好声音”则倡导了一股乐坛真唱之风，演唱者只有凭借真正的实力和独特的声音才能获得导师首肯，观众也就更多关注学员如何用声音演绎情感。抛弃华而不实的外在包装，直指核心，这让人们看到了久违的公平和真实。

4.元文本

元文本主要是指评论与环境因素，它是在文本出现之后才生成的。《中国好声音》一经播出就引起电视界、音乐界等多个领域的关注，形成一场声势浩大的舆论浪潮。第一期节目在2012年7月13日播出之后，姚晨、冯小刚、王菲、张靓颖等众多明星的微博大量转发引发了网友高度的关注热情，微博迅速陷入一片“好声音浪潮”，对节目迅速走红起到重要的推波助澜作用。除了在微博上这种碎片化、片段式的评论火爆之外，主流媒体、专业乐评人等也纷纷发声，并将其塑造为中国电视娱乐节目的崭新标杆，预示着娱乐节目“大片时代”的到来。例如：

① 赵毅衡.论“伴随文本”——扩展“文本间性”的一种方式[J].文艺理论研究，2010(2):2-8.

《人民日报》2012 年 8 月 7 日发表评论《“纯粹”觅得“好声音”》指出：“《中国好声音》之所以一出现就引发轰动效应，很大程度上是因为它力求超越粉丝和明星的关系，不靠选手搞噱头，不靠评委博出位，也不靠庞大阵势的粉丝投票，而是着力于音乐的专业性，力图回到尽可能纯粹的音乐的本质，力图让‘好声音’成为唯才是举最重要的砝码。”①

《光明日报》在《〈中国好声音〉引发三大启示》一文中这样点评：“因为对原版模式和运作团队的认可，那英、刘欢、杨坤和庾澄庆四位导师加盟了节目，而他们在节目中对学员的选择不仅代表了个人对音乐价值的判断，也影响了公众对音乐的喜好，将好的音乐推广给大多数人，将如何欣赏好音乐介绍给普通大众，这本身就是对音乐的传承与发扬。”②

除了主流媒体、微博大 V 这些积极正面的评价之外，媒体围绕“好声音”导师、节目投入、选手、名次等各种话题不断进行热炒。此外，负面消息同样是元文本的重要组成部分，甚至有时候节目组会特意制造负面话题，借此提高媒体曝光度，激发受众的好奇心，增加收视的筹码。

资料来源：微博截图

图 3—5　部分微博大 V 对《中国好声音》的评论

① 张颐武.“纯粹”觅得“好声音”[EB/OL](2012-08-07). http://opinion. people. com. cn/n/2012/0807/c1003－18681739－1. html.

② 吴戈.《中国好声音》引发三大启示[EB/OL](2012-10-20). http://culture. gmw. cn/2012－10/20/content_5431807. htm.

5. 超文本

"超文本是可被'链接'起来一同接受的各种其他文本，例如延伸文本、参考文本等。与型文本强调'同型'文本集群不同，超文本是在符号文本被接受同时的延续行为，一道接受的不一定是同类型文本，某个符号文本的接受变成一批文本的集团接受。"[①]《中国好声音》的超文本主要包括"好声音"相关衍生节目、精彩视频、同一时期播出的其他选秀节目等，这些延伸文本、参考文本也都对观众的接受与理解产生了影响。

首先是"好声音"相关衍生节目，《中国好声音》开播之后，浙江卫视又相继推出人物访谈节目《酷我真声音》、娱乐资讯节目《梦想好声音》、舞蹈真人秀《舞动好声音》等，不断提升核心节目的边际价值。借此不但可以提高"好声音"学员的曝光度，增加观众对他们的信息感知，更为频道带来不可估量的经济和社会效益。其次，各大视频网站争相推出关于"好声音"方方面面信息的视频，对节目内容进行更为深度的挖掘。比如爱奇艺开辟"学员推介会"专区，为节目搜罗更多优质选手资源；乐视网独家获得《中国好声音・成长教室》和《中国好声音》加长解密版两档衍生新节目的网络版权，以纪录片形式呈现"好声音"的幕后花絮。再次，同一时期播出的其他选秀节目也是受众的重要参考文本。2012 年夏天，单是省级卫视就有十余档音乐选秀节目同时播出——东方卫视的《声动亚洲》、江西卫视的《中国红歌会》、广西卫视的《一生所爱・大地飞歌》……这些节目不约而同地都将"盲听盲选"作为噱头，皆以寻找"好声音"为主旨，口号、规则也基本类似。在音乐选秀节目努力寻求突破的道路上，如影随形的仍然是蜂拥而上的痼疾，最终获得市场认可、创造热点的也仅有《中国好声音》。

① 赵毅衡. 论"伴随文本"——扩展"文本间性"的一种方式[J]. 文艺理论研究，2010(2)：2-8.

表 3—4 《中国好声音》超文本之“衍生节目”

栏目名称	播出平台	播出时间	主持人	栏目形态	32 城收视率
酷我真声音	浙江卫视、爱奇艺	每周五 23:00	杨坤	人物访谈	2.91%
梦想好声音	浙江卫视	每周五 23:30	——	娱乐资讯	0.31%
舞动好声音	浙江卫视	每周日 22:00	伊一	舞蹈真人秀	0.81%

资料来源：本研究自制

6. 先文本/后文本

“先文本和后文本是两个文本之间的特殊关系，例如仿作、续集、后传等，并且两者关系非常明确。在符号表意中，一个文本不仅受制于先出的文本，也不得不受制于后出的文本。”①首先是先文本。一般来说，具有高度创新力的文本应没有明确的先文本参照，但以《中国好声音》为代表的优秀模式节目例外。*The Voice* 系列节目最初始于荷兰，2010 年，荷兰 RTL4 电视台播出《荷兰之声》(*The Voice of Holland*)获得空前成功；2011 年，美国 NBC 电视台购入版权重新包装后推出《美国之声》，成为美国国内当年唯一一档能够叫板《美国偶像》的综艺节目。在英国，BBC 1 台播出的 *The Voice* 首播收视远远超出了 *X Factor*、*Strictly Come Dancing*(《舞动奇迹》)甚至《英国达人秀》的表现。亚洲率先引进 *The Voice* 版权的是韩国，韩国 Mnet 电视台于 2012 年 2 月 10 日开播《韩国之声》，同样引发全民关注。尽管购买的是同一版本，但不同国家的“The Voice”规则有所不同。尽管如此，它们仍有一个共同特点：海选期间评委背对选手“盲听盲选”；当有多位评委转身的时候，选择权则交至选手手中。可以说，原版节目的识别度和影响力在一定程度上增强了“中国版”的收视黏性，是节目取得成功的首要基础。

《中国好声音》的后文本更是不胜枚举，每年一季的节目总会在暑期如约与观众见面，后续产业链延伸同样也属于后文本。节目结束后，四位导师和学员便马不停蹄地投入到全国巡回演唱会、三亚国际沙滩音乐节、发行新专辑等活动中。为了保证线下活动的顺利进行，节目组成立专门的经纪公司，全权负责商演的各类事宜。此外，浙江卫视为学员打造的自制剧、综艺

① 赵毅衡. 符号学原理与推演[M]. 南京：南京大学出版社，2011：148.

节目、大电影等都陆续推出，这不仅有力地提升了学员的知名度，更使得节目自身犹如源头活水，具备持续的盈利能力，构建起完整的产业链条。不仅如此，“好声音”的刺激效应还体现在对竞争对手、对整个节目市场的深远影响上：一是诸如《中国达人秀》《非诚勿扰》这样的王牌节目不约而同地推出改版或升级；二是湖南、江苏、上海东方等一线卫视纷纷引进新的音乐选秀模式，意欲夺回失地；三是诸多以“转椅盲选”为模仿点的选秀节目一拥而上。可以说，其晕轮效应引发了国内电视台一系列跟进动作，中国电视竞争开始迈入大投入、大制作、大主角的“大片时代”。

第三节 构建代际对话的亲子奇观

一、亲子节目：质朴亲情的偶像化生产

2013 年第四季度，湖南卫视推出的一档明星亲子真人秀节目《爸爸去哪儿》获得空前成功，不仅单期节目创下国内 22 点档综艺节目收视新高，第二季节目总冠名费更是以 3.1199 亿元的超高“身价”刷新中国综艺节目冠名费的纪录。[①] 正是《爸爸去哪儿》的温情发声，使得亲子节目这一以往并非大热收视类型的节目形式一跃成为各电视台争相发力的新角斗场。

国内较有影响力的亲子节目最早可以追溯到深圳卫视推出的脱口秀娱乐节目《饭没了秀》。“饭没了秀”音译自英文“Family Show”，即“家庭类表演节目”。这档节目开播于 2003 年 12 月 27 日，栏目聚焦于 4—6 岁儿童，以极富创意和趣味的“魔力宝宝语言”为笑料吸引观众，主要突出“家庭秀”这一概念，以真人秀为节目核心，彰显童言无忌，是一档以儿童为主体的原创脱口秀娱乐节目。2008 年，《饭没了秀》再次改版，在保持原有的“宝贝脱口秀”版块基础上，增加“加油！宝贝”环节，魔力宝宝走出演播室，去陌生城市

---

① 《爸爸去哪儿》冠名费近 3.12 亿 创综艺节目新高[EB/OL](2013-12-04). http://news.xinhuanet.com/fortune/2013—12/04/c_125807264.htm.

独立完成栏目组指定的任务，真实记录儿童在陌生环境下的所见所闻所为，培养和展示孩子们的社会责任感、安全意识感、自信心和团结协作等多方面能力。2010 年 3 月，深圳卫视在《饭没了秀》的品牌基础上，再次推出同类节目《宝贝赖上大明星》，节目同样聚焦于 4—6 岁儿童，分为演播室脱口秀和户外真人秀两大版块。这两档节目可算是国内亲子节目早期形态的典型代表。

2013 年 10 月，在荧屏综艺一片“歌舞升平”中，湖南卫视宣布推出明星亲子户外真人秀节目《爸爸去哪儿》，该节目版权引进自韩国 MBC 电视台的《爸爸！我们去哪儿?》。节目于同年 8 月份开始拍摄，边拍边播，一经推出即在社会舆论中引起巨大反响。作为国内首档明星亲子生存体验类的真人秀节目，《爸爸去哪儿》聚焦亲子关系，更确切地说是父亲与孩子的关系，以明星父亲和子女在相处中碰到的诸多问题、共同完成任务中的默契与温馨以及孩子们自身的萌态作为卖点，进而引领大众思考传统家庭教育中“父爱”的缺失这一社会问题。第一季节目共 12 期，分别在北京灵水村、宁夏沙坡头、威海鸡鸣岛等 6 个村庄进行拍摄，五位明星父亲带着孩子共同进行 72 小时的乡村体验。

据 CSM33 城市数据显示，该节目自 2013 年 10 月 11 日开播以来，收视率一路飙升，从第一期节目的 1.45%提升到第十期的 5.46%，且前十期保持连续上升势头，并将过 5%的高收视势头保持至节目结束。第十期“湖南平江特辑(下)”收视率 5.46%、市场份额 23.08%，已经打破此前《中国好声音》创下的综艺节目收视纪录，是历年来晚间档节目的最高收视，仅次于大年三十晚上的央视春晚，成为最新的收视标杆数据。除了创下新的收视纪录外，《爸爸去哪儿》的网络播放量同样惊人，在百度指数、综艺节目搜索量、播放量、微博话题热度等多项指标上都稳居第一。以百度为例，单是搜索以“爸爸去哪儿”为关键词的新闻网页就高达 34,400,000 篇，百度贴吧的月活跃用户数达到 934 万人，累计发帖量高达 574 万篇；[①]再以新浪微博为例，《爸爸去哪儿》官方微博开播两个月后，粉丝数量就已达 300 万以上，且这一热潮并

① 数据统计日期：2014 年 1 月 29 日。

没有随着节目的结束而昙花一现，截至 2014 年 1 月底，粉丝量又激增至 418 万。

此外，《爸爸去哪儿》更是带来了诸多无可估量的效益：五位爸爸中，原先知名度最低的男模张亮的微博粉丝早已飙过千万，被加冕为新一代“男神”；节目中原本并无多少人知晓的小山村几乎在一夜间声名远扬，成为新的热门旅游景点；小朋友的衣着装备也成为公众争相模仿的对象，亲子装、T恤、牛仔裤、背包、饰品、手表、厨房用品等纷纷搭车，借助节目的火热迎来营销上的小高峰。比经济效益更有冲击力的是几乎全民范围的一致追捧：有对爸爸和孩子各种表现的评论，有对明星回归“素人”状态的赞赏，有对节目模式的对比，有对教育方式的探讨，还有对父亲角色缺失的伦理反思，甚至有人因此产生“生孩子”的念头……《爸爸去哪儿》牢牢地牵引住观众的注意力，并将这种激情持续发酵，以至于最后一期节目收官时，荧屏前的“爸爸粉”“娃娃粉”们恋恋不舍，抱头痛哭。

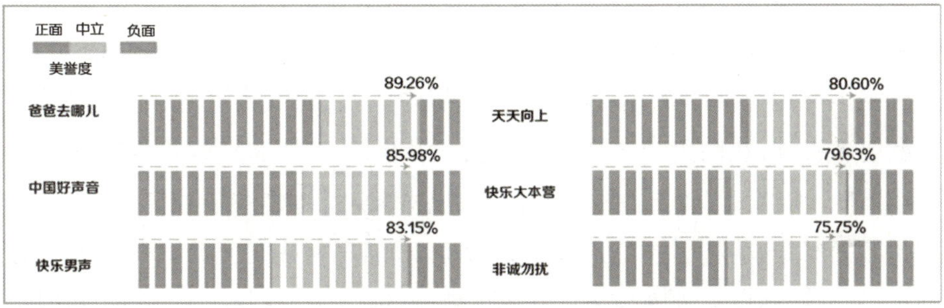

资料来源：新华网

图 3—6 热门电视节目口碑比较

二、《爸爸去哪儿》文本分析：一场全民追捧的萌娃奇观

湖南卫视的《爸爸去哪儿》一经播出即好评如潮，不仅收视表现一路飙升，其在微博、微信、视频网站等社交媒体上几乎是“零差评”，也被誉为 2013 年的“现象级”节目。随着《爸爸去哪儿》的走红，也引发了一股新的跟风热潮，据媒体统计，总计有 24 档与亲子有关的节目扎堆出现，包括青海卫视的

《老爸老妈看我的》、陕西卫视的《好爸爸坏爸爸》、浙江卫视的《我不是明星》《星星知我心》《人生第一次》，还有《我猜我宝贝》《辣妈学院》《爸爸请回答》《宝贝看你的》《妈妈去哪儿》……不仅如此，《爸爸去哪儿》中明星父子（女）的语言、服饰、发型等等也都成为社会大众争相模仿的对象，“爸比”“森碟”“我要喝奶奶”“田氏火锅底料”等都成为人们日常生活中津津乐道的谈资；五位不过四五岁的小朋友一时间成为炙手可热的“大明星”，身价甚至超过其明星父亲，广告代言、商业演出接踵而至，形成了蔚为壮观的“萌娃”奇观。

（一）细节决定品质：纪录片式的超精良制作

正所谓“细节决定品质”，《爸爸去哪儿》之所以能够有如此大的能量引发节目市场强震，首先是与其超精良的节目制作分不开的。独具嗨点的明星父子、小清新式的语言喜感、纪录片般的拍摄手法，共同成就了节目收视和口碑的跃升，成为学界和业界争相讨论的综艺节目标杆。《爸爸去哪儿》首次以户外旅行过程中的亲子秀作为真人秀节目的体验主题，开创了中国户外真人秀节目制作先河，颇具新意。事实上，目前户外真人秀已经成为欧美国家当红的节目样式，但这种节目类型对资金投入、流程把控、拍摄技巧等的要求极高，在国内尚未成为主流，而“国内目前能够把握户外真人秀的一线团队，不超过 4 个”。知名模式节目公司世熙传媒总裁刘熙晨就认为，“《爸爸去哪儿》的核心点不是创意有多独特，而是在于其团队执行力和流程把控，能够达到这一水准的团队在国内非常稀缺”①。

《爸爸去哪儿》的节目团队来自于湖南卫视生活角色交换节目《变形计》，该节目被称为湖南卫视真人秀节目的始祖，以城市孩子和山区孩子交换生活为看点，团队人员也因此拥有丰富的在艰苦环境下全天候跟拍经验。不仅如此，由于《变形计》团队长年驻扎在偏远山区，因此也能够发现那些景色异常秀丽但知名度不高的外景地，从而保证节目的顺利拍摄。《爸爸去哪儿》的节目组总计有 100 多人，拍摄现场共有 45 个机位，其中活动机位有 20 余个，外加若干航拍；活动机位中，有专门负责拍摄全景的，有专拍空镜头的，

① 陈文，朱美虹.《爸爸去哪儿》亮了户外真人秀[N].新闻晨报，2013-11-4，C02、C03.

还设有一些摄像专门是补空缺，以防万一小朋友们忽然被路边的什么东西吸引了，可以立即有“替补”摄像进行跟拍，可以说是360度无死角、全方位、全天候拍摄。为了达到90分钟的节目要求，每个外景地的拍摄时间被延长至72小时，远远长于韩国原版节目48小时的拍摄时间；每期录制近1000个小时，播出时剪成不到120分钟的节目。除了必备的制片、摄像、编剧、导演等人员外，现场还有庞大的后勤团队——负责饮食的团队、医疗团队等等，可谓是事无巨细，这样的制作规模和投入显然是一般节目所无法比拟的。

资料来源：《爸爸去哪儿》节目截图

图3—7　《爸爸去哪儿》节目营造的奇观美学体验

从画面语言来看，《爸爸去哪儿》每一期都既是一部风光大片，也是一曲亲情交响乐。第一季节目共12期，分别在北京灵水村、宁夏沙坡头、云南普者黑、威海鸡鸣岛、湖南白寺村、牡丹江雪乡6个外景地拍摄。每个小村庄都是自然风光秀美、名胜古迹众多。在节目中，古朴儒雅的老房、安静的街道、斑驳的院墙、干净的小巷、荒废的寺庙以及纯朴的村民都一一在镜头中闪现，展现给观众的每一帧画面都是经过精心设计和处理的。比如第三期大漠特辑，节目以一位老人撞响钟声启幕，紧接着是一个特写镜头——一只蜥蜴迅速消失在茫茫大漠中，然后便是一望无垠的沙漠，其间，飞鸟、风车、绿洲、火车、驼队、游人……依次快速闪现，最后航拍镜头将焦点聚焦在节目主体——坐在英菲尼迪越野车中的明星父子(女)身上。整个开场有点有面，远景与特写互相穿插，快播镜头与慢镜头交织出现，将观众瞬间带入全新的沙漠之旅，形成独特的观感体验。再比如第五期山东海岛特辑，节目一开始，伴随着激昂的《蓝色多瑙河》圆舞曲音乐，首先映入观众眼帘的是一片随风摇曳的芦苇田，然后镜头转入蔚蓝的大海，一只渔船随着波涛起伏，一对海鸟恬适地矗立在岛礁上远眺……顿时营造出一种海岛探险的神秘氛围，让观众迅速进入到节目组所设定好的奇异景象中，更确切地说，是进入到奇观美学的视听体验中。在《爸爸去哪儿》节目中，精致巧妙的镜头处理随处可见，极大地提升了节目品质，让这档综艺娱乐节目有了纪录片般的品位和从容。

《爸爸去哪儿》的空前成功有赖于那些善于用镜头说话的摄像师，同样也离不开后期对节目进行加工的“神剪辑”和“神字幕”。首先是剪辑。《爸爸去哪儿》是一档纪实类真人秀节目，每期节目的拍摄时长达 1000 小时，而最终呈现给观众的却只有 90 分钟，剪辑比高达 100∶1。如何将吃饭、睡觉这些琐碎平常的小事剪辑成能够持续吸引观众收看的内容，十分考验功力。制造反差、形成呼应、引入经典元素是《爸爸去哪儿》在剪辑过程中最常用的几种手法。制造反差在节目中处处可见，无论是爸爸和小朋友前后表现的反差，还是节目过程中一些小细节表现出来的反差，都为节目增色不少，也成为人们津津乐道的话题，比如田亮女儿田雨橙从一开始的“哭戏大王”到后面的“怪力萝莉”“风一样的女子”。形成呼应主要是前后文本达成某种一致性，例如在第二期节目中，五位小朋友独立去完成“放羊”的任务，而爸爸们则坐在一起喝酒聊天——“放羊这事我是不太担心，我觉得哭得最大声的就是田亮女儿，要不就是我女儿。”王岳伦的话音刚落，镜头一转，王诗龄和 Kimi 就因为意见不一争执大哭起来，巧妙地传递出父亲对女儿性格、脾气的“了如指掌”。引入经典元素是指素材剪辑过程中，加入某些观众熟悉的背景音乐、语言、概念等，在凸显主题的同时拉近与观众的距离。如五位爸爸第一次用原始材料为孩子们准备午餐，在一一展现前四位老爸面对食材无从下手的尴尬状态后，随着一连串“笃笃笃”的切菜声，镜头一闪，是“大厨”

张亮熟练的洗菜、切菜画面，随着电视剧《大长今》的主题曲响起，张亮也被封之以“亮长今”的称号，令人忍俊不禁。

神奇的字幕是提升《爸爸去哪儿》节目魅力的另一制胜法宝。“风一样的女子”“森蝶”“羊学会了直立行走”“名侦探天天”“调料大王”“呵呵呵”这些“神一般的字幕”，用极其生活化的语言，对节目素材中掩藏较深的笑点和感动点进行了最大限度的挖掘，也赢得了观众的共鸣和认同。不仅如此，《爸爸去哪儿》字幕的走红，也带动了一股娱乐节目开发字幕这一新兴电视语言的热潮，对娱乐节目制作理念产生了深远的影响。费斯克认为，电视文本既有可写文本的开放特点，又有可读文本的通俗易懂的特点，是一种生产性文本。这种文本“为了满足多种多样的观众，它必须允许阅读中存在大量的文化差别，因而必须在符号中留出相当大的空白，以便亚文化可以用来协和，来形成他们的意义，而不是发行人想提供的意义”。[①] 这也正是电视文本（节目）能够流行的重要原因。

（二）真实赢得认同：明星日常生活中的叙事

从叙事学的角度来看，《爸爸去哪儿》走红的原因还在于其日常生活叙事的转向，且这种日常生活叙事的主体是更具观众缘和收视号召力的娱乐明星。五位明星第一次在节目中呈现日常生活中的父亲角色，他们与孩子的交流方式、教育方式、生活方式成为节目的独特看点。

所谓“日常生活”是相对于社会活动，特别是相对于工作而言的。伯格曾对日常生活作出如下简明的概括：“日常生活指的是我们在典型的一天中的各种活动，包括进餐、工作和自我娱乐。”[②]通常来讲，日常生活在空间上主要指向家庭，时间上多指向工作以外的时光。匈牙利学者阿格妮丝·赫勒（Agnes Heller）指出，“如果个体要再生产出社会，它们就必须再生产出作为个体的自身。可以把‘日常生活’界定为那些同时使社会再生产成为可能的个体再生产要素的集合”[③]。因此，家庭作为个体再生产的主要集中地，也就

① 费斯克. 大众经济[M]//吴士余. 大众文化研究[M]. 上海：上海三联书店出版社，2001：144.
② 伯格. 通俗文化、媒介和日常生活中的叙事[M]. 姚媛，译. 南京：南京大学出版社，2006：139.
③ 赫勒. 日常生活[M]. 衣俊卿，译. 重庆：重庆出版社，1990：3.

构成了日常生活的核心内容，这包括生儿育女、婚丧嫁娶以及买菜做饭等一系列琐碎、平庸、重复的日常活动。而“日常生活中的叙事”，就是以日常生活为表现对象，围绕日常生活进行文本建构、意义阐释和审美表达。换言之，就是把人们在生活中习焉不察的各种行为作为叙事、审美、价值观以及意识形态展示与挖掘的对象。体现在《爸爸去哪儿》节目中就是，通过真实记录的手法，纪实化地展示五位明星父子（女）的日常生活和体验。当然，这种日常生活叙事是经过传媒加工的“媒介叙事”。

如第二章所述，在20世纪90年代，以中央电视台《综艺大观》《正大综艺》等为代表的综艺节目的诞生，既反映出传播观念的变化，也预示着电视传播娱乐功能的被接受。但彼时综艺娱乐节目的通俗美学品格并未获得普遍认可，在很大程度上仍是偏重于政治化叙事或精英独白式反思。及至1997年湖南卫视《快乐大本营》开播，这样一档以游戏竞技为主体、穿插演艺界明星表演、注重观众参与的节目，拉开了中国电视娱乐节目发展的真正序幕。这里没有政治任务，也没有居高临下的精英立场，只有明星、嘉宾的访谈、游戏，且节目主题开始与普通公众的日常生活发生了深刻的互动。而在《爸爸去哪儿》中，所有的宏大叙事被瓦解，平常、粗朴的日常生活小叙事“上位”，艺术与日常的边界日渐消弭，“它们之间的界限坍塌了，被商品包围的高雅艺术的特殊保护地位消失了……任何日常生活用品都可能以审美的方式来呈现”①。正是这种根植于大众生活的娱乐样态，让每一位观众都能从中找到自己生活中的影子，从而得到“此中有真意，欲辨已忘言”的审美享受，也让节目自身收获了空前的追捧和赞誉。因为，“艺术的世界是真理的外观”，②《爸爸去哪儿》对明星日常生活的叙事，并非仅仅是呈现日常生活场景，也不仅仅是一次虚构叙事，而是借助媒介叙事的力量，引导观众去重新发现、思考日常生活的意义。

在《通俗文化、媒介和日常生活中的叙事》一书中，伯格还对叙事与日常生活的区别进行了总结，“‘叙事’即故事，而故事讲述的是人、动物、宇宙空

① 费瑟斯通. 消费文化与后现代主义[M]. 刘精明，译. 南京：译林出版社，2000：36.

② 马尔库塞. 审美之维[M]. 李小兵，译. 桂林：广西师范大学出版社，2001：226.

间的异类生命、昆虫等身上曾经发生或正在发生的事情。也就是说，故事中包含一系列按时间顺序发生的事件，即叙述在一段时间之内，或者更确切地说，在一段时期内发生的事件”①。在《爸爸去哪儿》中，故事性虽然被弱化，而强调真实记录，但参与者的行动仍然是被安排在特定空间、特定时间内，按照进行时的时间序列展开，“任务”成为完成节目叙事的核心线索。围绕如何完成“任务”，节目组设计出一系列游戏与竞赛规则，一方面强调明星父子(女)在离开优越生活条件后，如何面对自然，如何在艰苦的农村环境中“吃饱睡好”；另一方面，强调五位小朋友如何在陌生的环境中面对生活，与他人相处。于是，在节目中，观众看到了“王岳伦4.5元的艺术家讲价方式”、明星父亲在做饭和照顾孩子时的窘态百出、小朋友之间的争执和冲突，等等。在游戏规则的框架下，整个节目记录的活动逐步展开，有开头、中间和结尾，呈闭合性。其间每个环节产生的问题和矛盾都会在结束时得到解决，比如小朋友之间虽然会吵架，但总是在某种情形下握手言和，而这种结尾是观众在内心所期盼的，也是整季节目谢幕前的交代。除了真实记录明星亲子日常生活的点点滴滴外，节目组还特意做出一些环节设计，制造冲突，观察小朋友对一些事情的处理，这些故事各不相同，且有着不可预测性，也让观众对结局充满好奇。比如在第四期节目中，节目组加入测验孩子应变能力和自我保护能力的任务——“不能说的秘密”，让孩子们分成三组保护好神奇的鸡蛋，不让“坏人爸爸”前来捣乱。节目中，孩子们的反应各具特色，有担当的天天、愤怒的王诗龄、泪奔暴走的田雨橙……让观众在童真童趣中感受到快乐和启示。

表3—5　叙事与日常生活的区别

叙事(通过中介)	日常生活
虚构的	真实的
有开头、中间、结尾	都是中间
集中	分散

① 伯格.通俗文化、媒介和日常生活中的叙事[M].姚媛，译.南京：南京大学出版社，2006：139.

续表

叙事（通过中介）	日常生活
冲突激烈而持续	冲突缓和而散乱
每个故事各不相同	重演
对结局的好奇	目标模糊
以充满事件为基础	以没有事件为基础
模仿生活？	模仿艺术？

资料来源：阿瑟·阿萨·伯格著《通俗文化、媒介和日常生活中的叙事》，姚媛译，南京大学出版社2006年版，第139页。

真实就是力量，真实赢得认同。《爸爸去哪儿》向观众呈现的是原生态的现实生活，对节目参与者真实记录，没有刻意雕琢。事件的产生、人物情感的变化都自然而然、水到渠成，没有生硬的剪辑，也没用牵强的灌输，一切叙事都显得“实实在在”，这在心理上极大地拉近了与普通观众的距离，入耳入心，倍感亲切。节目的参与者，尤其是五位小朋友有着真实、细腻和丰富的情感，他们的欢乐、愤怒和悲伤都以直观外化的方式得以展示，毫无夸张和粉饰。随着节目对明星父子（女）日常生活和内心世界的剖析和再现，观众的内心世界也随之起伏，为明星父子（女）自然率真的情感所感染，为其所蕴含的美好亲情所打动，在对本色日常生活的体悟中完成了独特的审美体验。

（三）营销制造爆点：整合推广激发粉丝热情

《爸爸去哪儿》除了是一场电视娱乐奇观、萌娃奇观外，同时它也是一个成功的商业营销奇观。从内容来看，这档颇具“小清新风格”的真人秀节目因为亲子关系、儿童成长、父亲责任等普适性关注点而根系发达，接了地气，同时又借助真人秀的表达形式、星爸萌娃常人化的表现、沙漠大海水乡等奇观式景观因素而枝繁叶茂。从营销上来看，以微博、微信、SNS等为代表的新媒体平台成为节目与受众之间进行信息交流和互动传播的桥梁，不论是节目的日常推广还是线下播出，不论是嘉宾话题的疯狂热炒还是广大受众的跟随喧哗，通过整合营销制造营销爆点，达到节目推广的效果，已经成为当下季播综艺节目的“标配”。

事实上,《爸爸去哪儿》在正式开播之前并不被广告商看好,甚至出现主冠名赞助商“美的家电”中途退场的情况,但随着节目播出后的大受欢迎,各类广告商也蜂拥而至。第一季节目共设有 1 个冠名商(999 小儿感冒灵)和 3 个合作伙伴(思念水饺、英菲尼迪汽车、立白去渍霸),其中,华润三九的冠名费在 3000 万元左右,每一个合作伙伴的广告费用是 1200 万元,这样单是广告赞助的费用就在 6600 万元。不仅如此,在节目火爆之后,植入式广告开始增多,携程旅行网、京东商城、东古酱油等均名列其中。除了这些节目组获得的直接广告收益之外,《爸爸去哪儿》给这五对参与节目的明星父子(女)以及节目拍摄外景地更是带来诸多无法估量的收益,如今这五位小萌娃已经成为全民热炒的“大明星”,不仅是各类晚会、节目的熟客,更是诸多广告商争抢的代言人。在节目结束后短短一个月左右的时间,伊利 QQ 星、步步高点读机等就火速推出新广告片,努力搭上这股“爸爸热潮”。随着第一季节目的热播,第二季的广告费用水涨船高。第二季《爸爸去哪儿》的冠名费高达 3.1199 亿元,相比第一季涨了十倍有余,超过了《我是歌手》第二季 2.35 亿元的冠名费和《中国好声音》第三季 2.5 亿元的冠名费,创造国内综艺娱乐节目冠名费的新纪录。

仔细审视《爸爸去哪儿》的营销过程,新媒体在其中发挥了不可替代的作用,首当其冲的便是微博营销。《爸爸去哪儿》官方微博于 2013 年 9 月 6 日正式启用,截至 2013 年 12 月 31 日,已经发布微博 1501 篇,粉丝量在 400 万以上。图 3—8 显示的是《爸爸去哪儿》第一季官方微博的发帖情况,不难看出,节目在开播之初,受众关注度并不算太高,节目组在开播前一个多月开始进行宣传,每天发帖量在个位数,最多不过 14 条,而转发量和评论量也多为百位数,最高量级在 1 万左右。10 月 11 日节目首播亮相,官方微博围绕拍摄花絮、首期看点等共发布微博 22 条,转发量和评论量分别激增至 17 630次、6 028次,形成微博推广的第一次小高潮。到节目最后一期,转发量和评论量已经达到326 194次、98 188次,横扫新浪微博所有话题。不仅如此,2013 年年底,在新浪微博发起的年度盘点“微博之夜话题投票”中,《爸爸去哪儿》以 41 万余票高居榜首,显示出极其广泛的传播范围和社会影响力。

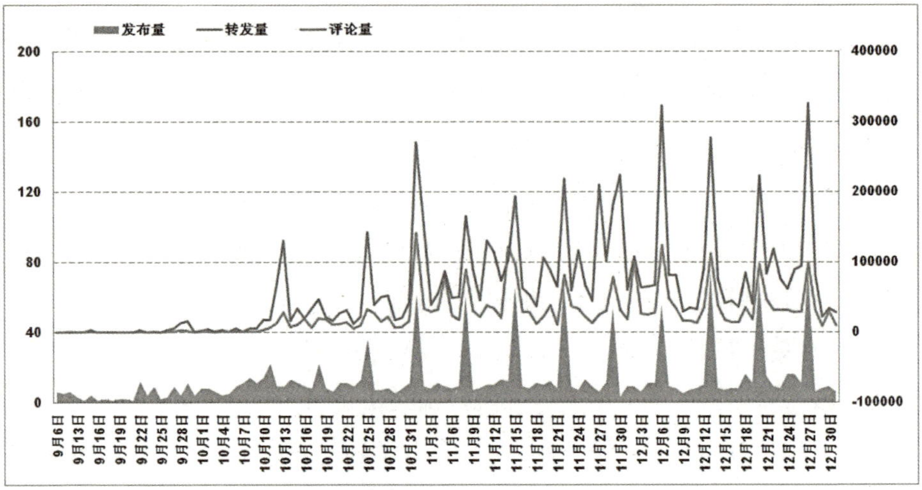

资料来源：本研究自制

图 3—8 《爸爸去哪儿》第一季官方微博发帖情况

通过对《爸爸去哪儿》官方微博在 2013 年 9 月 6 日至 12 月 31 日期间的跟踪监测发现，节目组发布微博的数量和时机与节目的播出时间紧密相关。一般来讲，在节目播出的空档期，官方微博每天的发布量保持在 10 条左右。数量虽然不多，但传播力却不可小觑，通过微博的不断转发和人际传播，为节目预热奠定基础。不仅如此，这段时间的微博内容往往还会针对上期节目中被大家热议的话题进行深入挖掘，将节目中未展现出的部分花絮和拍摄过程作为一手资料发布出来，在有效延续话题热度的同时，也为受众提供了一个自由讨论的平台，增加受众对节目的依赖感、投入感。每逢节目播出的周五，微博发布量都会保持在 60 条左右，从上午开始刻意透露一些精彩的花絮和看点；随着节目时间的临近，数量开始显著增加，转发量和评论量常常也在数十万量级。在节目播出过程中，微直播内容十分丰富、及时，且都是经过精心选择的，通常都与受众观看节目所产生的收视期待保持高度同步，在第一时间把节目中有可能形成舆论话题的“点”传递出来，形成有效的“议程设置”，从而使节目的新奇感在最短的反应周期内以最快的速度催化，经过网友的不断转发、扩散，形成全民讨论的文化景观。

概括而言，《爸爸去哪儿》的巨大成功离不开微博营销的助推，其核心操作主要围绕两个方面进行：话题设置、明星与粉丝的互动。

在话题设置方面，《爸爸去哪儿》官方微博的运营者表现出高超的话题捕捉能力和营销推广水平，比如“红楼梦版《爸爸去哪儿》五娃照片”“张亮再扛我一次”“田氏火锅调料”等话题，都对扩大节目影响力、提升受众对节目的忠诚度起到了重要作用。这些话题不仅内容选择得当，微直播的形式同样非常讲究和统一，一般都是配图加上文字，且在文字开头以醒目的字体标注话题，加上极具冲突性、颇能吸引眼球的关键词，融入诸多便于网友进行互动的细节设计，激发了受众的交流欲望，进而转化为“收视爆点”。最为关键的是，通过微博话题营销，受众对于参与嘉宾的认知更加立体和饱满，收获了其他真人秀节目不可替代的收视愉悦感。例如，通过话题营销，张亮从一个知名度不高的名模演化成细心、善良、充满责任感的“好爸爸”形象，多渠道传导了节目想要确立的价值观，也为观众制造出了一个全新的国民“男神”供大家消费。张亮的走红不仅引导了观众及网友对于父亲角色的认知，同时也将节目树立的价值观与观众的价值观发生交融甚至碰撞，从而使观众更加钟情于节目，起到“情感共鸣”和“收视维持”的双赢效果。

与明星、粉丝互动方面，《爸爸去哪儿》官方微博在选取发布内容上具有高度的敏感性，并且积极鼓励粉丝的创造性。每期节目在播出时，节目中的明星爸爸都会竞相转发和评论官方的微博，官微在发布与某位孩子有关的内容时也会@孩子的明星爸爸甚至妈妈，明星与官微之间的互动拉动了诸多粉丝的参与和转发，也营造出一种和谐美好的家庭氛围。同时，粉丝对于偶像的追捧、善意的改编也都被收集在官微中，使明星、官微、粉丝之间产生良性的三角互动，这种互动也促使节目口碑呈几何级数增长。

除了节目本身的内容营销外，《爸爸去哪儿》还陆续推出了手游、大电影等系列衍生产品，打造出一场声势浩大的“爸爸奇观”。其中，《爸爸去哪儿》手游下载量已经创造了业界奇迹，下载量超亿次，日活跃用户有几百万；此外，“爸爸”出版物的开发，包括动漫形象等，也都在研发之中。而最能体现奇观逻辑的当属2014年春节档上映的《爸爸去哪儿》大电影。这部拍摄周期仅为五天的综艺节目升级版创造了一个令人咂舌的票房神话——首日9167万元的票房，不仅打破《私人订制》8000万的中国2D电影首日票房纪录，而且首日观影人数、场均人次、上座率三大数据亦遥遥领先；截至 2014 年 2 月 11 日，票房已经突破 6 亿大关。① 所谓“景观电影”，即更加突出电影自身的形象性，相对弱化叙事性和戏剧性，以场景和画面为核心来表达影片理念，从而对观众产生强烈的视听冲击。“景观电影”的理论源头来自于居伊·德波的景观社会理论，他指出，“景象即商品”，当商品成为整个社会不可或缺的元素时，商品的显现方式就是景象。德波强调了视觉的优先性，而电影作为一种直接作用于受众视听感官的艺术形式，无疑具有与生俱来的景观特性。对于景观电影而言，场景往往大于叙事，其最重要的特质就是以景观展示为核心，追求视听快感。从这一点来看，《爸爸去哪儿》大电影正是景观电影的典型代表，这部电影没有严格的叙事，甚至连故事情节都十分松散，仅仅就是将综艺节目换了个播放平台，但是其在技术标准上，完全能达到大屏幕的呈现要求。影片中如诗如画的自然场景、童真洋溢的孩童世界、温情感人的亲子关系……令观看影片的受众如同置身于美好的童话世界，于不自觉中成为“图像的囚徒”。

第四节　引领全民奔跑的竞技奇观

一、竞技节目：智慧与体力的较量

自 2013 年湖南卫视《我是歌手》《爸爸去哪儿》这两大引进韩国版权的节目走红后，国内众多电视台以及制作公司都将视线转向韩国综艺节目模式。比如，上海东方卫视与韩国 tvN 电视台合作引入明星旅行真人秀节目《花样爷爷》《花样姐姐》；浙江卫视将 KBS 电视台的亲子节目《超人回来了》改造成中国版《爸爸回来了》；四川卫视以 KBS《两天一夜》节目为模式推出本土版本……但这些节目整体收视表现平平，未能创造出如《爸爸去哪儿》般的收

① 专访吕焕斌 揭秘《爸爸去哪儿》大电影为啥这么火[EB/OL](2014-02-12). http://news.xinhuanet.com/ent/2014－02/12/c_126121006.htm.

视热潮和社会热议度。2014 年 10 月,浙江卫视引进 *Running Man* 版权,于周五晚间档推出户外竞技真人秀节目《奔跑吧兄弟》,第一季节目全国 34 城市平均收视率为 2.86%,第二季、第三季平均收视率更是达到 4.99%、4.46%,毫无疑义地从各家卫视蜂拥而上的明星户外真人秀中脱颖而出,是近年来收视成绩及影响力最大的一档综艺节目,成为新的现象级节目标杆。

原版节目 *Running Man* 于 2010 年 7 月 11 日在韩国首播,由刘在石、金钟国、池石镇、宋智孝、河东勋、Gary、李光洙七位固定的主持人与每期节目不同的嘉宾进行竞技游戏。节目播出已达八年之久,自开播以来,这档户外综艺不断推陈出新,获奖无数。主持人和嘉宾人物性格突出,尤其是七位艺人主持,在长期的节目磨合中展现出优秀的艺能感和个人特色。游戏设计也是不断创新,从早期的"露脸拍照""一杯茶的时间""明信片抓小偷""眼色游戏",到后来的"指压板接力赛""水上飞椅""测谎仪""摔跤大赛",以及最为经典的"撕名牌"和 "铃铛追击战"等,每期节目都让观众在花样繁多的游戏比赛中感受到欢乐的氛围。现如今,*Running Man* 中的游戏不仅是许多国内游戏类节目争相效仿的对象,也成为普通百姓生活娱乐中的一部分。除了在韩国本土进行拍摄外,*Running Man* 还推出过泰国、澳大利亚、巴西、印尼、中国内地及香港等海外特辑,在亚洲广受欢迎,收获了大量的海外拥趸,为韩国文化输出做出了重要贡献。

在中国,*Running Man* 同样是当前最受关注的韩国综艺节目,百度贴吧的韩国综艺中,*Running Man* 排名高居第一,会员数超过 125 万,帖子数达到 1200 多万,而排名第二位的《我们结婚了》会员数和帖子数分别为 31 万、280 万,人气之高可见一斑。[①] 正因为如此,早在 2013 年年底,乐正传媒宣布将推出 *Running Man* 中国版的时候,遭到大量 RM 粉丝的反对,"求放过"的声音在网络上不绝于耳。最终,浙江卫视以高额的版权引进费用以及广告分成拿下 *Running Man* 的中国制作版权。根据公开报道,第一季节目的授权许可费高达 300 亿韩元(折合人民币 1.8 亿元),凭借这笔收入,也让 SBS

---

① 数据来源:百度贴吧,截至 2017 年 6 月,http://tieba.baidu.com/f/index/forumpark?cn=%E9%9F%A9%E5%9B%BD%E7%BB%BC%E8%89%BA&ci=0&pcn=%E7%94%B5%E8%A7%86%E8%8A%82%E7%9B%AE&pci=0&ct=1&rn=20&pn=1.

一举还清了债务。同样，浙江卫视通过《奔跑吧兄弟》也是赚得盆钵满溢，不仅在收视上一马当先，而且营销收入不断创下高峰，仅冠名费一项就从第一季的1.3亿元上涨至第五季的5亿元。浙江卫视也凭借《中国好声音》《奔跑吧兄弟》等综艺节目的收视带动，牢牢占据省级卫视前三甲位置，2015年、2016年连续两年位居省级卫视排名第2位。

表3—6 《奔跑吧兄弟》冠名费一览

	冠名费(亿元)	冠名商	平均收视率(%)
第一季	1.3	大众凌渡	2.84
第二季	2.16	伊利安慕希	4.99
第三季	3.38	美丽说	4.46
第四季	5	伊利安慕希	3.73
第五季	5	伊利安慕希	2.89

资料来源：根据CSM城市网数据编制，其中第一、二、三季为34城数据，第四、五季为35城数据。

二、《奔跑吧兄弟》文本分析：一撕成名的欢乐游戏盛宴

《奔跑吧兄弟》自2014年首播以来，不仅收获了大量观众乃至“跑粉”的喜爱，在电视业界也引领了一股户外竞技节目的创作热潮。尽管《奔跑吧兄弟》是一档模式引进节目，但浙江卫视并未止步于单纯的引进制作，而是在不断的摸索积累中，形成了极具本土化特色的节目风格。正所谓“聪明的克隆绝不是全盘照搬，而是通过对其中最有启发性和创造潜力的一个点的模仿，加入自己发散的思考和创意，形成独立于原作品之外的独特创作”①，从第一季节目最初的中韩双方合作完成，到后期的全部由中方独立完成，再到后续每一季节目的精心策划，甚至许多情节和游戏设计反哺韩国 *Running Man* 制作，《奔跑吧兄弟》已经成为浙江卫视“中国蓝”主题下最具辨识度的一档品牌节目，也引领了一股全民加入的奔跑奇观。

① 牛力.漫谈好节目的克隆与创新之道[M].北京：电子工业出版社，2010：12.

(一)主题设置:情境营造代入感

主题设置是《奔跑吧兄弟》的一大突出特色。每一期节目精心设计的"主题"实际上是为参与其中的嘉宾预设了一个情境,虚构的情境与真实的明星融为一体,主持人和嘉宾在特定的情境中以特定的身份完成任务,这就有别于一般的综艺节目,虚实结合,令观看节目的受众如同欣赏电影大片一般,沉浸其中,形成代入感。

主题是故事的灵魂,决定着故事进展、人物安排以及叙事结构,也是受众对节目内容的首要印象,是节目能否吸引受众收看的主要因素。《奔跑吧兄弟》每期节目主题都与当下的社会现实、大众语境紧密相连,立足于本土文化资源进行了很好的开发和利用,使得这样一档引进节目极富中国气韵和情怀,形成独特的"跑男"气质。从第一季各期节目主题来看,其主题立意的借鉴元素涉及历史典故、经典影视作品、人们耳熟能详的生活记忆,等等。比如第二期节目"寻找前世情侣"中的桥段引用了《大话西游》《还珠格格》《甜蜜蜜》《新白娘子传奇》《流星花园》等经典影视剧;第七期"穿越世纪的爱恋"以当下电视观众熟悉的"穿越"故事为线索,将故事背景设定在1933年的上海滩;第十一期"三校争霸赛"则回到了青春洋溢的校园,明星嘉宾出现在实验室、辩论赛、篮球赛等一些令人充满回忆的校园场景中。这些充满本土化色彩的剧情设计,不但提升了节目的可看性,更将受众带入到特定的情境中,将竞技节目从单纯的游戏、比拼升级到互相勾连且具有复杂故事情节的真人秀。不仅如此,从叙事学的角度来看,《奔跑吧兄弟》实际上也是借用了大量的传统叙事母题,比如"寻找前世情侣"涉及"爱情"母题;"大漠公主争夺战"包含了"英雄救美""护花"母题;"三校争霸赛"回到校园,体现出"怀旧"母题;队员间结盟体现出"契约"母题;内奸情节属于"背叛"母题;兄弟团的情谊体现出"友谊"母题。每一种母题能够得以延续和传播,它就"必须具有某种不寻常的和动人的力量"。[①] 正是通过这些饱含叙事母题的桥段设计,拉近了节目和受众之间的距离,让这样一档主打竞技、游戏的娱乐节目

① 汤普森.世界民间故事分类学[M].郑海,郑凡,刘薇林,等译.上海:上海文艺出版社,1991:499.

激发起受众的深层次情感体验，唤起受众的认同感。

更为重要的是，这些富有传统文化色彩的内容设计彰显出《奔跑吧兄弟》节目组追求创新、注重中国化表达的文化自觉和文化自信。据原浙江卫视制片人俞杭英介绍，第一季前五期节目由中韩双方的制作团队共同合作完成，之后的节目则是由中方独立完成。从具体的节目设计来看，中方基于对中国地域和传统文化了解之上提出的创意是节目取胜的关键因素。[①] 虽是源自经典的韩国综艺模式，但《奔跑吧兄弟》这种将传统历史文化、民俗地域风情与韩式综艺核心元素巧妙嫁接的探索，为当前的中国电视原创树立了全新的标杆。据节目组统计，第一季节目原创比重接近于70%，部分本土化创意甚至为原版节目所借鉴，比如“大漠公主争夺战”一期中设置了“超能力骑士”，后来在*Running Man*中出现类似的角色设计“黑白骑士”，实现了节目创意的反向输出。

表3—7 《奔跑吧兄弟》第一季节目主题

	主题设置	借用元素	拍摄地点
第1期	白蛇传说	民间故事《白蛇传》	浙江杭州
第2期	寻找前世情侣	影视剧《大话西游》《还珠格格》《甜蜜蜜》《新白娘子传奇》《流星花园》	浙江嘉兴
第3期	人再囧途之韩囧(上)	电影《泰囧》	韩国首尔
第4期	人再囧途之韩囧(中)	电影《泰囧》	韩国首尔
第5期	人再囧途之韩囧(下)	电影《泰囧》	韩国济州岛
第6期	逃离秀山岛	灾难片中的地球气候异常	浙江舟山
第7期	穿越世纪的爱恋	“海洋之心”项链、穿越、上海滩	上海
第8期	敦煌大劫案	丝绸之路通商故事	甘肃敦煌
第9期	大漠公主争夺战	骑士与公主	甘肃敦煌
第10期	楚汉之争	楚汉之争	湖北武汉
第11期	三校争霸赛	青春、校园	湖北武汉
第12期	新年运动会	运动会	浙江杭州

① 俞杭英.《奔跑吧兄弟》:做出中国味道[J].中国广播电视学刊,2015(8):46-47.

续表

	主题设置	借用元素	拍摄地点
第 13 期	寻找神秘人	内奸	浙江杭州
第 14 期	秘密合伙人	争夺祖传秘方	重庆
第 15 期	超能力巅峰之战	电影《英雄》、“如意真经”	重庆

资料来源：本研究自制

(二)叙事结构：承载悬念与张力

在文学艺术理论中，有关叙事结构的探讨由来已久。从视听媒介的角度来讲，影视叙事与文学叙事一样，既遵循叙事学的一般理论流变，比如同样有着深刻的结构主义和符号学渊源；同时也有自身的独特之处，突出表现在对人物角色的着重塑造以及故事情节的连贯性上。而在电视综艺领域，随着近年来真人秀这一节目类型的流行，如何将真人秀兼具纪实性与戏剧性这一双重特征发挥到极致，直接决定着节目的观赏性。所谓真人秀节目的叙事结构，简单来讲，就是指一档节目具体的结构关系和表达方式。具体来说，真人秀的叙事结构是在核心事件或者总悬念的牵引下，将一个个精心设计的附属事件，按照一定的关系组合串联到一起，讲述一个完整的故事。李显杰在《电影叙事学：理论和实例》一书中将电影的叙事结构划分为五种类型：因果式线性结构、回环式套层结构、缀合式团块结构、交织式对比结构、梦幻式复调结构。[①] 当然，任何一种叙事结构都不可能是完全独立、绝对的状态，在影视作品的实际操作中，往往都是一种主结构的框架下嵌套着多种组织方式。从真人秀的综艺节目属性来看，在单一的线性时间维度上，以事件因果关系为推进动力的因果式线性结构模式最为适用，符合娱乐节目易于理解、便于传播的属性定位。

因果式线性结构模式将整个节目作为一个完整的故事来建构，这就意味着，首先要明确交代故事起因，设置一个值得观众期待的核心事件或总悬念，接着是布局矛盾冲突的进一步发展，然后逐渐推向事件的高潮，最后交

① 李显杰. 电影叙事学：理论和实例[M]. 北京：中国电影出版社，2000：24.

代结局。在向核心事件的推进过程中，需要设置多个附属事件，每个附属事件环环相扣，既有本环节的矛盾、冲突、情节，又与核心事件息息相关，且目标指向核心事件，各个附属事件之间有逻辑、有层次，详略得当、张弛有度，一步步将节目推向高潮，调动起观众的好奇心，吸引收视。同时，“叙述时间上的单线展开，也使这种结构的叙述进程与现实生活的实际流程保持着某种契合性，能促使观众产生较大程度上的‘幻象认同’。”[①]以《奔跑吧兄弟》第一季单期收视率最高的一期“秘密合伙人”为例，其叙事结构分解如下：

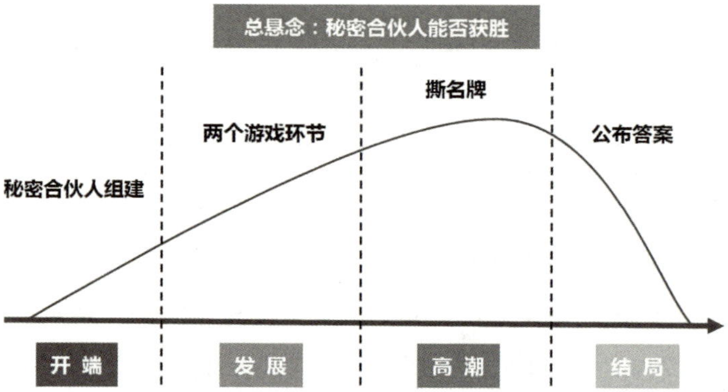

资料来源：本研究自制

图 3—9 《奔跑吧兄弟》之“秘密合伙人”节目叙事结构分解图

总悬念：这期节目的故事背景设定在“火锅之城”重庆，李晨、陈赫、王祖蓝、王宝强、白百何组成“奔跑家族”，邓超、郑凯、杨颖、胡海泉、陈羽凡组成“火锅家族”，两大家族争夺失传已久的火锅秘方，但两个家族中各有一名背叛者（陈赫和杨颖）组成了“秘密合伙人”，两人必须在每轮游戏中完成导演指定的三组动作，并且坚持三秒，并确保不被其他家族成员发现。每轮游戏结束时，获胜的家族将获得两个关于“背叛者”身份的提示线索；若合伙人完成了指定动作，线索为一真一假，若未完成，则为两个真线索。最后，两大家族进行推理指认，如果没有猜出二人是秘密合伙人，他们就获得胜利。节目的总悬念是“秘密合伙人”与其他成员的对决，二人能否避开所有人的耳目，

① 李显杰.电影叙事学：理论和实例[M].北京：中国电影出版社，2000：331.

完成指定动作，并且不被发现，成为吸引观众收看的核心事件。同时，节目一开始就以第三人称叙述的方式将故事情境和人物角色告知观众，使得观众处于全知视角，在最短的时间内吸引观众“入坑”，满足观众对情节发展的好奇心。

节目开端：这一期节目，陈赫和杨颖率先出场，两人按照导演组要求结成“秘密合伙人”，完成隐藏身份、争取最后胜利的任务。紧接着，镜头转至长江游轮，所有成员一一出场，导演公布游戏规则。就在大家议论纷纷谁是背叛者的时候，陈赫和杨颖也乔装其中，甚至故意将矛头引向其他成员，混淆视听。节目开端清晰地交代了节目总悬念，吊足观众胃口，制造悬念性和紧张感，吸引观众继续观看接下来双方的斗智斗勇，为故事发展做好铺垫。

节目发展：在进入到最后的“撕名牌”高潮阶段，节目设置了两个游戏环节。第一个环节由三个小游戏组成，三局两胜，获胜者赢得线索；第二个环节为“抢占高台”游戏。在这两个环节中，“秘密合伙人”需要完成两个认证任务“盖章”“勾肩”，且不被发现。而名义上的两大家族又需要为了赢得线索而展开比拼，每一个游戏的完成最终都指向总目标，由此一步步将节目引向核心事件。

节目高潮：节目发展的高潮即终极的“撕名牌大战”，镜头转向撕名牌的地点——重庆国泰艺术中心。游戏开始前，各组成员有十分钟时间，将自己所对应的物品藏于大楼内，代表个人的物品一旦被对方家族找到，则对方家族成员都可以撕掉其名牌；若没找到对应物品，而错撕他人者，则直接被淘汰，被撕者可以继续游戏。同样，“秘密合伙人”要悄悄完成第三个认证任务“拥抱”。在这一环节，两大家族的成员首先要找到对方物品，而被找到物品的成员很可能并不知情，将自己暴露于危险之中。互相撕名牌的整个过程，有被“声东击西”打败的“宝蓝兄弟”，有陈羽凡、白百何的“夫妻内斗”，还有李晨、胡海泉的高手对决，节目通过多个细节的设计强化紧张感、刺激感，其中又不乏令人忍俊不禁的笑点，共同将节目推向高潮。

节目结局：最终，“奔跑家族”获胜，赢得六条线索，但由于“秘密合伙人”顺利完成三项认证任务，六条线索半真半假，两大家族通过推理投票谁是卧底，最终“秘密合伙人”获胜。

从前述不难看出，节目的整个情节基本上是按照正常的时间顺序展开的，遵循着“开端⇒发展⇒高潮⇒结局”的线性结构模式。虽然综艺节目的这种叙事结构简单明了，并没有太多复杂的分支元素交叉，但“它反而更注重利用制造悬念、设置圈套等叙述技巧，强调通过对叙事信息的藏与露、铺垫与照应的巧妙驾驭，来强化本文结构的叙述张力，从而能够非常有效地达到操纵和控制观众的观赏心理与情感需求的目的”。[①] 整个节目的着力点都集中在最后的总悬念以及每一个环节的小悬念上，轻松欢乐的节目气氛也在情节推进过程中自然而然地得以释放，形成戏剧化的节目张力。

（三）人物设计：符号化与综艺感

对于任何一档真人秀节目而言，嘉宾表现无疑具有至关重要的作用，直接影响到节目效果。具体到《奔跑吧兄弟》来说，这是一档需要明星卸下“偶像包袱”，全身心投入游戏的竞技综艺，参与明星需要在设定的情境中完成任务并展现出真实的一面，也就是要具有良好的“综艺感”。以原版节目 *Running Man* 为例，包括嘉宾在内的所有 MC（主持人）都十分“放得开”，诸如金秀贤、权志龙这样的当红偶像在节目中也是照样泥浆里打滚、弹跳入水，可谓“用生命在玩游戏”。明星的全身心投入，带来的是一种双赢结果，一方面满足了观众的好奇心，让节目斩获高收视，另一方面，明星也在节目中展现出更多的维度，将更加立体丰满的形象呈现给观众，赢得观众的喜爱。

作为一种经由大众传媒制造的媒介形象，明星从本质上来说是一种被建构的客体，正如理查德·戴尔（Richard Dale）在《明星》一书中所言，“明星形象由媒体文本创造，它们能够将促销、宣传、影片、批评和评论集合在一起”[②]。在日常生活层面，明星与普通民众之间有着较大距离，正是这种去生活化、去常规化的距离感营造出明星的神秘感，在一定程度上造就了明星的

① 李显杰. 电影叙事学：理论和实例[M]. 北京：中国电影出版社，2000：339.

② 戴尔. 明星[M]. 严敏，译. 北京：北京大学出版社，2010：96.

奇观效应。也正因为如此，当越来越多的真人秀节目聚焦明星的日常生活，将明星还原到现实的人物关系图谱中，其中所展现的"真性情"对受众有着巨大的召唤力和吸引力。《奔跑吧兄弟》能够取得如此巨大的成功，很重要的一点即在于对嘉宾的恰当选择和角色设计上。第一季节目的七位固定嘉宾是邓超、李晨、郑恺、陈赫、王祖蓝、王宝强、杨颖，他们在节目中经过短暂的几期磨合之后，各自展现出不同的性格和能力，个性化特征明显。当然，这种符号化的人设，一方面是明星性格的自然流露，但更重要的是节目组对参与嘉宾个性的深度挖掘以及精心的标签化设定。邓超，在跑男团担任队长一职，他是整个团队的核心，竞技能力虽然不是最强，但是综艺感十足，能够很好地把握气氛，调动队员情绪，其自诩的"学霸"以及"We are 伐木累"深入人心，已经成为网络流行语；李晨，在团队中竞技能力最为突出，获封"大黑牛"称号，同时也延续了他在《北京爱情故事》《北京青年》等影视剧中踏实、憨厚的荧幕形象；郑恺，在节目中展现出非同一般的奔跑速度，人称"小猎豹"，同时节目组将他与杨颖组成 CP（Couple，配对），担当"护花使者"，展现出阳光温暖又不失幽默顽皮的一面；陈赫，整体人设与其在经典作品《爱情公寓》中饰演的"曾小贤"一角基本一致，卖萌耍赖，体力较差，在节目中常常自诩"天才"，表情丰富讨喜；王祖蓝，原本就是荧屏上的"开心果"，节目人设也是古灵精怪，幽默感十足，在游戏中因为身高、体能等因素往往处于落后位置，但却总是各种"捡漏"，带来反转的游戏结果；王宝强，身负少林武功，身手矫捷，形象傻傻憨憨，但在节目中经常扮演背叛者角色，这种反差令观众印象深刻；杨颖，作为跑男团中唯一的女性，她在节目中展现出超强的拼搏力和战斗力，被喻为"女汉子"，她也非常懂得适时利用自己的性别优势，展现柔软、智慧的一面。节目组为七位嘉宾精心设计了个性化的人物标签，并且在每一期节目中不断强化、放大，不仅令人物形象深入人心，同时也为原本独立的真人秀节目埋下了一条隐形的人物线索，增强了故事的延续性和节目的可看性。

表 3—8 《奔跑吧兄弟》七位固定成员的角色特点

人物	角色	特点
邓超	队长	担任队长，虽然竞技能力不是最强，但是综艺感十足，能够很好地掌控气氛，调动队员情绪
李 晨	“大黑牛”	头脑灵活，体力超群，性格憨厚
郑 恺	“小猎豹”、护花使者	奔跑速度快，心思细腻，处事幽默顽皮，成为杨颖的“护花使者”
陈 赫	“贱萌男”	自诩“天才”，以“贱萌”的形象示人，体能弱，经常依附强者
王祖蓝	“捡漏王”	幽默感十足，“百变星君”的综艺形象深入人心，个子虽矮但总是各种“捡漏”，带给观众惊喜
王宝强	少林宝强，与王祖蓝组成“宝蓝兄弟”	动作敏捷，形象憨厚，容易让人产生信任感，在节目中常常扮演背叛者角色
杨 颖	“女汉子”	机智灵敏，擅长分析和利用自己的优势，有勇有谋的“女战士”

资料来源：本研究自制

第四章

生产者与广告商共谋下的商业奇观

- 第一节　从投资商到合伙人：节目与广告共生共荣
- 第二节　从类型化到模式化：节目模式的全球流动
- 第三节　从附属品到新增长点：娱乐富矿无所不在

大众媒介自诞生之日起，商业化就已经在其体内潜藏。今天，随着经济全球化以及媒介制度的日趋完善，传媒商业化已经成为当下媒介发展过程中不可回避的一大明显特征与趋势，并正在以前所未有的速度狂飙突进。在媒介越来越市场化、商业化的背景下，媒介内容成为创造核心竞争力的媒介产品，汇聚着注意力资源的受众既是消费者，也是商品，遵循着“二次售卖”原理——媒介向受众提供信息，满足受众对信息的需求，再将受众的注意力售卖给广告商，受众的需求被融入媒介产品的生产过程，节目生产者与广告商以电视节目为起点和核心，众多衍生产品和增值产品紧随其后，环环相扣，形成一条“多点聚利”的传媒产业链。诸如《非诚勿扰》《中国好声音》《爸爸去哪儿》《奔跑吧兄弟》这样的大型娱乐节目成为一场场商业奇观的发动机。

第一节　从投资商到合伙人：节目与广告共生共荣

一、收视率与广告费：媒介经营的原始动机

（一）一个紧密联系的产业链

一个广义上的媒体行业同时包括作为内容生产的媒体（如电视台）、为媒体获得资金打通渠道的广告代理系统（包括广告公司和媒介购买公司）以及为以上两者提供数据支持的第三方机构（如收视率调查公司），最后，支持这三者在错综的关系中稳步运营的基础则是广大的看不见的受众的注意

力，因此，媒体行业又被冠之以“注意力经济”之名。

对于媒体市场中的成员来说，紧密联系的行业彼此之间的关联都是十分重要的，产业链已经不是一个链状的结构，而演变成网状的组织：电视依赖观众的注意力提升其价值，然后将其价值以广告的形式贩卖出去；广告代理商为了代理费，在媒体和广告主两方游说，其业绩的高低则由受众对广告产品的购买量相关数据来衡定；而收视率调查公司通过可观评估那些“看不见”的受众，评价媒体传播效率的高低，“贩卖”论价的标尺——数据，为市场的平稳运行提供通道，由于数据的存在减少了媒体与广告商之间的交易成本，这两方以购买收视率调查公司的数据作为对其调查成本的补偿；在最后，受众既主动接受了精彩的媒体内容，也被动接收了令人烦恼的广告。

作为舶来品，收视率这一专业概念最早进入中国，始于20世纪70年代末改革开放之初，作为市场指标真正介入电视行业日常运作，则是在上世纪90年代中期以后，并且与政策导向、传媒行业发展的大背景息息相关。在20世纪90年代初，起步期的收视率调查还带有很明显的非市场化特征，调查网由电视台自行铺设、维护，数据主要是用于电视台内部的节目效果评估。因此，最初的收视率更多的是为电视台内部的自我反馈作参考，而不是一种调节电视台、广告商和广告主之间关系的市场行为。及至20世纪90年代初期，我国开放了广告媒介市场，允许外资与中资建立合资广告公司，各家跨国广告及媒介集团纷至沓来。收视率数据是跨国广告公司媒介投放的基础，它决定了广告费用的制定与分配，对媒体经营有重大影响，也推动了受众调查的规范化与市场化转型。收视率开始在电视媒体的经营管理和市场营销中发挥重要作用，被称为电视媒体广告市场的“通用货币”。在媒介的大量增加和广告商实力的大幅提升的背景下，电视台与广告商在广告买卖中的地位也发生了微妙的转变，逐渐由电视台主导的卖方市场转变为广告商主导的买方市场。

由收视率“主导”传媒产品的价格集中体现在两种行业通行做法上，一是电视剧的“以点论价”，二是近些年普遍应用于大型娱乐节目中的“对赌模式”。“以点论价”是指电视剧买卖双方（主要是指制片方和电视台），根据收视率，即“点”的高低，最终决定价格的一种购销方式。实际操作中多见于卫视频道，具体做法是，根据之前一段时期的收视率推算，预定黄金档与非黄金档的大致收视率，通过预估收视区间作为确定电视剧价格的主要依据，然后划分几个不同的档位——上限、下限、合格值，结算时根据不同的收视结果按照对应的价格进行付款。这种依照收视率高低“以点论价”的电视剧买卖方式，1999 年 5 月在上海最早试行。当时，上海台购买的是电视剧《田教授家的 28 个保姆》。此后，北京、重庆、安徽、江苏等电视台也相继尝试了这种机制。这种评估以市场反馈为前提，可以更好地实现片价与收视点的挂钩，保证优质优价。

“对赌模式”是近年来在大型季播综艺节目采购上出现的最新做法，开创者即《中国好声音》。所谓“对赌”，是指节目制播双方建立起“紧密捆绑式的合作关系”，两家共同投入，灿星负责内容录制，浙江卫视负责后期的节目营销。根据双方协议，如果节目收视率高于 2%，灿星将以7∶3的比例，与浙江卫视分成广告，如果收视率低于这个标准，则由灿星制作承担相应的损失。与以往的制播分离模式不同，《中国好声音》采用了制作团队和电视台共同投入、共担风险、共享利润的新型合作方式。这种定价的优势在于，第一，上不封顶，节目收视率越高，广告利润越大，双方可以分成的利益就越大；第二，不限制节目投入，且制作方面临更大的压力，为了获得高收视率，就必须提高内容生产质量，努力通过“开源”而非“节流”的方式保证节目品质。随着《中国好声音》的大获全胜，这种更具激励性的议价方式也开始在电视业界推广开来。

（二）无法抗拒的“数字诱惑”

尽管长期以来，电视行业片面追求收视率，甚至以收视率作为节目取舍和从业人员奖惩、升迁标准的做法备受诟病，但在目前的行业环境下，收视率数据作为一种客观反映传播效果的评价标准，仍然有其无可替代的优势，成为节目生产者无法回避的“数字诱惑”，且国内、国外皆是如此。

以美国福克斯电视网的娱乐节目《美国偶像》为例。2001 年 2 月，英国制作人西蒙·富勒(Simon Fuller)创办了《流行偶像》(*Pop Idol*)，首开观众投票决定赛事结果的选秀节目先河。同年，美国福克斯电视网以 7500 万美元买下其美国制播权，推出《美国偶像》，该节目播出后一直保持收视冠军，成为当代选秀节目的范本。节目即使在伊拉克战争期间，收视率依然保持高位，观众规模一般保持在2000万—3000万之间，收视率也高达20%左右。2003年，第二季《美国偶像》的广告费平均为25万美元/30秒，决赛阶段价格高达70万美元/30秒，而最后的总决赛更是上涨至100万美元/30秒。在历时两小时的总决赛直播中，单是插播的广告费用就达4000万美元，其中最大的广告赞助来自福特公司和可口可乐，两家广告费用分别高达1600万美元和1300万美元。2016年，走过十五季的《美国偶像》宣布停播，但其给制作方赚足了人气和财富也是不争的事实，可以说是福克斯的"摇钱树"。

国内同样如此，正是由于大型娱乐节目有着如此强大的吸金力，才使得各电视台不计成本、争先恐后地加入这场收视大战中。以"好声音"为例，"好声音"的背后是好产业。第一季《中国好声音》的冠名费在6000万元人民币左右，广告费最初价格为15万元/15秒，但就在节目开播后的20多天中，插播的广告费便从15万元/15秒飙升至36万元/15秒。除了这些最基本的广告收入外，网络版权销售、手机彩铃分成、衍生节目广告收入、学员后续演艺收入等构成了庞大的产业链条。节目更是一举捧红了吴莫愁、梁博、金志文、吉克隽逸等一大批乐坛新秀，为民间草根歌者提供了一个实现梦想的音乐舞台。

在第一季赚得盆满钵满的基础上，第二季《中国好声音》的运作更加成熟，并且开创了中国娱乐产业发展的多项第一。首先，节目网络版权不再进行分销，而是采用独家方式，最终搜狐视频以1亿元的价格斩获"好声音"网络版权，这不仅刷新了视频网站购买栏目的价格纪录，而且引发了一场视频网站争相"购买独家"的行业风潮。其次，广告价格蹿升。第二季冠名费拍出2亿元人民币的"天价"，这个价格比浙江卫视给出的9000万元标底价高出了1.1亿元，更是其第一季6000万元冠名费价格的3.34倍。第二季《中国好声音》其他种类的广告费价格也如同坐了火箭一样蹿升。节目广告费则由36万元/15秒飙升至102万元/15秒，涨幅达2倍多。以每期20分钟的广告时长计算，一期广告收入就超过8000万元；以每季13期普通节目来算，《中国好声音》第二季仅此一项的收入就超过10.6亿元。除此以外，第二季的特约播出权价格由 3000 万元涨到了 7000 万元，手机支持权由 OPPO 以 2000 万拍得，互动支持由洁丽雅以 4600 万夺得……在不算总决赛“巅峰之夜”的情况下，其广告收入就已经达到惊人的 13.6 亿元。[①] 再次，第二季《中国好声音》“巅峰之夜”总决赛直播的广告总中标额达到 3242 万元，刷新省级卫视真人秀决赛吸金纪录，6 家企业平均中标价 324 万元，平均溢价率达 224%。最高成交价高达 380 万/15 秒，是第一季决赛夜最高广告单价的三倍之多，同样创下所有卫视真人秀节目的纪录。

二、广告投放新模式：招标预售与内容定制

（一）预售：机遇与风险并存

近年来，以真人秀为核心内容的大型季播综艺节目已经成为电视台拼抢收视率的主战场——《中国好声音》《中国梦想秀》《我是歌手》《爸爸去哪儿》《奔跑吧兄弟》等季播节目成为最能吸引受众注意的内容。所谓“季播”的概念源自美国，具体来说就是根据受众收视习惯的季节性变化，将全年播出时段分为秋季首映期（9 月至 12 月）、关键编排期（12 月底至 1 月）、旺季播出期（2 月至 5 月）和夏季重播期（6 月到 8 月），前三个时段为收视旺季，最后一个时段为收视淡季。诸如《24 小时》《生活大爆炸》等热播美剧以及《美国偶像》《与明星共舞》等真人秀节目，都被嵌入以不同受众群为主体的季播带中。[②] 国内的季播概念大约滥觞于 2006 年，央视最早提出根据青少年收视习惯进行“暑季”节目编排。随着引进模式节目在国内的遍地开花，省级卫视的季播实践也开始与国际接轨，渐成主流。

相较于常态节目，季播节目的播出时间集中于短短数月，可以最大化地避免由于常年播出的创意不足而导致的受众审美疲劳，有助于培养受众与节目之间的约会意识，节奏化的播出安排容易形成收视高潮。也正因为如

① 孙超逸．“好声音”变身“好生意”[N]．北京日报，2012-11-3(07)．

② 路明涛．中国式“季播”[J]．视听界，2011(5)：52-54．

此，当前电视台大量季播节目扎堆，同质化问题严重。一般而言，季播节目广告资源的销售模式，根据节目自身情况不同而有所差异，归纳起来主要分为预售和招标两种模式。新节目由于没有播出经验和以往收视率作参考，广告客户的认可度无法确定，普遍都是采用预售模式，通过电视台广告部或媒介代理公司寻找客户。这种变化带给广告主和广告代理公司的大多是挑战，预售让媒介购买如同“押宝”一般存在着很多的不确定因素。如果新节目开播前，客户参与进来，往往也可以拿到相对较低的价格；而当节目播出后，随着收视表现的提升，节目价格也会水涨船高，甚至呈倍数增长。如前所述，《中国好声音》第一季开播时 15 秒广告价格为 15 万元，之后分别涨至 36 万元、50 万元。但是，高收益也伴随着高风险，客户提前投资的季播节目一旦达不到此前预期，损失也较大。比如 2013 年曾经被预测有可能火爆的一档音乐节目《全能星战》最终收视表现平平，33 城市平均收视率仅为 1.26%，而冠名费却高达 8000 万左右。而一档季播节目一旦在第一季获得成功，其第二季的广告销售相应地就会迅速蹿升。成功的季播节目第二季多采用公开招标的方式进行销售。典型的如《中国好声音》第二季、《我是歌手》第二季、《爸爸去哪儿》第二季、《最美和声》第二季等，冠名费和硬广价格均高出第一季几倍甚至近十倍。此外，大型季播节目还会单独将决赛的广告资源拿出来招标，尽可能放大节目的广告价值。

不难看出，“预售＋动态购买”这一广告投放新模式对媒介购买提出了较高的要求，现在，无论是国际 4A 媒介购买公司，还是本土媒介购买公司，媒介策略中心都增加了一个重要的工作内容，即对每一个季度即将播出的季播节目、真人秀节目做出多维评估，帮助企业制定媒介投放策略。此外，还需要动态评估节目走势，预售阶段不能因价格便宜就买断整季广告，当价格上涨后也不一定要盲目跟进。为此，许多广告代理公司都建立起节目资源库和节目评估系统，以便做出科学预判。比如昌荣传播的“综艺娱乐节目评估系统”就设有 5 个一级指标和 20 个二级指标，具体包括节目形式、环节设置、舞台效果、话题性、观众参与度、播出平台、播出时间、播出周期、节目选手、制作团队和费用、推广炒作力度等指标和维度，每个指标又会有不同的影响权重和系数，用来综合考量节目效果。

(二)私人定制式的内容营销

新世纪以来，在“唱衰电视”的声音时常见诸报端的同时，一档又一档综艺娱乐大片相继走红，不仅引发了收视狂潮，而且成为社会热议的焦点。在这些娱乐奇观的背后，除了有节目制作机构的求新求异外，广告主在其中所发挥的作用同样不可小觑，很多客户之于节目的关系，已经悄然从“投资商”转变为“合伙人”。在实际操作中，内容营销需要电视台、广告商从策划到执行再到传播等各个环节共同协商、共同参与、同步执行，广告商与电视台之间成为同呼吸共命运的有机体，私人定制式的内容营销在娱乐节目中屡见不鲜。一方面，在许多引进模式节目中，一些大型跨国公司常常会“绑定”赞助，即这个节目版权卖到哪个国家，其广告投入也会跟进，比如《中国达人秀》的原版 *Got Talent* 就自带宝洁公司的赞助；另一方面，一档节目能否上马，如何操作，是电视台自己做还是交给制作公司做，客户的意见都很重要，典型案例如加多宝与《中国好声音》的合作，为了达到冠名的预期效果，加多宝从高管团队中组成了五人小组，全程参与到节目的制作和推广过程中。

通常来讲，节目中对于品牌的内容营销并不是单纯由第三方广告公司提供方案，而是由节目组、电视台和广告主共同协商，是集体智慧的结晶，对于如何将节目与产品进行更好的融合，客户往往最有发言权。2013 年伊始，《非诚勿扰》推出新一轮改版，作为此次升级的“点睛之笔”——“飘柔爱转角”就是在原有 24 位女生的基础上又增加了 24 位“爱转角”女生，如果男嘉宾没有顺利牵手，在飘柔爱转角区域等候的女生也可以踊跃上前表达爱意，提高男嘉宾的牵手成功几率。这一环节是一个颇具悬念的存在，倘若有女孩为离场男嘉宾起身，节目现场就会播放浪漫歌曲“飘柔爱转角”，这同样是飘柔品牌形象代言人罗志祥的一首单曲，节目力求通过声画同步，为观众呈现一个浪漫的意外邂逅画面。为了保证此次合作取得较好的传播效果，宝洁公司先期投入大量资金和时间去进行线上线下的招募和推广活动，进而实现企业与节目的双赢。

湖南金鹰卡通频道的《中国新声代》及其战略合作伙伴 361°童装的合作也是如此。《中国新声代》是湖南金鹰卡通卫视于 2013 年 5 月推出的一档儿童歌唱真人秀节目，主要面向14岁以下的青少年儿童，深度挖掘孩子们的音乐才华，寻找最具时代感的好童声。该节目主要是借助此前湖南卫视《我是歌手》的火爆效应，邀请杨宗纬、陈明和羽泉担任导师进行组队PK。可以说，节目的推出具有一定的话题性，借助金鹰卡通的平台，使其在目标受众——少儿市场中具有良好的延展性。作为361°集团的"潜力股"，361°童装2013年上半年收入占到集团营业额的10.4%，与《中国新声代》合作是其品牌营销的重要一步。从最初的节目创意，到确定赛制、挑选导师以及制作播出等，361°童装也都是全程参与，将节目作为自身品牌建设的重要组成部分。除了冠名和广告植入外，361°童装还成为金鹰卡通卫视的装备供应商，享有节目后续产业的开发和使用权，目前已经在围绕频道标志形象"麦咭"进行授权产品的生产和销售。

三、广告形式多样态：常规硬广到软性植入

（一）硬广：水涨船高

在娱乐大行其道的今天，广告与娱乐之间的界限日渐消弭，广告创新也体现在从形式到内容，再到投放模式的全面创新上。中国电视娱乐节目的发展更是与社会经济、广告行业的发展息息相关。虽然受网络视听业务快速增长、新媒体广告业务分流等因素的影响，传统广播电视广告收入增幅有一定的下降，但是就目前而言，广告销售仍然是广电媒体的主要经济来源之一。根据广电总局的数据，2016年全国广播电视广告收入1547.22亿元，较2015年增加17.68亿元，其中，全国电视广告收入1004.87亿元，占广告收入的64.95%。[①]

对于娱乐节目而言，广告销售在其收入中更是占据重要地位，且电视娱乐节目的广告收入一直是近几年媒介广告销售的"急先锋"，发展迅猛，一再

① 2016年广播影视业创收收入超1.3万亿元[EB/OL](2017-07-17). http://www.sohu.com/a/157644428_481352.

刷新电视广告价格纪录。仍以《中国好声音》为个案来分析。如表 4－1 所示，第一季 14 期节目，平均每期节目中广告时长大约占到节目总时长的将近三分之一，尽管随着节目收视的提升，广告时长并未有大幅增加，但事实上，争夺广告资源的企业数量却明显增多，从第 1 期 40 个广告主到第 12 期 66 个广告主，增幅达 65%，而由于广告资源有限，广告价格自然水涨船高，最终创下 116 万/15 秒的天价。为了最大化实现节目的商业价值，节目播出的广告版本也明显地表现出高度精练的投放趋势，30 秒以上的长广告数量减少，15 秒广告呈现出集中性放量，从第一期 63 条开始保持稳步增长，最后一期达到峰值 135 条，增长了 134%。广告数量的急剧增长，在无形中使得广告环境的嘈杂感增强，在有限的时间内，向观众兜售的产品数量膨胀性增加，既会使得受众产生广告时长增加的错觉，在一定程度上也降低了对产品品牌的记忆度。[①]

表 4－1 《中国好声音》第一季广告投放量统计

期数	日期	赛程	开始时间	结束时间	节目总时长(分钟)	广告时长(分钟)	广告占比	广告主个数	广告条数
第 1 期	7.13	导师盲选	21:15:00	22:54:31	100	31	31.0%	40	163
第 2 期	7.20	导师盲选	21:10:01	22:53:32	104	33	31.7%	43	152
第 3 期	7.27	导师盲选	21:10:02	22:52:00	102	37	36.3%	53	165
第 4 期	8.3	导师盲选	21:10:00	23:00:01	110	29	26.4%	52	135
第 5 期	8.10	导师盲选	21:10:01	22:58:01	108	30	27.8%	52	134
第 6 期	8.17	导师盲选	21:10:01	23:00:02	110	33	30.0%	55	146
第 7 期	8.24	导师考核	21:10:01	23:09:41	120	32	26.7%	55	137
第 8 期	8.31	导师考核	21:10:01	23:14:04	124	36	29.0%	62	157
第 9 期	9.7	导师考核	21:00:00	23:09:47	120	33	27.5%	65	152
第 10 期	9.14	导师考核	21:10:01	23:11:57	121	31	25.6%	59	148
第 11 期	9.21	半决赛	21:15:00	23:11:22	116	30	25.9%	64	151
第 12 期	9.28	半决赛	21:10:02	23:09:39	120	37	30.8%	66	178

① 吕海媛. 慧眼识新——由《中国好声音》看创新性节目广告投放[J]. 广告大观(综合版)，2012(11)：28-30.

续表

期数	日期	赛程	开始时间	结束时间	节目总时长(分钟)	广告时长(分钟)	广告占比	广告主个数	广告条数
第 13 期	9.29	半决赛	22:00:01	23:31:23	92	22	23.9%	41	109
第 14 期	9.30	总决赛	19:43:33	24:28:49	285	51	17.9%	59	220

资料来源：吕海媛《慧眼识新——由〈中国好声音〉看创新性节目广告投放》，《广告大观（综合版）》2012 年第 11 期，第 28—30 页。

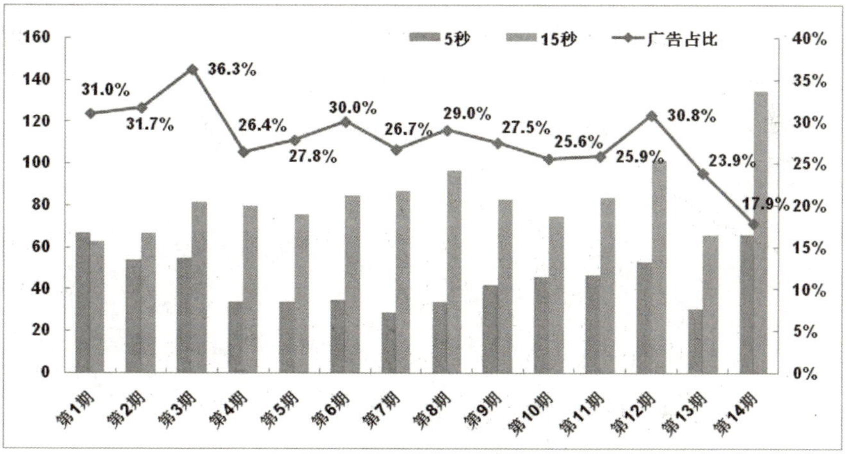

资料来源：根据尼尔森网联数据编制

图 4—1　《中国好声音》第一季 5 秒/15 秒广告数量与广告时长比重统计

伴随着节目火爆而来的是广告商品牌资产的迅速增值，最典型的案例莫过于加多宝与《中国好声音》的联姻。从图 4—2 可以看出，选择在《中国好声音》平台投放广告的行业非常多元，总共涉及 21 个广告大类中的 15 类，饮料、化妆品、药品及健康产品位列前三，这一分布与中国广告市场整体投放最积极的三大品类也是完全吻合的，饮料中仅加多宝和娃哈哈两家的广告投放刊例价就占到 40%。① 在本书的受众访谈中，在被问及“你是否记得在《中国好声音》节目上投放广告的都有哪些品牌”这一问题时，受访者的回答基本集中于上述两大品牌，尤其是加多宝，而对于其他商家品牌的提及度较

① 吕海媛．慧眼识新——由《中国好声音》看创新性节目广告投放[J]．广告大观(综合版)，2012(11)：28-30.

低。这一方面与广告环境嘈杂有关，另一方面则是得益于主持人华少的极速口播广告，形成强大的口碑传播效应，从而创造出理想的后传播效果。彼时的加多宝，正因商标之争与广药集团打得不可开交。巧合的是，2012 年 7 月 13 日不仅是《中国好声音》开播之日，也是王老吉商标仲裁案终审的裁定日。加多宝集团虽然输掉了商标，但作为"好声音"的独家冠名商，这一次的联姻却让其成为当下娱乐营销最成功的案例，不仅最大限度地完成了由经典红罐凉茶到加多宝凉茶的品牌转换，也让加多宝凉茶坐稳了市场头把交椅，续写凉茶神话。销售数据显示，更名后的加多宝凉茶同比增长超过 50%，在广东、浙江等凉茶重点销售区，同比增长甚至超过了 70%，"正宗好凉茶，正宗好声音"也已成为不自觉中烙印在观众心里的口头禅。

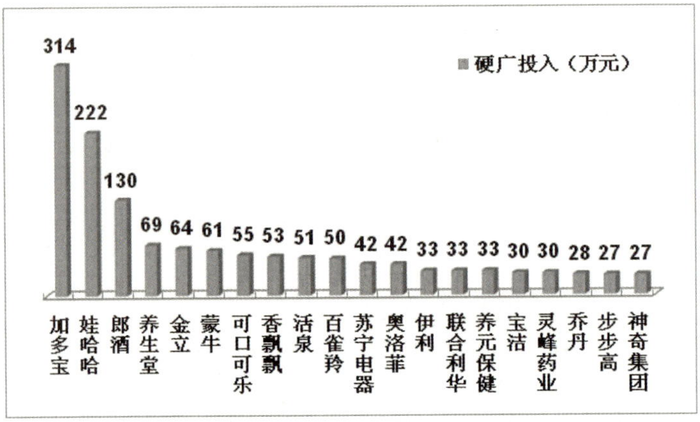

注：按照广告刊例价统计

资料来源：吕海媛《慧眼识新——由〈中国好声音〉看创新性节目广告投放》，《广告大观（综合版）》2012 年第 11 期，第 28—30 页。

图 4—2 《中国好声音》第一季硬广投放量前 20 名广告商

不仅如此，电视娱乐节目的广告资源更是被最大化细分，最后一场总决赛资源通常都会被单独拿出来竞拍。以上海东方卫视的《中国梦之声》为例，这档节目的收视表现尽管只能算是差强人意，但其为频道所带来的巨大经济效益却是有目共睹的。单是其最后一场总决赛，黄金资源身价就高达 2843 万元，而在宣布"中国偶像"前一分钟由 4 个广告位组成，每个广告位时长 15 秒，招标价格分别为 137 万元、132 万元和两个 107 万元，总价值超过

483 万元，15 秒广告价超过 2012 年《中国好声音》第一季创下的纪录。

（二）植入式广告：润物细无声

法国学者雅克·阿塔利曾经这样谈到未来的广告："广告必须拥有新的令人感兴趣、好奇和惊喜的表达方式和载体，或者成为人们能够接受的娱乐节目的一部分，或者悄悄进入人们的日常生活领域。"①现如今，这样的广告已经如同空气般占据了我们的视听，娱乐营销、植入式广告几乎已经无所不在。植入式广告，又称之为植入式营销，"是指将产品或品牌以及其代表的视觉符号甚至传统广告片策略性地融入电影、电视、报纸、杂志、网络游戏、手机短信、小说等各种媒介内容中，通过场景的再现，让观众留下对产品及品牌的印象，继而达到营销目的的一种营销方式"②。如今，植入式广告已不仅限于娱乐节目、影视剧、网络游戏中，可以说几乎所有传播媒介都成为植入式广告的载体，将产品或品牌信息传递给消费者；而植入的方式除了将与品牌有关的视觉符号置入其中外，还可以将企业理念与叙事情节相结合，构成传播内容的一部分，共同建构起受众真实感觉到的媒介情境，试图在受众无意识的状态下灌输产品或品牌信息。如果将传统硬性广告比作疾风骤雨的话，那么植入式广告就可谓是"随风潜入夜，润物细无声"。

自 20 世纪末以来，真人秀节目类型的蓬勃发展不仅将电视娱乐奇观进一步推向极致，吸引了大量的注意力和常规广告，同时作为更加多元丰富的植入式广告推广平台，它改变了传统电视节目营销模式，强化了节目与广告共生共荣的关系。对于大多数常规硬广而言，节目与广告是相对游离的状态，如图 4—3 所示，在《中国好声音》第一季总决赛将近五个小时的现场直播中，插播广告多达 10 余条，结合分钟收视率走势可以看出，每一次插播广告伴随的都是一定数量的受众流失，过多的广告插播势必会影响受众观感。合理的植入式广告则可以有效地避免这种情况，广告隐藏于节目之中，让受众在消费娱乐的同时接受商家的营销理念。

---

① 阿塔利. 21 世纪词典[J]. 梁志斐，周铁山，译. 桂林：广西师范大学出版社，2004：210.

② 薛敏芝. 经济全球化时代的植入式广告[J]. 中国广告，2005(6)：32.

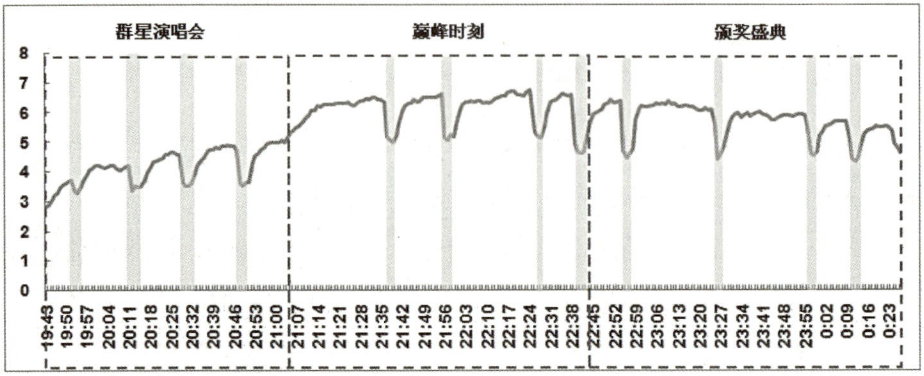

资料来源：根据 CSM33 城数据编制

图 4—3 《中国好声音》第一季总决赛节目与广告收视走势

可以说，在过去的十几年中，真人秀节目掀起了中国植入式广告发展的高潮，这种整合营销传播影响着电视节目的新发展。综合来看，电视娱乐节目中的植入式广告主要有以下几种方式：

一是场景和道具植入。场景和道具植入是娱乐节目植入式广告中较为常见和初级的一种植入方式，主要是指将品牌视觉符号或商品本身作为节目进行的场景或道具出现。比如《美国偶像》的两大赞助商分别是可口可乐和福特。可口可乐最具标志性的就是红色的品牌色，而《美国偶像》大多数场景的背景板都是一个“红屋子”，三位评委一字排开，面前摆放着可口可乐的杯子，可口可乐的巨型 logo 更是随处可见——海报、椅垫等等，一些节目片段也被冠名为“可口可乐时间”。加多宝在《中国好声音》上的广告投放同样包含大量植入式广告，且在设计和安排上都极具视觉冲击力，现场大屏幕、舞台地面、选手入场的大门、后台访谈现场……最为引人注目的则是四位导师座椅上摆放的一罐加多宝凉茶，四把红色的椅子本就是“好声音”节目独特的卖点所在，加之每把高达 80 万元的造价、直接由荷兰制造空运至现场等细节宣传，使得受众收看节目时自然会对导师椅投入更多的关注，原本只是一个普通的道具植入，却由于切入点的极不普通而变得格外引人注目，从而加深受众对品牌的识别度。

二是以特定奖品的形式呈现产品，为产品增加情感及文化附加值。以产品赞助的形式较常见于益智游戏类节目，比如早期的《幸运 52》《开心辞典》等节目中均有赞助奖品出现。随着娱乐体验阶段的到来，各类真人秀节目则为这种植入方式提供了更加广阔的操作平台，植入方式更为自然和隐蔽。比如在《幸存者》这类的野外生存类节目中，参赛选手起初面临着艰难的生存环境，他们对日常消费品的渴望成为节目发展的自然逻辑，植入式广告也就有了用武之地，那些能够帮助参赛者摆脱困境的产品逐一出现。而当胜利者得到奖励时，他们便会喝着百威啤酒，吃着 Doritos 薯片，用 Visa 卡在网上买东西。当产品被定义为奖品时，也就在无形中增加了吸引力和魅力值，提升了产品的品牌内涵。

三是情节植入，也即围绕企业产品和服务设计节目环节，从而将营销内容自然融入节目之中。这种方式是植入式广告的高级形式，需要根据品牌所具有的符号意义将品牌植入，使之成为节目主人公个性和内涵的外在表现形式，同时通过节目进程或生活细节，不断演绎品牌原有的意义。这种植入方式非常适用于商业实战类的真人秀节目，国内外皆有不错的示范案例。国外如老牌真人秀节目《学徒》，每一期节目中，参赛者们都需要完成一个商业运作的个案，第一季主要是以该节目制作公司的大老板——美国知名地产商特朗普(Donald Trump)的企业为节目资源；第二季中，世界知名企业均进入节目任务环节，比如宝洁日用品，任务是在 5 万美元的预算下，为“佳洁士”新产品上市做市场宣传，由宝洁公司人员决定胜负，等等。国内代表性节目如江苏卫视 2013 年推出的《赢在中国碧水蓝天间》，参加节目的 12 位明星企业家本身就是极好的品牌代言，他们通过 12 场商业实战赢取公益基金，每一场任务的发布都是围绕这些企业进行：第一期“销售茶饮料”，为汪小菲公司旗下新推出的合润麟私家茶提供宣传方案并实践；第二期为 58 同城举行一次大学生招聘会；第三期围绕乐蜂网设计一次病毒视频营销……通过情节植入，不仅在节目中内嵌了广告，更以娱乐的形式传递了企业价值观，模糊了节目和广告、娱乐与广告之间的界限。

第二节　从类型化到模式化：节目模式的全球流动

一、蓬勃的节目模式贸易

（一）全球模式节目的发展轨迹

作为全球文化创意产业贸易的重要组成部分，节目模式常常由某档优质节目的开发商进行汇总，形成包含“节目制作宝典”“飞行制作人”以及核心装置和道具等打包产品，再由发行商向原创地之外的国家和地区进行授权，生产制作出迎合输出国观众的本土化版本。作为一种跨国流动的文化产品，电视节目模式早在电视诞生之初便已出现，至今已有数十年历史。根据张建珍和彭侃的研究，全球电视节目模式贸易的发展大致可以分为四个阶段：[①]

第一阶段是20世纪40年代晚期至70年代中期，这是国际电视节目模式的萌芽期。在电视业刚刚起步之时，其许多内容都是基于广播节目的模式发展而来的。第一个根据广播节目模式授权改编的跨国电视节目是英国BBC在1947年4月24日现场直播的电视节目《无知是福》(*Ignorance is Bless*)，该节目利用了美国纽约电台《无知的下场》(*It Pays to Be Ignorant*)的模式。[②] 而第一档真正跨国传播的电视节目则是CBS电视网1950年2月2日播出的竞猜节目《我的台词是什么》(*What's My Line?*)。这一阶段的电视节目模式流动主要是从美国流向欧洲、澳大利亚以及拉美部分国家。

第二阶段是20世纪70年代晚期至80年代晚期，这是国际电视节目模

---

① 张建珍，彭侃.电视节目模式国际贸易阿飞发展简史[J].新闻春秋，2013(2)：65-71.

② CHALABY J. At the origin of a global industry: The TV format trade as an Anglo－American invention[J]. Media, Culture & Society, 2012, 34(1): 38.

式的初步发展期。在这一阶段，一些早期的节目模式公司逐步成立并发展起来，成为推动节目模式贸易发展的重要力量。其中最有代表性的即Fremantle Meadia[①]，该公司在1978年取得了当时著名的美国游戏节目制作公司Goodson－Todman旗下所有节目在欧洲和中东地区的代理权。这一时期电视节目模式跨国流动依然主要是从美国输出到欧洲，且以游戏节目为主。

第三阶段是20世纪90年代，这一时期是国际电视节目模式的勃兴期。随着传播技术以及媒介制度的发展变化，电视业对节目内容的需求量大增，需求倒逼生产，于是在节目模式供应端，引领风潮的全球性电视节目运营商Endemol和皮尔森电视(后成为Fremantle Media)、BBC环球等公司相继成立，而输出节目模式的核心则从美国转移到欧洲，包括《情书》《谁想成为百万富翁》《幸存者》等一些取得全球性成功的超级模式节目开始出现。

第四阶段是从2000年至今，进入到国际电视节目模式的繁荣期。主要表现在：首先，参与国际交易的节目模式越来越多，产值越来越高；其次，成功模式的影响范围和流动速度开始加快；再次，参与到节目模式开发和发行的公司数量也急剧增加；最后，国际电视节目模式的类型更加多元化。从节目模式贸易的主体来看，英国仍然是最大输出国，荷兰、德国、意大利、西班牙、日本、阿根廷等国家也以新锐的姿态加入市场竞争。

(二)模式节目的工业化特质

新世纪以来，全球电视节目模式贸易经历了迅猛的发展，从早期的《谁想成为百万富翁》《老大哥》，再到《美国偶像》《达人秀》《好声音》，这些节目模式成为全球瞩目的文化现象。根据节目模式认知与保护协会(Format

---

① Fremantle Media是一家全球性节目公司，也是世界上最大的娱乐节目品牌缔造者之一。旗下的模式节目品牌包括《偶像》(*Idols*)系列、《达人秀》(*Got Talent*)、《X元素》(*The X Factor*)、《墙来了》(*Hole In The Wall*)、《我们约会吧》(*Take Me Out*)等。

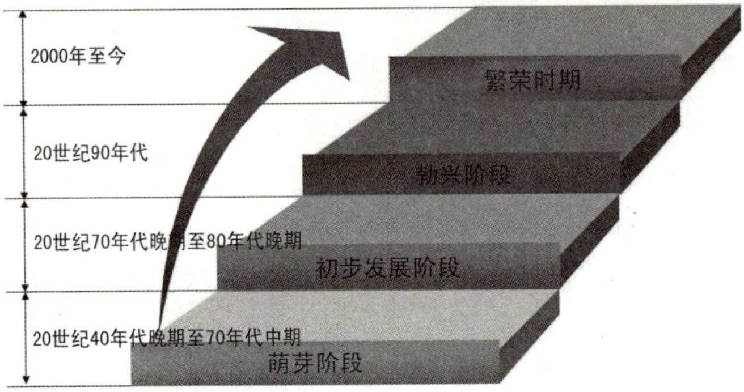

资料来源：根据张建珍、彭侃《电视节目模式国际贸易发展简史》编制

图 4—4　全球电视节目模式贸易的发展历程

Recognition and Protection Association，简称 FRAPA）[①]的统计数据，在被调查的 14 个国家中，2002—2004 年间，总计出口原创节目模式的数量为 259 个，创造产值为 64 亿欧元；而到了 2006—2008 年间，出口节目模式的数量增至 445 个，增幅高达 71.8%，创造产值同样上升至 93 亿欧元，增长了 45.3%。[②] 在模式节目生产最为发达的西欧，已经形成了创意公司创意，提供全面的节目制作宝典，在本国小台试播，取得成功后全球出售的产业模式和产业链，世界电视业进入到模式化生产时代。

作为文化创意产业的重要组成部分，电视节目生产具有与生俱来的文化产业特征，法兰克福学派代表人物阿多诺曾经指出，大众媒介的文化产品生产，本质上就具有“事物本身的标准化”特征。[③] “文化工业是现代发达国家，通过先进的科学技术媒介，对生产出的产品进行传播并复制，在此过程中，创造出一种被物化了的文化。这种文化的实质是虚假被动的，但却被以一种异常聪明的方式来对大众进行娱乐欺骗。这种文化其实已经沦为一种

---

① 节目模式认知与保护协会（FRAPA）成立于 2000 年 4 月，总部设在摩纳哥，是保护电视节目模式的一个重要国际组织。该协会的主要职责是促进电视播出机构、节目制作公司和节目销售公司对节目模式的认可，对节目模式作为知识产权在法律上予以保护。作为独立的非营利组织，协会由来自世界各国的 100 多名会员组成，这些会员主要是节目模式的创立者、制作者、经销商和播出商。

② FRAPA. The FRAPA Report 2009：TV Format to the World[R]. FRAPA：Cologne，2009.

③ 阿多诺. 文化工业在思考[M]. 高丙中，译. 天津：天津社会科学出版社，2000.

被称之为娱乐化的工业体系，它已经意识形态化了。”[①]节目模式的兴起、发展以及被模仿，正是电视作为文化工业的生产属性使然，流行的节目模式具有一定的示范意义和市场引导价值，节目模式的生产与销售已经成为全球电视市场竞争中一个新的经济增长点和盈利领域。因此，综观我国近年来涌现的节目模式热潮，也是全球化和商业化背景下电视业竞争的必然结果。

模式节目的工业化特质主要体现在以下方面：

第一，模式节目具有规范性，也就是说，模式节目从创意到操作需要遵循一系列标准化流程。这种对节目的规范体现在内在的规定性和外在的指向性。内在的规定性主要包括节目的制作理念、核心诉求、结构和规则等；外在的指向性则包括节目的价值取向和精神内涵等。如图 4—5 所示，每一个模式节目都是一个包含了精确测算成分的“配方”，引进模式，就如同投资购置了一个漂亮的包装盒，里面放什么可以自由决定，但外壳包装是既定的，不能改变。通常，版权方会提供多达数百页的节目“制作宝典”，包括顾问、详细的节目制作指南、原创节目、舞美设计、音效、场景图示、该节目的历史收视表现，甚至连邀请函的写法都一一详细说明。同时，还会派出专人进行现场指导，参与节目的制作、执行、营销等各个环节。

第二，模式节目具有本土化特征。模式节目虽然具有高度的规范化，但同样可以根据节目本身的特性和受众的收视习惯合理设置节目版块，安排播出周期，吸引不同地域的受众持续收视。比如，广西卫视引进美国版权节目 *Identity* 推出的身份识别竞猜节目《猜的就是你》，该节目目前已在英国、法国、意大利、巴西等十余个国家和地区播出，并有不同的创新版本。在中国版节目中，去掉了原版节目中向专家求助的环节，强化开场知识的信息量，并将 40 分钟的节目延长至 80 分钟，以契合国内综艺节目的收视习惯。央视综艺频道引进益智游戏节目《开门大吉》后，对节目规则进行了本土化改造，增加了“家庭梦想”元素，更加注重挖掘选手的人生故事，突出情感内涵和选手个性。总的来说，引进版权的节目或多或少都会做出一些本土化

---

① MAX H，THEODOR W A. Dialectic of Enlightenment：Philosophical Fragments［M］. New York：Stanford University Press，2002.

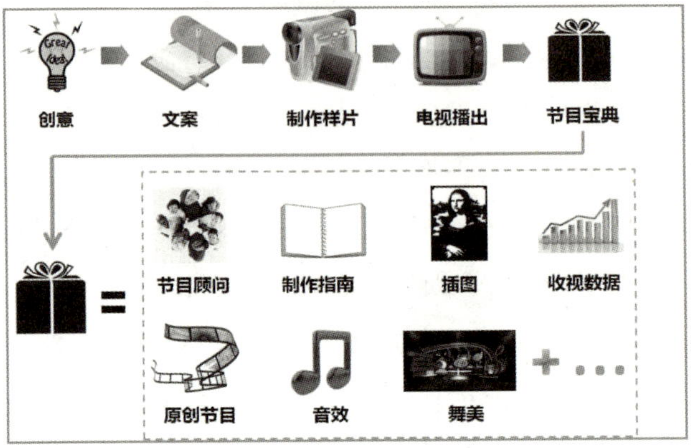

资料来源：本研究自制

图 4—5 模式节目“制作宝典”创作过程

改造，以契合不同文化背景受众的收视需求。

第三，模式节目具有可营销性。模式节目多为拍摄结束后不久即进入平台播放，甚至是边拍摄边播出，营销推广对于节目成败具有重要影响。随着全球节目模式交易市场的日益活跃，包括传媒巨头和独立制作公司等在内的多家机构都争相加入这场竞争，而从生产流程来看，专业模式公司运作的商业化程度更高，市场进一步细分，营销手段也更加灵活。

(三)模式节目发展的助推因素

从全球电视节目模式贸易的主体来看，英国仍然占据着节目模式输出的领先地位，是最大的模式节目供应商，全球大约 45%的节目模式来自英国。2012 年上半年，英国创新节目数量达到 246 个，约占全球总量的 20%，月均新节目量逾 40 个。英国在电视节目创意上的迅猛发展与政策支持和制度倾向密不可分。2003 年，英国议会调整了电视节目所有权的规定，将一度为电视网所拥有的节目知识产权重新交给独立制作公司，为英国的电视节目模式开发者提供发展动力，促使他们在节目研发领域不断开拓。[①] 除了英国之外，荷兰、日本、法国、美国、瑞典等国家的电视节目开发商也开始以更

① ANONYMOUS. Enterainers to the world[J]. The Economist, Nov5, 2011.

加新锐的姿态参与到模式市场竞争中。

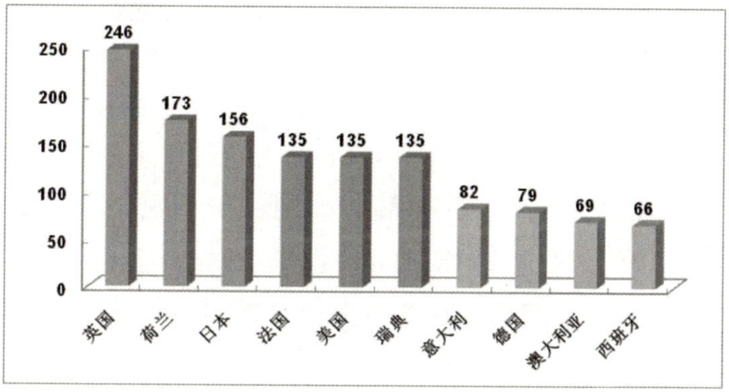

图 4—6 2012 年上半年海外主要国家市场创新节目分布①

从全球电视业竞争来看，模式节目的售卖在某种程度上可以说是跨国媒体集团全球性扩张在节目发展上的直接投射，从成品节目的销售到模式的转向，实际上与传媒巨头从直接扩张到本土化渗透的策略调整如出一辙。从模式节目的全球发展规模就可以看出，这一商业逻辑的确大大提高了媒体产品的应用性和传播效率，加速了媒体的全球化扩张。具体来看，促使模式节目发展的助推因素主要有三点：

其一，媒体竞争环境以及技术进步。随着各种传播技术，如有线电视、卫星电视、互联网以及移动新媒体等的发展，本土节目制作商越来越容易接触到世界各地的节目趋势，而本土电视业日益激烈的竞争也促使他们不断地引入已经在其他国家取得成功的节目模式进行改编再生产。

其二，模式节目已经成为大型传媒集团实行全球化扩张的重要驱动力。包括新闻集团、维亚康姆集团、二十世纪福克斯、NBC 环球、迪士尼旗下的博伟国际、索尼影业以及华纳国际等在内，很多传媒机构投入大量资源，致力于研发新的流行节目模式，谋求建立全球性制作网络。比如，BBC 环球公司于 2007 年成立了“模式工厂”部门，主要负责其国外制作业务。近年来，欧美发达国家的传媒集团、制作公司等通过研发并输出节目模式，进一步增强了

① 郭炜华. 模式节目的国际发展与本土创新[J]. 收视中国，2012(12).

它们在全球电视业竞争中的优势地位。

其三，节目模式售卖所面临的壁垒相对较小，利润更高。不论对于实行何种媒介制度的国家和地区来说，接受海外媒体的节目成品都必然需要一定的审查程序，倘若当地媒体仅是购买一种节目的模式，并未涉及具体内容，那么它所受到的限制就要少很多，如此也大大加快了创新节目的传播速度。另一方面，传媒内容生产必然面临着文化差异问题，售卖模式远比售卖具体节目具有更高的可控性和成功几率。基于此，大量国外传媒机构的全球化战略已经从销售节目向销售节目模式过渡，因为后者可以带来更大的利润。

二、超级模式与娱乐奇观

(一)超级模式引领风向标

所谓“超级模式”，是指那些被售卖到多个国家和地区，并取得普遍成功、引发全球性文化现象的电视节目模式。在 20 世纪 90 年代以前，能够被输出至 10 个国家的节目模式就已经算是大获成功，而如今，售卖至 10 余个国家的节目模式已经司空见惯，火爆的节目甚至可以被输出至多达 30 个以上的国家和地区。遵循电视娱乐节目的发展流变，早期的节目模式贸易也主要集中在一些常规性播出的节目类型上，比如游戏益智类、美食类节目。

最早创造出超级模式奇观的当属英国 Celador 制作公司推出的新型问答节目《谁想成为百万富翁》，该节目于 1998 年 9 月 4 日在英国独立电视台(ITV)首播，游戏规则极为简单，只要连续正确回答出 15 道问题，即可赢得 100 万英镑大奖。节目甫一亮相即取得空前成功，平均市场份额超过 50%，每晚有超过 1900 万观众收看。如此大规模的收视狂潮立刻引发全球各大电视台的注意，在短短一周的时间里节目就收到来自世界各地数十个买家的购买意向；五年时间里，《谁想成为百万富翁》已经在全球 107 个国家和地区播出，成为有史以来最为成功的电视节目模式，在全球掀起一股益智游戏节目热潮。该节目也是第一个被品牌化运营和推广的节目模式。节目制作需要遵循高度统一的生产模式，大到悬念的引入、个性化的竞赛规则、计算机操控下的节目流程，小到场景设计、灯光、背景音乐、问题类型乃至演播室现场座椅的倾斜角度等，都需要严格按照“制作宝典”执行，各地版本只被允许有很少的改动。也正是这种标准化的生产流程，保证了节目稳定的制作水平技术标准和艺术品质，并逐步构建起节目的全球性品牌。因此，《谁想成为百万富翁》在全球的成功绝非偶然，它是欧美经济发达国家电视产业体系下，电视产品达到高度专业化和工业化的集中体现。

在《谁想成为百万富翁》之后，《幸存者》和《老大哥》的出现则在开启了娱乐节目真人秀时代的同时，宣告了娱乐大制作的到来。《幸存者》由英国电视制作公司 Planet 24 在 1995 年创作研发，其核心创意是“荒岛生存”。最初营销并不顺利，直至 1997 年，瑞典电视台播出的本土版本《鲁滨逊探险》取得成功后，该节目模式开始在挪威、丹麦、德国等欧洲国家流行开来。1998 年，美国制片人马克·巴涅特(Mark Burnett)购买了《幸存者》的美国版权，在先后被 NBC、ABC 和 UPN 拒绝后，最终被 CBS 看中，很快投入巨资，工作人员多达上百名的野外生存真人秀节目在全美掀起收视狂潮。到 2009 年，全世界已经制作有 43 个版本的《幸存者》，在 73 个国家和地区播出。1999 年，由 Endemol 制作公司研发的《老大哥》节目首次在荷兰播出，尽管节目遭受激烈的批评，被指责为剥夺人性和窥私狂，但收视率却居高不下，并被迅速输出到其他国家；最成功的自然是美国版本，到 2016 年，美版《老大哥》已经播出了 18 季，全球也有超过 40 个国家和地区推出过本土版本。

2000 年以后，选秀节目开始成为超级模式诞生的襁褓。2001 年，英国独立电视台首播才艺选秀节目《流行偶像》(*Pop Idol*)，随后该节目被美国 Fox 电视网以 7000 多万美元买下版权并加以适当改编，推出《美国偶像》，后者成为 Fox 春季档的收视利器，更被誉为“美国真人秀之王”。目前，全球已有 40 多个国家引进其版权，并以《美国偶像》为蓝本推出本土化真人秀节目，这些复制的节目均成为当地电视节目的王牌。除了偶像模式之外，《X 元素》《达人秀》《与星共舞》《好声音》等节目模式一经出现，便被迅速移植到全球各地，在创造巨额利润的同时，也造就了一波又一波的文化奇观。

(二)拿来主义成为必杀技

我国借鉴海外电视节目模式的历程，最早可追溯到20世纪90年代中期。彼时的中国电视业刚刚拉开产业化改革大幕，部分电视台开始通过观摩学习海外电视节目录像带来“依葫芦画瓢”，往往只学得皮毛，而未识得其中精髓。进入新世纪后，以央视、湖南卫视等为代表的电视台开始率先从海外引进节目模式，相继推出《幸运52》《赢在中国》《舞动奇迹》等节目。但在这个时期，国内电视台真正买入版权的节目仅是凤毛麟角，包括《超级女声》在内的大部分节目都是“未经授权”的模仿之作，真正脱颖而出的节目只是少数，且抄袭、跟风现象严重。2010年，上海东方卫视通过版权代理公司IPCN国际传媒引入英国模式节目*Britain's Got Talent*，推出《中国达人秀》，它不但严格落实国际节目版权方的开发模式，而且还是中国电视制作团队首次按照西方节目生产的标准体系来运作，开启了国内节目模式版权合作之序幕。

《中国达人秀》的成功让国内电视台认识到，节目创意虽容易模仿，但模式中所包含的标准化制作流程、方法、细节等直接影响节目品质的元素，却不是通过简单复制可以学到的。由此，2010年成为国内电视业模式节目的启蒙之年。2011年，国内卫视频道共播出引进模式节目19档；2012年，以《中国好声音》为代表，模式节目再次创造收视奇迹，并引发空前的模式热潮。如表4－2所示，2013年，国内卫视频道引进的模式节目多达近40档，类型涵盖歌唱选秀、才艺选拔、游戏益智、亲子旅行等各个类型，几乎当下国际最流行的节目模式都可以在国内找到。引进国际成熟的节目模式已然成为电视台收视竞争最重要的利器，从模仿到引进模式的转变，也在一定程度上迫使中国电视从作坊式生产走向工业化流水线。

表 4—2 2013 年国内引进模式节目一览表

播出平台	节目名称	国外模式	原创国家	节目类型
CCTV—1 综合	舞出我人生	Dancing With the Stars	美国	舞蹈选秀类
	为你而战	You Deserve It		公益益智类
	谢天谢地你来啦	Thank God You're Here	澳大利亚	情景表演类
CCTV—3 综艺	开门大吉	SuperStar DingDong	爱尔兰	游戏益智类
湖南卫视	我是歌手	I am a Singer	韩国	明星歌唱类
	中国最强音	X Factor	美国	歌唱选秀类
	爸爸去哪儿	爸爸！我们去哪儿？	韩国	亲子旅行类
	百变大咖秀	Your Face Sounds Familiar	西班牙	明星模仿类
江苏卫视	星跳水立方	Stars in Danger：High Diving	德国	明星跳水类
	芝麻开门	Raid the Cage		游戏益智类
浙江卫视	中国星跳跃	Celebrity Splash	荷兰	明星跳水类
	中国梦想秀	Tonight's the Night	英国	才艺选秀类
	中国好声音	The Voice	荷兰	歌唱选秀类
	王牌碟中谍	Pokerface	英国	益智答题类
东方卫视	舞林争霸	So You Think You Can Dance	美国	舞蹈选秀类
	梦立方	The Cube	英国	游戏闯关类
	顶级厨师	Master Chef	英国	厨艺比拼类
	妈妈咪呀	Super Diva	韩国	歌唱选秀类
	中国达人秀	Britain's Got Talent	英国	才艺选秀类
	中国梦之声	American Idol	美国	歌唱选秀类
北京卫视	最美和声	Duets	美国	歌唱选秀类
安徽卫视	我为歌狂	Mad for Music	荷兰	明星歌唱类
	势不可挡	Don't Stop Me Now	英国	才艺选秀类
天津卫视	天下无双	Copycat Singers	英国	歌唱模仿类
深圳卫视	男左女右	Battle of the Sex	荷兰	游戏益智类
山东卫视	中国星力量	Kpop Star	韩国	歌唱选秀类
湖北卫视	我的中国星	Superstar K	韩国	歌唱选秀类
	谁是我家人	Who is my Family	荷兰	游戏益智类
河北卫视	谁是高手	Odd One In	英国	游戏竞猜类

续表

播出平台	节目名称	国外模式	原创国家	节目类型
广西卫视	一生所爱・大地飞歌	True Talent	瑞典	歌唱选秀类
	猜的就是你	Identity	意大利	益智答题类

资料来源：本研究自制

国内电视业在模式节目上的这一转向，一方面是因为当下模式节目贸易已经发展成为一项成熟的全球性产业，国际电视商开始积极开展跨国营销，并加强了版权保护力度，中国市场自然也不例外，且国内也出现了多家代理节目模式版权的专业化公司，比如英国 BBC 环球在中国的电视模式代理与制作机构——世熙传媒（BBCW）、同时代理多家海外节目版权的 IPCN 国际传媒、创意亚洲，这些新兴模式代理商与 Endemol、Fremantle Media 等国际知名节目制作公司一道，极大地促进了模式节目在国内的落地生根；另一方面，面对激烈的媒体竞争环境，国内电视台纷纷加大了节目创新力度，大部分电视台都成立了专门的节目研发部门，成熟的海外节目模式成为争相效法的对象。

（三）模式引进背后的隐忧

应该看到，引进海外先进的节目制作理念和制作方式，的确为中国电视行业带来新的启示和活力。通过引进成熟的节目模式，打造本土化电视节目，可以在短期内迅速提升频道的影响力和竞争力，缩小国内电视媒体与西方传媒在传播理念、制作水准、经营观念、营销手段以及管理方式等方面的差距，给国内电视业发展带来巨大利好效应。但是，所谓“学我者生，似我者死”，在“拿来”先进的模式之后，二度创作的能力才是真正考验制作平台、决定节目质量的关键。从这个角度来看，“拿来主义”的节目也是分为上中下等的：失败者，或是照猫画虎或是一味照搬，自然会出现“水土不服”的症状，观众不买账，如此的失败案例在近几年的电视荧屏上比比皆是；做得相对较好的，则是从创意、模式到每个制作细节都严格按照原版的标准和要求进行，翻版得有模有样，如《中国达人秀》《中国好声音》；而最为成功的则是，在经过最初的借鉴和学习之后，经过一段时间的调整和探索，渐渐形成更具本土特色，甚至是青出于蓝而胜于蓝，实现反向输出国外，还被国外拿去模仿运用，实现所谓的逆袭，代表者如《非诚勿扰》。《非诚勿扰》节目开播之时也经历了版权纠纷，但值得肯定的是，这档在国内外普遍流行的相亲节目，经过江苏卫视三年的打磨改造，已经凸显出自身的特色，“心动女生”“三选一”“点评嘉宾”等环节都是本土化改造的成果，尤其是主持人孟非与点评嘉宾乐嘉、黄菡这一“铁三角”对情感婚姻、社会文化等问题的解读，都已经成为节目的核心竞争力。节目创新环节“心动女生”如今被许多国外相亲节目借鉴，节目版权也输出非洲，可谓是成功实现逆袭。

毋庸置疑的是，国内电视台引进优秀海外节目模式的做法还将继续，但大浪淘沙，最终得以脱颖而出的毕竟只是少数，当下这股“拿来主义”之风背后也藏有诸多隐忧。成熟的电视节目模式虽然提供了完整的节目框架和产制流程，具有很强的可操作性，但并不是每一个平台都有实力、有资金去运作这样的节目，一旦失败，可能会对电视台和制作公司造成较大的损失。况且，并不是所有的节目模式都可以进行本土化嫁接，暂且不谈有多少制作方能够真正做到本土化改造，单是对原版模式的执行，也常常出现“画虎不成反类犬”的问题。而目前国内电视台在引进海外模式时，尚缺乏科学的评估体系和生产机制，盲目跟风现象严重，节目的成功几率自然大打折扣。

再者，从文化软实力的角度来看，对海外节目模式的过分依赖不仅可能削弱原创能力，对于文化安全也是一种挑战。表面看来，电视节目模式贩卖的是一种“框架”，最终需要经过本土化内容填充来呈现完整节目，“模式并无携带明确的文化肌体，模式提供的是一个空心节目，具体的人物、故事、交流、互动都有待于不同的文化去充盈，关于民族认同的不同理解也有待在进口程式本文的背景下反映并重新定义”①。但是，作为一种文化产品，节目模式必定是根植于其原创地文化，不可避免地携带一定的文化基因，而正因为经过引进国本土化的演绎，模式节目的意识形态传播才愈加隐蔽。比如风靡全球的《老大哥》，无论在其他国家如何改造，其核心卖点都是“窥视”。2002 年，湖南经视推出该模式的中国版《完美假期》，便在国内遭遇水土不

① 殷乐.电视模式的全球流通：麦当劳化的商业逻辑与文化策略[J].现代传播，2005(4)：84-87.

服，仅制作一季即被叫停。显然，模式节目并不是一个空壳，其内在的文化基因有可能给弱势地区在社会观念、文化信仰、生活方式等方面带来一定的影响。

第三节 从附属品到新增长点：娱乐富矿无所不在

一、媒介娱乐主义与娱乐专业主义

（一）媒介娱乐主义：躁动下的传媒生态

在《娱乐至死》一书中，美国媒介文化研究学者波兹曼描绘了一幅“娱乐业时代”到来的全景图。他认为，美国的思想文化界经历过一个从“阐释年代”到“娱乐业时代”的转变过程。所谓“阐释年代”，指的是印刷机统治美国人思想的年代，在那个年代里，阅读活动蔚然成风，“殖民地美洲没出现文化贵族，阅读从来没有被视为上等人的活动，印刷品广泛传播在各类人群之中，从而形成了一种没有阶级之分的、生机勃勃的阅读文化”①。与此同时，演讲文化也深入人心，由于演讲厅的普及以及人们经常聆听当时一流的知识分子、作家、幽默家等所做的演讲，使得美国人逐渐养成了一种喜欢思考的习惯。这意味着，在印刷时代的“阐释”不仅是“一种思想的模式，一种学习的方法，一种表达的途径”②，而且它还建构了一种深度文化模式。

然而，随着电子文化的到来，阐释年代宣告结束，美国社会进入娱乐业时代。这个时代从电报问世后被用于新闻报道便初露端倪，及至电视出现后开始走向极致。“电视把娱乐本身变成了表现一切经历的形式，所有的内容都以娱乐的方式表现出来”，换言之，“娱乐是电视上所有话语的超意识形

---

① 波兹曼. 娱乐至死[M]. 章艳，译. 桂林：广西师范大学出版社，2009：32.

② 波兹曼. 娱乐至死[M]. 章艳，译. 桂林：广西师范大学出版社，2009：38.

态”。[①] 如此一来，娱乐业和非娱乐业的分界线变得模糊，文化话语的性质也发生改变，人们长期浸淫在娱乐的环境中，习惯了感官享受、看过即忘、心不在焉，遗忘了思考、理性、责任甚至起码的同情心。显然，这与媒介娱乐主义的盛行有着密不可分的关系。所谓“媒介娱乐主义”，即事先假定媒介是提供人消遣的和享受的，原来的政治意识形态于是被替换成了娱乐意识形态。基于这一理论假定，媒介所传递的信息便可以统统做成娱乐产品，其制作秘方是让信息充分故事化、悬念化、性感化、情色化、欲望化、奇观化。[②]

中国传媒业自20世纪90年代中期正式开启产业化改革以来，市场经济推动下的媒介娱乐化现象就已经成为重要的文化景观之一。与严肃刻板的说教文化相比，娱乐文化呈现出更加明快的色调，它以轻松愉悦的姿态为人们提供消费快感。具体到中国的媒介图景中，这种媒介娱乐主义的进程中实则暗含了两条时有交错的路径：一是娱乐性内容总量上升，一是娱乐化思维向某些非娱乐领域渗透。[③] 前者主要表现在大众传媒中娱乐性的节目所占的比重越来越大；后者则表现为诸如新闻、政治、文化等这些本该严肃的内容也走上娱乐化的道路。诸如，凤凰卫视曾经提出“资讯使人忧虑，何不娱乐处之”，成为电视新闻娱乐化的旗帜；在收视率和末位淘汰机制的压力下，《百家讲坛》等学术类节目也不得不嫁接娱乐……媒介娱乐主义背后的深层逻辑无疑是商业利益，在娱乐奇观文化中，商业与娱乐结合，产生了所谓“娱乐经济”的繁荣。“娱乐经济”(Recreation Economy)这一概念最早由米切尔・J. 沃尔夫(Michael J. Wolf)在1999年提出，他指出，人类即将进入娱乐经济时代，娱乐因素将成为产品与服务竞争的关键，消费者不管购买什么，都在其中寻求“娱乐”的成分。“快乐，通常以娱乐内容为形式(或者至少其内容与娱乐方式相关的)，是当代消费者广泛存在的文化价值。”[④]然而，在凯尔纳・道格拉斯(Kellner Douglas)看来，“沃尔夫对‘娱乐经济’不加批判

① 波兹曼. 娱乐至死[M]. 章艳，译. 桂林：广西师范大学出版社，2009：76-77.

② 赵勇. 大众媒介与文化变迁——中国当代媒介文化的散点透视[M]. 北京：北京大学出版社，2010：240.

③ 蔡骐，蔡雯. 娱乐化浪潮中的媒介文化——文化研究与传播政治经济学的解读[J]. 湖南大众传媒职业技术学院学报，2007(1)：5-10.

④ 沃尔夫. 娱乐经济——传媒力量优化生活[M]. 黄光伟，邓盛华，译. 北京：光明日报出版社，2001.

地大唱赞歌，这表明他本人就是他所赞美的那些跨国集团和商业巨头们的'托儿'。毫无疑问，娱乐是当今信息娱乐经济最重要的组成部分，但沃尔夫反复强调娱乐对经济增长的助推作用，这显然是夸大其辞。另一方面，他也低估了娱乐经济的负面作用，例如日益增长的消费者债务，信息娱乐业股票市场的起伏不定导致全球经济的波动等"①。从这层意义上来看，媒介娱乐主义实际上是媒介商业主义的委婉表达，它在制造万众同欢的媒体奇观的同时，也为传媒业带来了巨大的经济利益。

（二）娱乐专业主义：喧哗中的新生力量

新闻专业主义——作为一种新闻从业理念、实践，近年来已经为中国传媒业界所熟悉和接纳。但在当下的媒介市场中，特别是电视行业，娱乐节目的生产、传播同样也在朝着专业性方向深入发展，社会影响广泛而深远。在这样的背景下，《中国好声音》制作团队根据新闻专业主义生发开来，结合国内电视娱乐节目生产实务而提出"娱乐专业主义"概念，并总结其主要内涵包括节目模式、制作团队、生产机制、市场博弈和产业开发五个层面。② 胡瑞庭针对近年来浙江卫视开展娱乐节目创新创优的探索实践，进一步对这一概念进行细化，他指出，"'娱乐专业主义'并非一种娱乐至上、娱乐至死或者泛娱乐的主张，主要是指以高品质的内容为立身之本，创建优质要素组合以至规范化工业化生产机制，以形成强大的制作能力、融合新媒体的多媒体平台构建与营运、与之相适应的创作制作等团队建设和适应市场博弈的品牌塑造与营销等；'娱乐专业主义'精神在注重现代媒介产业功能开掘的今天，当然也还应包括衍生产品、延伸产业的开发与运营"③。作为电视娱乐领域里由实践萌发的职业理念体系，娱乐专业主义正在逐步形成和完善，并在娱乐节目生产中得以体现，即不仅追求最基本的娱乐功能，还包括公共服务、社会影响、引领创新等更为深层次的内涵。

综观当下电视娱乐节目的生产，虽有大量模仿抄袭，乃至庸俗、低俗之

---

① 凯尔纳．媒体奇观——当代美国社会文化透视［M］．史安斌，译．北京：清华大学出版社，2003：4．

② 徐帆．娱乐专业主义：基于《中国好声音》的解读［J］．南方电视学刊，2012(5)：15-18．

③ 胡瑞庭．浙江卫视综艺节目创新创优实践的理论价值与意义［J］．现代传播，2013(2)：10-14．

作屡见不鲜，以至于“娱乐至死”“媒介全面娱乐化”的疾呼不绝于耳，但我们同样应该看到的是，越来越多凸显专业性、传递正能量的娱乐佳作不断涌现，这种带有强烈专业主义色彩的娱乐节目生产，既发掘出一座座娱乐富矿，也在一定程度上拓展和深化了电视娱乐节目的性质、功能以及社会价值，获得了主流文化和电视受众的共同认可。

在当前娱乐节目越来越同质化的时代，《中国好声音》《我是歌手》《爸爸去哪儿》《奔跑吧兄弟》等节目在各自的类型领域中，以独特的创意、精良的制作以及成功的营销推广创下全民追捧的奇观，成为一段时期内娱乐节目风潮的引领者。在节目制作上，这些节目无论是现场硬件还是后期的素材剪辑，都比以往更加精细。以《我是歌手》为例，这档主打实力牌和怀旧牌的明星真人秀节目，一反草根选秀的操作手法，将成名歌手重新推至舞台竞演，节目倡导的真唱、真感情、好声音的音乐态度，令无数观众为之叫好。比如，节目邀请到香港乐团浮世绘的灵魂人物梁翘柏担任音乐总监，从现场乐队到音响设备都是顶尖水准。在拍摄上，采用纪实性拍摄手法，真实记录台前幕后的点滴细节，总共动用了 38 台摄像机进行全景式拍摄，用来捕捉歌手、观众细微的表情和神态，覆盖了后台、舞台、观众席；每期节目素材多达 300 个小时，节目时长仅为 90 分钟，剪辑比高达200∶1。不仅如此，这档节目还体现出对音乐创作者的最大尊重，以往鲜有镜头的幕后工作者也都被一一致谢，字幕上除了演唱歌手、词曲作者、编曲者的名字之外，还出现了现场伴奏乐手、幕后工作者的名字。正是这些微小的细节处理，充分体现出节目的专业水准及其对音乐的尊重。

在社会影响上，《我是歌手》《中国好声音》重新唤起大众对音乐本质的期待和认可；而《爸爸去哪儿》则让受众看到新一代亲子关系所面临的问题和矛盾，意识到孩子成长过程中父亲角色的重要性，深刻反思中国式家庭教育的不足之处。做到如此“娱”与“寓”的完美结合，或许才是这些“现象级”节目带给中国电视业的最大财富。可以说，近些年来涌现出的这些能够称得上是“现象级”的娱乐节目，无一不是娱乐专业主义的荧屏呈现，但这仅仅还是起点，这一期许要想成为中国电视娱乐行业普遍接受和践行的职业理念，依然有漫长的路要走。

二、娱乐作为媒介产业的动力机制

随着数字新媒体时代的到来，传统娱乐业也衍生出许多不同形态的媒介娱乐，由此也进一步带动了对广播影视、新媒介等娱乐产品进行产制营销的媒介娱乐产业的发展。在宏观层面，作为文化产业重要组成部分的媒介娱乐产业得到来自政策方面的极大支持，国务院在继 2009 年 7 月发布《文化产业振兴规划》之后，于 2010 年 10 月第十七届五中全会再次具体针对文化行业发布重要指示，要求推动文化产业成为国民经济支柱性产业。2011 年 10 月第十七届六中全会审议通过《关于深化文化体制改革推动社会主义文化大发展大繁荣若干重大问题的决定》，媒介娱乐产业迎来发展的春天。相较于传统媒体时代，由节目生产商、代理商以及播出方构成的节目市场三角，新媒体时代的娱乐节目产业链中的运营环节发生了重要变化，最根本的是在“制播分离”之后，“制”“播”主体地位的平等化，既为节目制作环节在产业链上的平等发展奠定了基础，也为娱乐产品价值的实现提供了多元选择途径。

（一）产制主体多元化

节目产制主体是媒介娱乐产业链条发展中的起点。长期以来，我国的各级电视台是一个功能复杂的集合体，从电视产业的角度来说，同时承担着节目内容制作、播出和广告经营三项重任，在产业的发展上重规模轻效率，进而形成在产业中的垄断结构。这种自产自销、前店后坊式的产业运营方式，虽然是“皇帝的女儿不愁嫁”，确保了电视台自办节目的播出，但从长远来看，却损伤了电视台节目制作的危机意识，同时挤压了体制外其他节目制作机构的发展空间。随着频道的不断扩容以及各类同质、异质媒体竞争的加剧，电视台内容生产的压力越来越大，制播分离就成为促进节目制作主体多元化、提升内容生产创造力的选择路径。

从发达国家的经验来看，节目产制主体的多元化是促进娱乐节目产业发展的重要因素之一。最早开启制播分离实践的英国，1982 年开始建立委托制片制度。1990 年颁布的英国《广播电视法案》明确规定，英国传统的广播电视必须有 25%的节目播出独立制片人的作品。2003 年出台的《通信法》进一步对独立制作节目、原创节目、新闻和时事节目的播出时长和比例等作出规定，不断完善制播体制改革的内涵，推动制播双方朝着市场化、规模化方向发展。美国的"制播分离"制度，强调内容监管，指除新闻节目外，其他节目大多由电视网、电视台购买或委托制作，而在其中发挥支撑性作用的就是辛迪加节目市场。日本电视产业的制播分离始于 20 世纪 70 年代，私营电视台 85%的节目都来自于社会制作公司，NHK 也成立了多个电视制作公司，在日本已经没有完全制播合一的电视台。韩国的制播分离于 20 世纪 90 年代初启幕，主要是以节目配额制和基金贷款扶持独立制作公司为特色。

具体到我国，由于娱乐节目的弱意识形态性，使得其成为电视节目产制突破的试验田。当前国内娱乐节目产制主体主要有两类：电视台和民营制作公司。电视台一直以来都在内容生产中占据核心地位，近年来，包括中央电视台、上海东方传媒（SMG）、湖南广电、浙江广电等在内的传统体制内广电集团在娱乐节目产业发展上均有长足进步。中央电视台拥有地方广电无法比拟的资源优势、覆盖优势以及品牌优势，近几年积极开启年轻化转型，在打造综艺节目富矿方面开辟出一条新路。上海东方传媒成立之初便确定了打造一个"媒体与娱乐集团"的总体战略思路——致力于内容产品开发、生产、播出、发行，以及多种娱乐产业运营的产业机构。为此，SMG 积极整合娱乐资源，高举海派娱乐文化的鲜明旗帜，以其主流、时尚和亮丽的风格，为中国电视娱乐风尚写下新的注解。湖南广电集团以卫星频道为依托，在 2004 年就正式确定打造"中国最具活力的电视娱乐品牌"的目标，秉持"快乐中国"的核心理念，目前在国内娱乐节目研发、产业发展上居领先地位。浙江广电可谓是近几年的综艺新贵，提出"用精英的实力创造大众的文化"的主张，同时举全集团之力打造浙江卫视娱乐节目品牌高地，成就了"中国蓝"的频道转型。

作为娱乐产业市场上占据绝对优势的主体，各级广电集团在市场化转型的过程中也不断做出诸多有益探索，娱乐业务的自我社会化剥离就是其中之一。比如，由湖南电视台娱乐频道全资控股的天娱传媒有限公司，如今已经形成囊括产品、渠道、品牌的全方位产业体系，成功打造出“超级女声”“快乐男声”等强势娱乐品牌，并已成长为华语娱乐圈最重要的文化娱乐品牌之一。SMG 的全资子公司上海东方娱乐传媒集团有限公司亦是如此，该公司拥有新娱乐传媒、星尚传媒、SMG 尚世影业、上腾娱乐、东方之星等多个运营部门及下属公司，整合了集团旗下的所有电视娱乐资源，构建集纳各项娱乐衍生业务于一体的娱乐产业平台。除了省级广电集团之外，一些娱乐产业较为发达的地市级广电也有所突破，典型代表如长沙广播电视集团控股的天择传媒，其主营业务为电视、互联网和移动互联网等视频内容的制作、发行与营销，以及电视剧版权运营，出品的《私人定制》《超级女兵》《烈火雄心》《星星的礼物》等节目均有一定知名度，公司于 2017 年 8 月 11 日在上海证券交易所上市，成为国内首家国有控股的节目制作类上市公司，为“文化湘军”再添注脚。

在广电集团/电视台及其控股的节目制作公司之外，民营制作公司正在成为我国娱乐产业发展的中坚力量。除了光线传媒、派格太合、银汉传播、唐龙国际等这些已经摸爬滚打多年、在娱乐内容产制领域拥有较高知名度的民营企业之外，近年来较为活跃的新生力量，如世熙传媒、唯众传媒、东方风行、能量传播等也迅速崛起，优质的节目内容、先进的管理理念，再加上灵活的经营制度，使得这些颇具规模的民营制作公司在与电视台谈判时掌握越来越多的主动权。综观上述有一定实力的民营制作公司，它们有一个共同点就是比较明确对节目产制的差异化定位，不追求全面，专注于精深，以特色取胜。比如，光线传媒主要以娱乐资讯节目为中心辐射至大型真人秀；唯众传媒善于制作财经、文化类访谈节目；东方风行定位于女性和美妆类节目；世熙传媒则在国外节目模式引进上拥有独特优势。随着《中国好声音》开创的创新性制播分离模式，也即“对赌协议”所带来的深远影响，体制外民营制作机构将迎来更为广阔的发展空间。

（二）日臻完善的节目交易市场

电视节目市场是“参与电视节目交换的实际场所和节目交换过程中涉及的所有买卖各方的有机整体。这种以电视节目为纽带，以交换和交易为目的的资源整合，在结构、行为和绩效三个方面体现其整体的成熟度”。[①] 传统的电视节目交易为“以产定销”模式，即节目制作方，包括电视台和制作公司在制作完成节目后，拿到节目市场上交易，这种“生产决定消费”的交易方式缺乏市场需求的调查和反馈，经常出现供需错位的情况，不利于资源的优化配置。合理的节目交易体系是多元化的，从世界电视节目产业发展来看，节目生产正在从传统的“以产定销”向“以销定产”转变，即根据多方用户——播出机构、受众、广告客户等的需求，设计制作节目，提高节目生产的针对性，避免资源浪费。比如现在许多电视台已经建立起相对完善的节目创意研发机制，每年都会依据自身的播出需求向电视台内部以及社会制作机构公开征集节目创意，如果获得通过再以扶持资金的方式投入生产。

具体到节目交易市场来说，1986 年开办的上海电视节是我国较早的节目交易市场，在第一届上海电视节为期一周的时间里，来自 16 个国家、18 个城市的 23 家电视台、制作公司以及国内电视台主要通过“以物易物”的方式进行节目交易，虽然当时此项活动仅是初创期的一种尝试，但却对今后节目市场开展国际交流合作，起到引领和推动作用。发展到今天，我国已经设有中国国际广播影视博览会、北京国际电视周、上海电视节、四川电视节、西部节目交易会等一些定期举办的大型国际影视交易活动。2002 年，中国广播电影电视节目交易中心在北京挂牌成立，成为我国广播影视节目固定的节目交易市场。2013 年 11 月举办的第 12 届四川电视节还首次设立了“首届中国电视节目模式大赛”，成为海内外节目模式交流的平台，不仅为金奖作品提供 100 万元的样片启动资金，而且由专业模式代理公司进行版权合作代理，促进了节目创意向生产力的转化。

尽管节目交易市场日臻完善，但是不可否认的是，与欧美等国家相比，我国的节目交易市场建设仍然存在一定差距。从各类展会达成的交易来看，电视剧占据绝对比重，而娱乐、生活、科教等其他节目类型的交易额占比较小。另一方面，节目交易会通常只是电视节、广博会所有活动中的一个环

---

① 罗青. 市场经济环境下中国电视节目市场的建构[M]//新闻与传播评论(2004 卷)[M]. 武汉：武汉出版社，2005：175-183.

节，展会参加者更多的是将其作为一个交流窗口，真正在会上达成意向的并不多；许多公司设立展台的主要目的不在于交易，而是出于品牌展示和维护，以及建立与行业内人士关系的需要。本次调查的深访中，一位电视剧采购人员就表示："现在电视剧供大于求，电视台占据主动，不会有人只看一眼片花就敢拍板买剧了，即便是在展会上真的有交易，也都是在私下详谈、看过成片之后，而且也只是达成个意向。真的确定要购买，还会有很多复杂的手续，所以现在节目展销会其实就是为了宣传和结交朋友而已。"

(三)娱乐产业链开发

产业链是产业经济学中的一个重要概念，是各个产业部门之间基于一定关系的技术经济关联。一般而言，产业链分为接通产业链和延伸产业链。前者是指将一定地域空间范围内断续的产业部门借助某种合作形式串联起来；后者则是将一条业已存在的产业链尽可能向上下游拓展。通常谈到的娱乐产业链开发即是指的后一种——延伸产业链。媒介娱乐产业的发展不仅在于制作播出受观众欢迎的娱乐节目，还在于精心拓展产业链条，最大限度地向下游延展，在后产品市场上获取更多经济效益。换言之，电视娱乐节目研发只是媒介娱乐产业的起点，一档成功的娱乐节目之后是音像制品、电影、唱片、图书、玩具、服装、纪念品、游戏、主题公园等一系列衍生产品，与出版、音像、音乐、旅游、餐饮、服装等各行各业相贯通。完善的开发利用不仅可以提升娱乐节目自身的品牌价值，延长节目的生命周期，还可以有效带动周边产业发展。

开发品牌娱乐节目产业链是各国媒介娱乐产业发展的基本路径。以《美国偶像》为例，该节目的运营公司——19 娱乐公司(19 Entertainment)通过成熟的策划推广，在实现节目版权费、高收视奖金、赞助及植入式广告等第一次销售收入的基础上，进一步向唱片发行、演唱会、影视演出、纪念品发售、商品授权、无线增值等更加广阔的娱乐领域延伸，实现品牌的增值、溢价。由于"美偶"品牌的成功运作，19 娱乐公司收入持续增长，2006 年达到 1.5 亿美元，全球与该节目相关的产品收入则超过 10 亿美元。

随着中国电视行业竞争的加剧，越来越多的电视媒体开始产业链条构

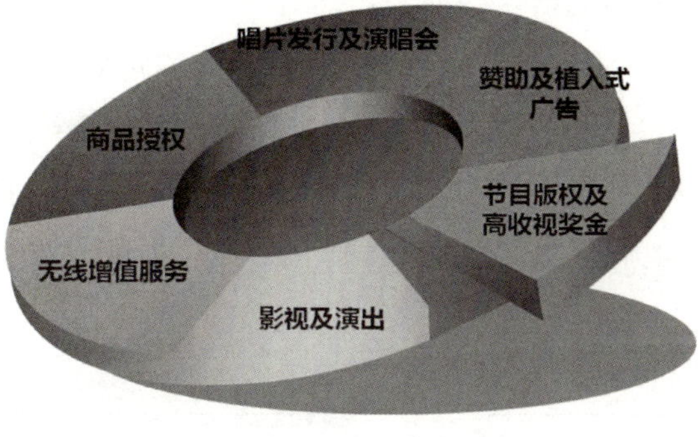

资料来源：本研究自制

图 4—7　《美国偶像》产业链开发

建的探索，特别是一些走在市场化前端的强势省级广电集团，更是在明晰的产业链意识指导下，进行多种开创性的实践。比如，湖南广电自《超级女声》开始，就着手布局联动范围更广的产业群落。这些“快男快女”在选秀节目中脱颖而出，成为湖南广电的签约艺人，反过来，湖南卫视又将这些选手作为自制剧、自家综艺节目的“常客”，推进获奖选手的市场价值与娱乐节目市场影响力之间的良性互动，可以说是国内电视媒体在打造产业链方面的较早尝试。就单项产品而言，《中国好声音》《爸爸去哪儿》《奔跑吧兄弟》等现象级节目无一不是媒介娱乐产业链运营的典型范本。

以《中国好声音》为例，其产业链是一个涵盖内容、渠道、模式的完整战略，“好声音”节目本身只是音乐全产业链的“发动机”。在节目成功以后，灿星制作开始向音乐后端发展，涉及商业演出、唱片发行、艺人经纪、数字音乐、现场音乐等，通过在这些领域的精耕细作，“好声音”品牌有了多边性的展示平台，签约了一大批具有成长潜力的年轻歌手，有了举办大型演唱会的经验和资源，获得了庞大的媒体群的互动和持续关注，拓宽了节目多样化的分销渠道……除了音乐领域外，由“好声音”学员参与拍摄的电影、电视剧先后启动，一个庞大的造星构想正在逐步实现。除了纵向延伸外，在横向合作上，“好声音”巨大的娱乐品牌价值也让它成为各行各业争相捆绑的对象，“好声音”致力于成为一个全品类衍生产品。比如，建设银行发行“好声音”信用卡，六名学员成为封面；李连杰的壹基金与“好声音”合作启动公益项目——音乐教室；中国电信与“好声音”合作推出百城百场演唱会；联想合作开发“好声音”音乐手机，等等。在这些产业合作的背后，持续互动的利益分成机制成为助燃剂。从图4—8可以看出，围绕《中国好声音》，灿星制作、浙江卫视、导师以及学员之间形成一张错综交织的分成网络，正是这种息息相关的利益激励机制，从根本上保证了各方对节目的投入、受益，从而形成良性互动。

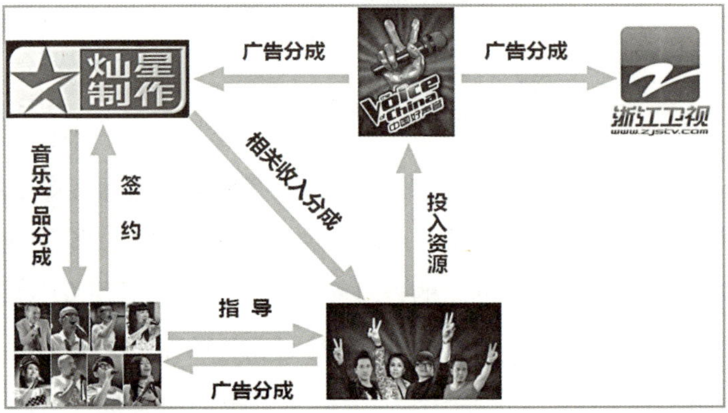

资料来源：本研究自制

图4—8 《中国好声音》分成机制示意图

第五章

视听/商业奇观双重范式下的受众解读

中国电视娱乐节目的发展变迁及当下的奇观化传播，根植于数十年来中国的社会变迁，是受众在新环境中对于娱乐需求的集中反映。在娱乐奇观的生产过程中，节目的产制者、广告商制造了一个充满影像和符号的景观世界，受众在媒介建构起来的意象中完成对意象的消费，在媒介所提供的娱乐文本中获取快感和信息。与此同时，受众的角色也在不断发生改变：从被动的受教育者到单向的欣赏者，再到参与表现者甚至评判决定者。当代批评理论认为，“我们借助表现系统体验世界，而这种表现系统，即使从最低限度看，也会影响我们对世界的认知”①。因此，受众的主体意识在不断增强的同时，其被媒介景观的无意识浸染也更加深化。

根据麦奎尔的研究，受众研究可以划分为三种类型，或曰三大研究传统，分别是结构性、行为性和社会文化性受众研究。结构性受众研究源于媒介工业的需要，其目的是为了获得有关受众规模、媒介接触、到达率、流动情况等方面的量化信息，也有助于区分受众类别，探讨社会背景、大众传媒系统与个人媒介使用之间的关系。行为性受众研究，重在改进和强化媒介传播效果，即通过考察受众外在的而非内在的表现，比如受众的媒介选择、使用、意见和态度等，来解释媒介的影响，预测受众的行为，为传播决策提供参考。社会文化性受众研究内容广泛，广义上包括批判研究、文学批评、文化研究和接受分析在内，狭义上则主要指后者。这一研究传统认为，受众具有主动性和选择性，受众的媒介使用是特定社会文化环境的一种反映，也是赋予文化产品和文化经验以意义的过程。②

在本章对于电视娱乐节目受众的分析中，综合采用结构性和社会文化

---

① 艾伦. 重组话语频道：电视与当代批评理论(第 2 版)[M]. 牟岭，译. 北京：北京大学出版社，2008：8.

② 麦奎尔. 受众分析[M]. 刘燕南，李颖，杨振荣，译. 北京：中国人民大学出版社，2006：译者前言 5.

性受众研究思路。首先采用结构性研究方法，以性别、年龄、受教育程度和收入水平等个体维度以及分地区、分节目类型对电视娱乐节目的收视进行描述性分析。在此基础上，通过深度访谈、观察法等定性研究，以观展表演范式、沉浸传播等理论为指导，在社会和文化意义上，深入地剖析受众对于娱乐奇观的解读。

第一节　数字受众：不可替代的欢乐盛宴①

一、电视娱乐节目收视全景

（一）每天看多久

电视剧、新闻时事、综艺节目历来被称为拉动电视收视市场的“三驾马车”。据 CSM52 城测量仪数据显示，2016 年，观众全年人均综艺节目收视量为 7590 分钟，平均每人每日收看时长为 20.7 分钟，在所有节目类型中占 16.8%，已经超过新闻节目的收视比重，是除电视剧外观众收视比重最高的节目类型。从 2016 年综艺节目人均每日收视分钟数的分月走势来看，综艺节目的收视季节性表现出“一守一变”的特征。“一守”是指传统的春节收视高峰仍在。2 月份，人均每日收看娱乐节目时长高达 34.6 分钟，这一数值是全年收视量最低的 11 月份的 2 倍，充分凸显出电视娱乐在传统节日家庭团圆氛围中所扮演的重要角色。“一变”是指以往的暑期收视高峰趋于弱化。自中国电视节目开创季播编排策略以来，暑期档已经成为各电视台收视的必争之地，大型季播选秀节目也多扎堆于此，看中的就是青少年群体的收视黏性。在数据呈现来看，以往的 7 月、8 月也是综艺娱乐节目的收视高地，但近两年随着新媒体的快速发展，这一收视红利趋于弱化，从 2016 年的数据来看，7 月，人均每日收看综艺娱乐节目的时长为 20.7 分钟，仅仅与全年均值

① 本节数据采用 CSM52 城测量仪数据。

持平，8月，人均每日收视分钟数仅为18.0分钟，甚至低于全年均值。

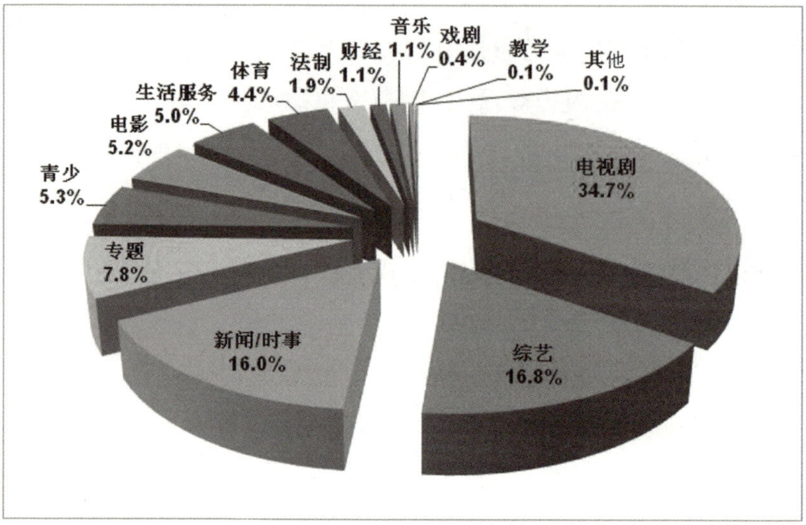

资料来源：根据CSM52城数据编制

图5—1　2016年所有节目类型人均每日收视比重

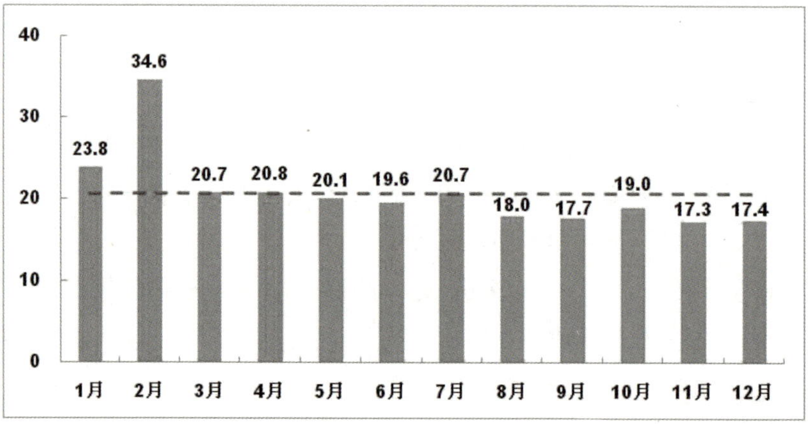

资料来源：根据CSM52城数据编制

图5—2　2016年人均每日收看娱乐节目时长(单位：分钟)

(二)哪些人在看

对比2016年新闻/时事、综艺和电视剧三大类型节目的观众构成，从性别比例上来看，相较于男性观众对新闻类节目的偏好，综艺节目和电视剧都呈现出女性观众居多的特点，尤其是综艺节目，女性观众占比52.4%，高出男性观众4.8个百分点；在年龄段分布上，综艺节目观众更为年轻化，尤其是15—24岁和25—34岁观众比例均高于新闻类节目和电视剧，可见，综艺娱乐节目有着广泛的青年观众群体；在学历分布上，各个层次的观众分布相对均衡，大学及以上高学历人群比例为24.5%，分别高出新闻时事类节目和电视剧1.2个百分点和4.6个百分点；在收入构成上，与电视观众整体情况一致，基本是以中低收入为主。观众集中度指标是用来衡量目标观众相对于参照观众的收视集中程度，以此来反映目标观众对特定节目的收视倾向。相对于观众构成，集中度更能反映分众实际的节目收视量。与观众轮廓类似，综艺娱乐节目的女性、中青年、高学历人群的收视集中度均要高于新闻时事类节目和电视剧，受欢迎程度更高。

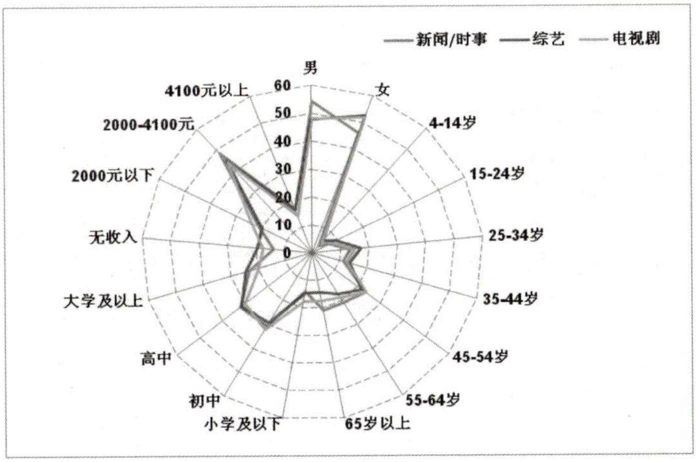

资料来源：根据CSM52城数据编制

图5—3 2016年三大类节目观众构成比较

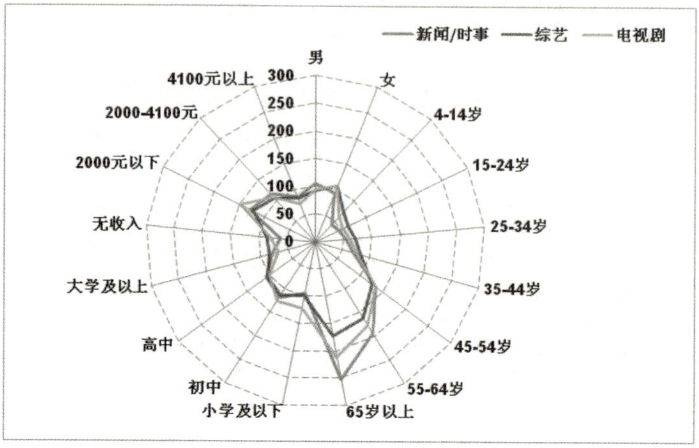

资料来源：根据CSM52城数据编制

图5－4　2016年三大类节目观众集中度比较

二、不同特征受众的收视差异

(一)性别

随着20世纪中后期西方女性主义与媒介研究的相互融合，媒介使用中的"性别化"概念逐渐在接受分析中发展起来。女性主义研究者开始关注大众传媒领域，聚焦于从性别权利结构的观点出发，对大众传媒中展现出的与女性有着特殊关系的文本进行分析，并鲜明地表现出对大众传媒中展现的性别成规惯例的批判态度，从中观照出女性在社会中所处的特殊位置，进一步探寻构成这样一种文本的内在机制。① 所谓受众被性别化，本质上并不是指受众构成的性别比，而是指受众被有意识地按特定的女性或男性经验，赋予某种差别意味的程度。在媒介使用研究中，有大量研究结果显示，性别差异与不同的媒介偏好和媒介满足相关联。② 研究者通过对电视娱乐节目、肥皂剧言情小说等的个案分析，深入剖析女性和男性在媒介使用方面的差异

① 何煜，刘如文. 电视导论[M]. 杭州：浙江大学出版社，2005：186.

② 麦奎尔. 受众分析[M]. 刘燕南，李颖，杨振荣，译. 北京：中国人民大学出版社，2006：121.

及其深层次的生理、心理动机。比如，安德森和科林等人的研究表明，女性受到心理压抑后更倾向于通过收看娱乐节目和竞赛类节目来达到放松的目的，而男性受到心理压抑后则倾向于借助收看动作片和暴力节目来舒缓压力。①

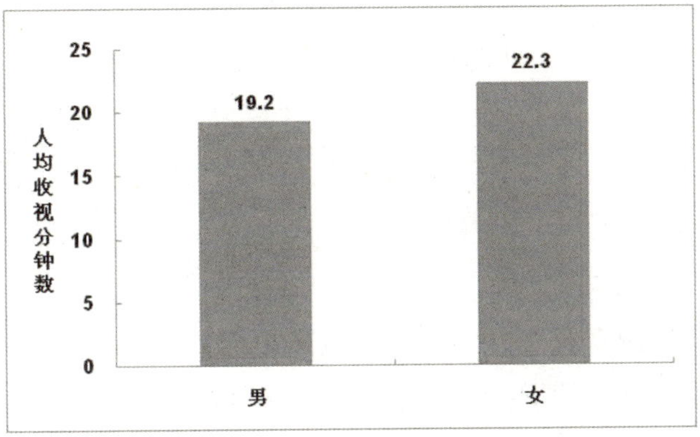

资料来源：根据 CSM52 城数据编制

图 5—5 2016 年不同性别受众电视娱乐节目日均收视时长

从 2016 年不同性别受众电视娱乐节目日均收视时长来看，女性受众的确高于男性受众；具体平均到每人每日收视时长来看，女性受众的每日 22.3 分钟较之男性受众的 19.2 分钟超出幅度为 16.1%。结合已有研究成果以及受众访谈，可以推测，女性对于电视娱乐节目的消费显著高于男性，这源于男女受众本身心理需求的差异，女性更倾向于通过虚拟的电视节目内容（如娱乐节目和电视剧）来宣泄在现实生活中的情感需求，实现某种替代性满足，以此来排解工作或生活中的压力。此外，女性在媒介内容消费上的从众心理更为明显，当身边朋友都在讨论某档流行节目时，女性更容易受到感染；反之，这种对于热播娱乐节目的收视，也成为女性在茶余饭后，与朋友、同事进行交流的谈资。

---

① ANDERSONJ，COLLINS P A，SCHMITT R S，JACOBOVITZ R S. Stressful life events and television viewing[J]. Communication Research，1996，23(3)：243-260.

(二)年龄

年龄结构作为一项重要的人口统计学指标，在受众行为分析中也颇为重要，尤其是在当前电视观众老龄化现象日趋严重、年轻观众向新媒体靠拢的媒介大背景下。所谓“电视老龄化”包含两层含义：“一是观众构成中老年人所占比例趋向增加，二是老年人每天看电视的时间趋向增加。这两个变化在收视调查中也得到数据层面的支持。”[①]国际上通常把60岁及以上人口占总人口比例达到10%，或65岁及以上人口占总人口比重达到7%，作为国家或地区进入老龄化社会的标准。按此标准，我国已于20世纪末期进入老龄化社会。在电视收视方面，业内通行的做法是以65岁及以上人群收视电视总时长占所有观众收视总时长的比重作为电视老龄化的参照表征，这其中既涵盖了老年观众数量变化的影响，也包括了老年观众卷入程度(收视时长)的影响。

从2016年不同年龄段受众的电视娱乐节目日均收视时长来看，随着年龄的增长，受众收看娱乐节目的时长也随之增加，中老年观众呈现出较大的收视量，65岁及以上的老年观众每天观看娱乐节目长达37.0分钟。事实上，不论是何种类型的电视节目，中老年观众的收视比重都是相对较高的，这是由电视观众本身的老龄化结构所决定的，但这并不意味着娱乐节目对于年轻受众的吸引力不足，相反，年轻人尤其是青少年群体依然是大型电视娱乐节目坚定的拥趸，只不过他们的观看渠道更多地转向新媒体平台，这一点从网络视频用户的年龄分布上也可得到印证。根据中国互联网络信息中心(CNNIC)2013年的调查数据，网络视频用户主要集中在10—39岁之间，所占比重超过80%，相较于整体网民年龄结构，网络视频用户呈现年轻化的态势，10—19岁人群比例高出整体网民同龄段8.5个百分点。

① 郑维东.人口老龄化与电视老龄化[J].收视中国，2008(8).

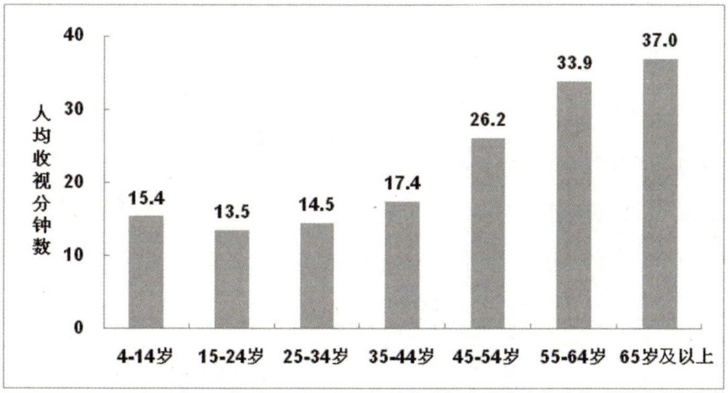

资料来源:根据 CSM52 城数据编制

图 5—6　2016 年不同年龄段受众电视娱乐节目日均收视时长

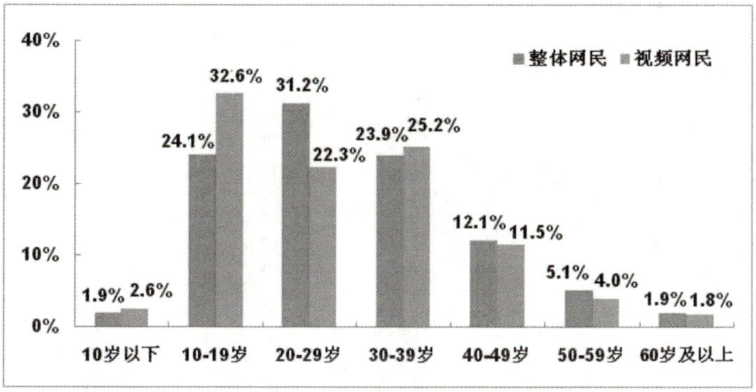

资料来源:CNNIC《2013 年中国网民网络视频应用研究报告》

图 5—7　2013 年网络视频用户年龄结构

(三)学历

在受众研究中,以受教育水平为表征的知识和技能的掌握水平同样会对受众的媒介消费行为产生影响,这转而又会影响到不同媒介、不同节目类型的受众结构及受众总量。早在上世纪 70 年代,美国传播学者蒂奇纳等人就提出了“知识沟假设”,他们认为,随着大众媒介社会影响力的日益提高,掌握不同知识、处于不同社会经济地位的人获得媒介知识的速度也是不同的,社会地位较高的人将比社会地位较低的人以更快的速度获取信息。因此,这两类人之间的知识差距将呈扩大而非缩小之势。随后,卡茨着眼于新传播技术的发展，提出了"信息沟"理论。可见，学历、收入等社会阶层因素的衡量维度对于受众媒介消费行为的重要性。

在我国的人口结构中，中等学历水平的人口占比较大，这也决定了这部分群体在电视受众中本身即具有相当的基数，在此基础上，不同的节目类型由于契合不同受众的心理需求和欣赏品味而呈现出不同的受众结构。比如，体育、财经类节目通常男性比例更高，娱乐节目和电视剧则更受女性的青睐。从2016年不同学历受众的收视情况来看，各学历层次受众每天观看娱乐节目的时长差距并不十分明显，初中、高中等中等学历的受众花费时间依然最多，分别为23.7分钟和21.7分钟，这其中也包含大量年轻学生群体对于电视娱乐节目的收视贡献。大学及以上学历受众每日收看娱乐节目的时长为17.1分钟，低于平均水平。

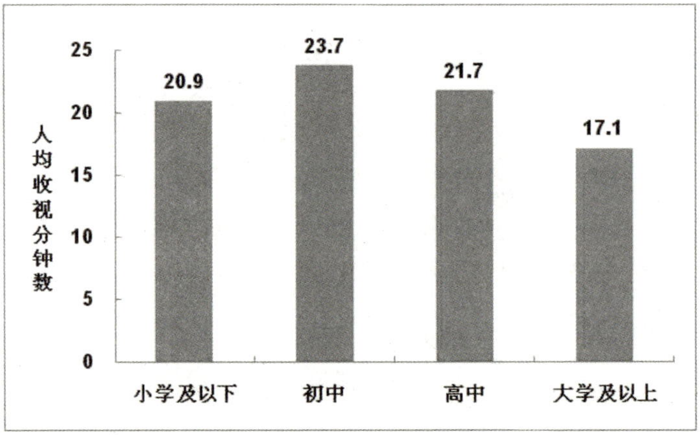

资料来源：根据CSM52城数据编制

图5—8　2016年不同学历受众电视娱乐节目日均收视时长

（四）收入

经济收入是决定一个人生活形态的基础因素，而媒介使用、媒介消费作为受众日常消费的重要组成部分，与经济、文化的发展有着直接关系。作为社会文化的表征，媒介消费不仅反映了受众消费水平的提高和消费观念的变迁，也直接见证了经济发展的历程。分析不同收入受众每日电视娱乐节目的收视时长，大致可以分为有收入和无收入两个群类进行解构。2016年，无收入人群每日娱乐节目收视时长为 17.8 分钟，低于有收入人群的收视水平，这部分受众主要以学生群体为主，繁重的课业压力使得他们只能拥有很少的自由可支配时间，这也与上述低年龄段、低学历人群的收视情况不谋而合。而在有收入人群中，收入水平与娱乐节目消费时长呈反向关系，个人收入越高，花在看娱乐节目上面的时间越短。不难理解，收入较高的群体相对于低收入群体，可能面临着更大的工作压力和发展空间，受众可能倾向于将更多的时间和精力投入到工作中，为此可以放弃包括收看娱乐节目在内的个人休闲时间。当然，高收入群体也可能拥有更多的休闲选择，比如户外活动、看演出等，对于看电视这种相对便捷易得的休闲方式并不十分热衷。

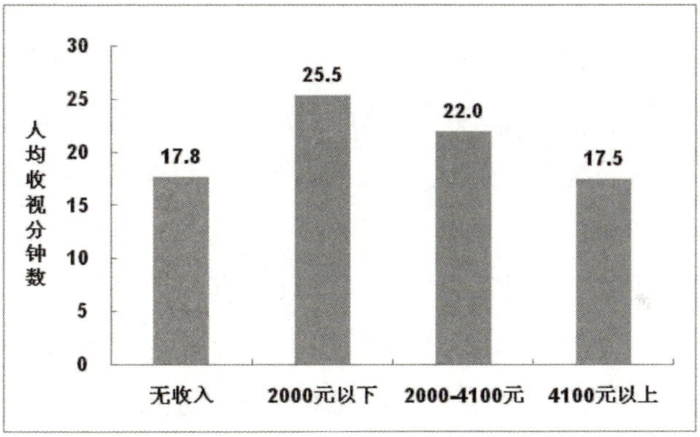

资料来源：根据 CSM52 城数据编制

图 5—9　2016 年不同收入受众电视娱乐节目日均收视时长

第二节　意见受众："我看故我在"

一、多种受众范式的融合视角

（一）观展/表演范式对娱乐节目受众的适用性

阿伯克龙比和朗赫斯特的"观展/表演范式"的提出，主要是基于受众本质的转变。由于现代传媒景观的日趋复杂、媒介影像消费的泛滥与日常生活商品化的趋势，使得传统受众的概念不足以指代当代受众所处的特殊媒介情境。因此，阿伯克龙比和朗赫斯特特别提出了"扩散受众"的概念，用以强调当代媒介情境的泛化，即没有人可以逃脱出无所不在的媒介影像的影响，这种影响总是直接或间接地存在着。受众是相对于"表演"而存在的群体，依据表演形式的不同，受众可以分为三种类型：第一种是简单受众，其特征是直接参与表演过程，如公开演讲、庆典或戏剧表演等；第二种是大众受众，即通过大众传媒进行表演接受的受众；第三种是扩散受众，当传媒与商业结合后，媒介影像不断辗转重复于不同类型的媒体中，任何一个社会人都处于媒介影像的包围之中。这一概念与安德森（Anderson）提出的"意外受众"（the emergent audience）不谋而合，受众即便没有亲身接触某些传播内容，但是经由与他人的交流或其他媒介的辗转流通，他们终究会间接接触到媒介影像。[①] 就如同没有看过《爸爸去哪儿》节目的人，他可能也了解"爸比""风一样的女子"所意指的形象。

对于娱乐节目的传播与接受，尤其是大型真人秀等娱乐节目形态，以及对于迷群的分析，观展/表演范式具有很强的适用性。的确，对于娱乐节目而言，"生活是一种不断的表演，我们既是受众又是表演者"[②]。在当下这种景观弥漫且与日常生活高度重叠的媒介环境中，扩散受众在观展（spectacle）与顾影自盼（narcissism）两个过程的交互作用下得以形成，一方面，世界通过观看得以形成，另一方面，受众的主体性通过顾影自盼得以建构。人们感到自己既是观众又在为想象中的受众表演，同时处于看与被看的状态。无所不在的媒介，不断发展的媒介使用技巧，以及人们从媒介中寻找想象与表演的资源，如此种种，对于当前媒介娱乐主义环境下扩散受众的形成至关重要。娱乐节目受众，尤其是以各种"粉丝"为代表的迷群，他们的媒介消费中包含了更多的表演与顾影自盼的成分，正是"扩散受众"的范畴，也包含了看

① ANDERSON J A. The pragmatics of audience in research and theory[M]//The audience and its landscape. Boulder, CO: Westviews, 1996:75-96.

② ABERCROMBIE N, LONGHURST B. Audiences: A sociological theory of performance and imagination[M]. London: Sage, 1998, pp. 73.

与被看的双重境遇。娱乐节目受众沉浸于自己喜爱的节目内容中，他们自然是观看的主体，但与此同时，他们不仅具有符号生产力，同时也具有声明生产力和文本生产力，如通过在微博上发帖进行自我表达，甚至是对节目文本进行再创造和传播，将所掌握的资讯和自我的情感、意见、创造等展示给其他人，那么此时他们则成为被看的对象。

事实上，观展与顾影自盼也是现代社会的普遍现象，观展背后隐含的是社会化的自恋心理。各种新媒介形态的不断衍生，使得传统的单向传播转为双向互动，每个个体都可以成为媒介内容的生产者、传播者，换言之，人人都有麦克风的时代，也是人人都是表演者的时代。而现代化所带来的人际疏离，以及无所不在的媒介影像成为受众建构自我的中介，都进一步加剧了现代人自恋的倾向。毫不夸张地说，所有的社交媒介中都包括自恋者和窥探者。很难说是泛滥的景观加剧了受众顾影自盼的心理，并引发了为"被看"而进行的表演行为，还是受众在看与被看中诱发了顾影自盼的心理需求，进而加剧了景观的扩张。应该说是在多方作用下，媒介景观扩张的趋势越来越明显，受众对于景观的需求也越来越迫切，从信息的接收者到叙事的解码者，再到景观的观看者与表演者，"日常生活中的自我呈现"成为普遍的社会现象，在视听奇观与商业奇观双重范式的作用下，受众自身也是娱乐奇观中的重要组成部分。

（二）编码/解码模式的必要补充性

1973年，霍尔在《电视话语中的编码与解码》一文中，提出了当代文化符号学中著名的"三种解码"理论，由此标志着英国文化研究一个新的理论时代的开始。[①] 霍尔认为，符号文本的意义生成过程，最终还要取决于受众的三种不同的解码立场。第一种是主导一霸权的立场（Dominant-hegemonic position），观众与传播者的编码立场完全一致，根据用以将信息编码的参照符码对信息进行解码，即在主导符码范围内进行操作，此时，意识形态的再

---

① 金慧敏.从话语的铁屋子里突围——试论戴维·莫利的积极受众论[J].甘肃社会科学，2011(2):48-54.

生产不经意地、无意识地发生了。第二种是协商的立场（Negotiated position），这种解码立场包含着相容因素与对抗因素的混合，既认可旨在形成宏大意义（抽象的）的霸权性界定的合法性，然而，在一个更有限的情境的层次上，则根据自己的基本规则进行运作。协商式解码使自己的独特地位与对各种事件的主导界定相一致，同时，保留权利以更加协调地使这种主导界定适合于"局部条件"、适合于自身团体的地位。第三种是对抗的符码（Oppositional code），即受众有可能完全理解话语赋予的字面和内涵意义，但却以一种全然相反的方式去解码信息，他以自己选择的符码将信息非总体化，以便在某一个参照框架中将信息再次总体化，这时，"意义的政治策略"——话语的斗争——加入了进来。[①]

在霍尔提出受众的三种解码立场这一理论设想之后，戴维·莫利以民族志的研究方法对其加以验证。正如约翰·斯道雷所言，"这部分地就是戴维·莫利《全国受众》（*The Nationwide Audience*，1980）的计划——验证霍尔的模式，检视对电视文本的个人性阐释是如何与'社会位置'相关联的。"[②]莫利进一步指出，受众对文本的不同反应与诠释，并不能说只是出于个人心理状态的差异。他们之所以不同，必须从沉淀于社会结构之内的文化差异来寻找原因——这些文化从一方面限制着，另一方面又引导着个人诠释讯息的方式。如果要真正了解特定讯息的所有潜在意义，就必须描绘由讯息所设定的受众的"文化图谱"。这张图谱必须能够显示受众中有些什么次级群体，次级群体又各自拥有哪些不同的文化库存与符号资源。一个讯息文本及其意义，必须从以下两方面的互动来理解：其一是文本所内含的符码；其二是不同社会位置的受众所占据的符码。[③]

约翰·费斯克（John Fiske）进一步发展了霍尔的解码理论，他将符号学、编码/解码理论、意识形态等理论综合地运用于日常消费文化的研究以及媒介文本的分析。相对于霍尔对文本的生产与传播以及文本如何在传媒

① 罗钢，刘象愚. 文化研究读本[M]. 北京：中国社会科学出版社，2000：356-358.

② JOHN S. Cultural Studies and the Study of Popular Culture[M]. Edinburgh：Edinburgh University Press，2003：14.

③ 莫利. 电视、观众与文化研究[M]. 冯建三，译. 台北：台湾远流出版事业股份有限公司，1995.

工业中被生产等方面的关注，费斯克更加关注受众的实践性、能动性和创造性，更强调对快乐、消费和个体身份的建构，并形成了自己独特的“生产性受众观”(the productive audience)——意义存在于文本之间，是读者与文本相结合的产物，而并非仅是由文本自身所决定的。受众阅读电视文本的过程实际上就是对话的过程，“每个人的社会经历、文本经历都使他具有了阅读和理解文本的能力，意义和乐趣就在读者运用其文化能力进行阅读时产生的。乐趣来自对意义的控制和积极的参与过程，被统治阶级的乐趣在于坚持自己的观点，或反抗，或独立，或与主流意识形态对话、协商”①。

面对日新月异的媒介环境和社会环境，受众研究领域中范式的转换与视角的变迁不可避免，但范式转换并不意味着前一范式就完全不适用。在当前新旧媒介交织错乱的传播体系中，“由于各自面对的对象和范围并不一致，不同范式之间有着复杂的重叠关系，受众也并非同质化的单一集体，而是复杂多元的文化组合，包括许多边界交融的小团体与亚文化。在不同的媒介形态和社会环境下，受众同时存在多种特征，占据主体地位的特征决定了占据主体地位的传受关系，也由此出现了研究范式的转型，但转型并不意味着这一阶段仅有某一范式”②。简单受众、大众受众、扩散受众这三种受众类型也并非是完全孤立和线性迭代的，事实上，这三类受众同时并存于现代社会中，比如受众通过电视、网络视频等渠道收看娱乐节目时，自然属于大众受众的范畴。

此外，任何一种受众研究的范式都并非无懈可击，总有这样或那样的理论局限性或历史局限性。观展/表演范式在解释娱乐奇观下受众看与被看、表演与顾影自盼的传播特征时有着天然的适切性，但不得不看到，这一理论欠缺一定的社会学视野，较少论及观展/表演之中的政治经济结构、意识形态斗争以及权力分配等，单纯强调观展/表演范式，可能会忽视内容传播背后的政治、经济主导力量，导致认知和理解的片面化。同样，费斯克的生产性受众观也可能过于乐观，忽视了受众也是“一种主导的生产系统的被动的

---

① 鲁哲.意义的生产和流通——费斯克《电视文化》述评[J].新闻与传播研究，1998(4):73-80.

② 殷乐.媒介融合环境下欧美受众研究的范式转换[J].新闻与传播研究，2010(6):70-78.

诉求对象"，错误地"将两种性质根本不同的权力混为一谈，资本的支配权力与普通人在市场上对商品行使的选择权当成一回事，无视商品的选择需要购买力支撑这一最简单的事实"。[①] 对于电视娱乐节目的受众解读而言，无论是纳编/抗拒范式，还是法兰克福学派关于文化工业的论述，都依然有着重要的应用空间和理论阐释力。

二、来自参与观察和深度访谈的发现

(一)奇观效应下的单向度受众

在法兰克福学派看来，资本主义的"文化工业"具有两个突出特征：其一是标准化，文化工业标准化的结果就是，文化产品的消费者被类型化，劳动大众成为满足文化工业倾销需要的标准化消费者；其二是麻醉性，文化工业以娱乐的快感和享受来满足大众的虚假需要，把在现实中不幸的人引向虚幻的美好世界中去，麻醉了大众的思考和反抗的神经。"文化工业是从上到下强加给大众，表面上看，把大众款待得仿佛专为他们量身定做，实际上是在灌输统治阶级意识形态的、标准化了的形式和情感。"[②]

"单向度的人"(One-dimensional man)的概念正是来源于法兰克福学派的重要代表人物——赫伯特·马尔库塞。他认为，当代工业社会压制了这个社会中的反对派和反对意见，压制了人们内心中的否定性、批判性和超越性的向度，从而使这个社会成了单向度的社会，使生活于其中的人成了单向度的人。正常社会中的人有两个"向度"：肯定社会现实并与现实社会保持一致的向度；否定、批判、超越现实的向度。技术的进步使当代工业社会对人们的控制可以通过电视、广播、报纸、杂志等各种大众媒介无时无刻地"轰炸"，占领个体的私人空间，在这样的社会里，批判意识消失殆尽，个体丧失了合理批判社会现实的能力。所谓"单向度的人"，即是丧失否定、批判和超

---

① 费斯克. 理解大众文化[M]. 北京：中央编译出版社，2001：中文版导言 4.

② 陆杨，王毅. 大众文化与传媒[M]. 上海：上海三联书店，2000：51.

越能力的人。[1] 在铺天盖地的电视娱乐狂潮下，受众被笼罩在其中，利用媒体满足着自己的好奇心、窥私欲，他们沉浸于其中，乐在其中，似乎进入另一个虚幻的空间，获得暂时的轻松感和愉悦感。这一方面可以减轻和缓释现实生活所带来的心理压力，另一方面，在景观虚幻和残酷现实中，获得某种相对的优越感和替代性满足，最后，达成内心颠覆欲望的实现。在被问及“为何喜欢收看某类或者某档电视娱乐节目”时，受访者给出了如下回答：

> 我是《非诚勿扰》的忠实观众，基本上每期都看，有时候错过了电视播出，也会在网上看看视频。因为我自己也正处在一个找对象的年龄，也有过一些相亲的经历，这个节目虽然有炒作的成分，但是里面很多对婚姻、对爱情的分析还是很深刻的，我从中受到很多启发，对自己的择偶观也有一定的影响。(9 号受访者)

> 我从上大学后基本上就没有怎么看过国内的娱乐节目，接触的都是美剧之类的，不过就是特别喜欢看《爸爸去哪儿》，每一期都看了至少两遍。节目播出的那段时间，每个星期五就像过节一样，特别期待。就是喜欢看吧，五个小朋友太萌了，我已经成了他们的“脑残粉”，所有关于他们的信息都会搜来看。(2 号受访者)

> 一直都很喜欢看湖南卫视的选秀节目，觉得很青春、很真诚，去年的《快乐男声》一场不落地都看了，尤其是最后选秀十年的致敬，看得泪流不止，节目做得很能引发共鸣，想起了自己的青春。这一次的“快男”里面，我最喜欢张阳阳，哈哈，有点属于一见钟情吧，第一次看他出场就觉得喜欢，后来到网上搜他的资料，加入了“全国后援会”，去接过机，在北京的活动只要有空就去参加。第一次看到阳阳的时候，好开心啊，要到了他的签名，而且还和他握手了，可是因为太紧张了，上去就忘记和他说话了，就连加油都忘记说了。(1 号受访者)

① 马尔库塞. 单向度的人——发达工业社会意识形态研究[M]. 刘继，译. 上海：上海译文出版社，2008：译后记 205.

> 最喜欢看的就是“跑男”了，每个星期五都会第一时间看节目。其实也没有什么特别的理由，就是这个节目让人很放松啊，上班忙忙叨叨一个星期了，到了周末看看搞笑的节目，放松一下自己。我觉得现在因为有手机很方便，大家每天面临的都是海量信息，真的是有种信息爆炸的感觉，比如说现在朋友圈的消息经常都来不及一一查看，那回到家里就想看点轻松娱乐的，太严肃、太有深度的节目看不进去。（17号受访者）

而在被问及关于娱乐节目的真实性问题时，不少受访者表示，即便是有表演的成分，也不会介意。

> 节目中五对父子的表现很真实啊，这个没法造假吧，人家的节目是一天24小时跟拍，要表现的就是明星家庭真实的生活状态。就算大人在镜头面前知道要伪装一下，那四五岁的小孩子懂什么，他们呈现出来的就是他们最真实的一面，也是最吸引人的。（4号受访者）

> 每一期节目播出后，媒体总是会把所有选手的背景都挖一遍，没有故事也会弄出点故事来。我觉得歌声能够表现一个人的内心，有些选手的歌声就是有穿透心扉的力量，就算关于个人的经历有些夸张，那应该也是节目组为了效果而做的吧，不影响我喜欢看节目。（1号受访者）

> 我觉得在很多节目里面，明星的表现还是相对真实的，毕竟人与人之间的相处，是需要付出真情实感的，现在这个时代，大家都不喜欢太装、太假，真实最能打动人心。当然，作为明星，他们在镜头面前也不可能完全毫无顾忌，我们也不能太过苛责节目的真实性。（18号受访者）

很明显，娱乐奇观所强化和建构的意识形态，不是对某种价值观念的鼓吹，而在于让人们遗忘，至少是暂时遗忘现实的处境，同时，通过生产一种

“伪经验”来激活人们在虚构世界的体验。总之，娱乐奇观是在不知不觉中用图景和幻象来吊起受众胃口，满足观赏者在现实生活中无法实现的欲望。而身处其中的单向度受众，乐此不疲地接受着这短暂的安慰，沉浸其中，流连忘返。

（二）与奇观共振的生产性受众

在费斯克看来，电视文本既有可写文本的开放的特点，又有可读文本的易懂的特点，是一种生产性的文本。这种文本“为了满足多种多样的观众，它必须允许阅读中存在大量的文化差别，因而必须在符号中留出相当大的空白，以便亚文化可以用来协和，来形成他们的意义，而不是发行人想提供的意义”。[①] 如此，受众可以根据既有的社会经验和阅读经验，生产出自己的文化，受众的观看行为就是在已有的文化知识和节目文本之间建立联系。尽管传受双方处于大众传播不对等的关系中，受众的从属地位决定了他们难以拥有创造大众文化的资源，但他们确实可以从那些资源中创造出属于自己的文化。当节目的生产者和广告商合谋制造娱乐奇观供受众娱乐时，受众不但可以从中建立起自己的意义和快乐，更有甚者，将成为景观循环链条上的一环，进行着内容再生产，在享受娱乐的同时，也在传递信息、制造话题，与奇观形成共振，进一步促成娱乐奇观的发展和传播。换言之，娱乐奇观的出现，是制造者（生产者和广告商）、追捧者（媒体）以及享用者（受众）之间相互作用的结果。具体而言，生产性受众的文本生产力可以分为两大类：一是重构原始文本；二是书写新的文本。

1.重构原始文本

许多娱乐节目受众不仅消费文本及其周边的衍生产品，同时也以积极的姿态参与到文本的重构之中。搜集节目相关资料是受众重构原始文本最基本的做法。浏览社交网站中与节目相关的内容，可以看到生产性受众搜集了大量与节目相关的各类资料，包括节目嘉宾、拍摄地点、道具、主持人等

---

① 费斯克.大众经济[M]//吴士余.大众文化研究[M].上海：上海三联书店出版社，2001：144.

等，展现出了惊人的资料汇集能力。比如，男模张亮在《爸爸去哪儿》节目中一炮而红跃升为“国民男神”之后，不仅张亮的新浪微博粉丝数量飙升至千万，“张亮吧”也一下子成为活跃度非常高的明星吧。在贴吧里，有关于张亮所有活动的消息，从文字新闻到图片、视频，应有尽有，还有诸如“天天曾弄丢父母婚戒，张亮挖一车沙子寻回”“下岗厨子成男神，你所不知道的张亮”“张亮童年萌照及长发青涩照”等能激发受众窥私欲望的各种“隐私信息”。通过汇集相关资讯，节目受众和粉丝们极大地扩展了文本的内容和层次，他们对于节目的阐释也因此而更加丰富。节目剪辑再整合是重构原始文本的另一做法。每当一期或者一季节目结束后，总有热心的受众会把节目文本进行剪辑再组合，如果你是 Kimi 的粉丝，那么很容易就可以找到所有关于 Kimi 在节目中的视频集锦；如果你喜欢看天天和 Cindy“两小无猜”，那么也没关系，节目中凡是有两人互动的视频也一定会有专门的合辑。

当被问及为何如此热衷于搜集各种幕后的花絮、轶事时，受访者谈到：

> 我特别喜欢张亮，他在《爸爸去哪儿》中的表现真的让人刮目相看，又帅又贴心，和儿子相处得像朋友一样，最重要的是，他还是个 80 后……跟他有关的信息当然也想多了解一些，有兴趣嘛。而且我也希望能和其他喜欢张亮的人一起分享，独乐乐不如众乐乐。(13 号访谈者)

> 通过搜集这些信息，最起码意味着我可以有所参与，而不是仅仅做一个无所作为的接受者。(2 号访谈者)

对于节目受众，特别是那些上升到“粉丝”程度的受众来说，他们希望尽可能全面掌握偶像的所有信息，包括节目内外的一切动向，在他们看来，通过这种方式可以拉近与偶像之间的距离。围绕文本展开的搜集活动，也是迷文化的一个重要组成部分。这种搜集活动，不仅丰富了原文本，同时也加深了受众对文本的理解，使得两者之间的关系更加密切。当受众全面掌握了有关文本的各种细枝末节时，他们似乎“占有”了文本，自我的主体性也得到充分体现。尽管在一般人看来，这些略显“八卦”的信息琐碎且毫无意义，但是对于粉丝来说，其意义却非同一般，它们消除了文本和日常生活的界限，或者说是模糊了明星和粉丝之间的界限，潜在地赋予了粉丝的日常生活以权利。

2. 书写新的文本

生产性受众围绕原文本进行的搜集、整合再加工等活动，不仅扩展和丰富了原节目文本的内容与层次，也彰显出受众参与文本的主动性。不仅如此，一些受众还在原文本的基础上展开了丰富多彩的再创造活动，书写出新的文本。具体而言，受众对节目中的背景乐、主题曲等进行改编，是创造新文本的常见方式之一。比如，《爸爸去哪儿》的主题曲就成为继韩国神曲《骑马舞》之后2013年传唱度最高的歌曲，由此也出现了各种版本的"去哪儿"，《学霸去哪儿》就是代表作之一。

《学霸去哪儿》歌词

我们班上有个人很酷，
学霸当道，谁敢拦路，
学霸们一直都在看书，
连上厕所都要跑步。
学渣你不要对我注目，
你不及格也不要认输，
如果想体验学霸的幸福，
跟我学吧，风雨无阻。
学霸，学霸，我们去哪里呀？
明天考试到底会考神马（什么）？
学渣，学渣，你不要再看啦，
看完也记不住呀。

除了歌曲改编外，受众利用节目中的画面或嘉宾的照片进行PS，也是常见的一种再创造方式。仍以《爸爸去哪儿》为例，11月28日，有网友在微博上贴出《爸爸去哪儿》"红楼梦版"——田雨橙被PS成"田宝钗"，王诗龄化身

“王湘云”，天天变身“张宝玉”，小 Kimi 更是成为娇羞可爱的“林黛玉”，无论是相貌还是神态，小朋友的脸与这些名著人物嫁接到一起，竟然毫无违和感。这组照片走红后，网友们创造的热情更是一发而不可收，“还珠格格版”“甄嬛版”“白娘子版”“步步惊心版”纷纷出现，可以说，网友们的创造性不仅满足了其娱乐的需求，更成为新的奇观诞生的集结地。

资料来源：网络截图

图 5—10 《爸爸去哪儿》“红楼梦版”

(三)寻求自我建构的扩散受众

阿伯克龙比和朗赫斯特认为，表演是建构受众的核心与关键。所谓“扩散受众”，“是指当代社会中，因为媒介影像的大量渗透、入侵日常生活，使得无人可以逃脱受众的位置，人人都直接或间接地成为受众”①。就如同韩剧的流行，即使没有看过《来自星星的你》，也无法逃脱各种充斥实体商家、网络购物的“啤酒炸鸡”营销，也无法避开关于“外星人”“都教授”的各种讨论。扩散受众源起于两个过程的互动：一方面，将世界建构为观展，所有生活中的衣食住行都成为可以展示的物品；另一方面，将个体建构为顾影自盼，人们试图从媒介影像中找寻自己的影子，受众亦是表演者，他们同时看，也在被看。以往存在于受众和表演者之间的特定距离正在消逝，因为扩散受众兼具表演者与观众身份，文化消费者变成文化生产者，文化生产者变成文化消费者，受众也不必然处于接受者的位置，不一定要接受来自生产者的信息。② 同时，在讨论当代受众接受的新范式时，必须要考虑到媒介饱和、日益增长的文本互涉、当代社会的表演本质、被强化的自我反身性等因素。由此不难看出，“观展/表演范式”和“扩散受众”的提出，还是基于消费社会的文化语境，媒介景观、拟像与仿真、日常生活的审美化等后现代主义色彩浓厚的概念贯穿于这一范式阐述中。对于娱乐节目的扩散受众而言，依据其表演场所的不同，大致上可以分为“在场”观众的观展和“不在场”观众的“微博签到”“朋友圈签到”。

1.“在场”观众的观展

“在场”观众，是指那些在节目录制现场，可以亲身参与到节目互动中去的观众。在如今许多大型真人秀节目中，现场观众的表现也成为节目景观的重要组成部分。以《我是歌手》为例，除了竞演歌手的“卖力表演”外，时不时地出现在镜头中的“如痴如醉”的观众也成为焦点，他们或是自我沉醉，或是涕泪横流，或是若有所思，以至于在网络上被冠以“流泪姐”和“陶醉哥”一类的称呼。在被问及“你是否希望到节目现场观看录制，觉得节目现场观众的表现是否真实?”这一问题时，受访者给出了如下回答：

我觉得大部分观众都是真实的。我曾经报名参加过《我是歌

---

① 张玉佩. 从媒体影像观照自己——观展/表演范式之初探[J]. 新闻学研究，82：41-85.

② 张玉佩. 当代阅听人研究之理论重构：试论阅听人的思辨能力[D]. 台湾政治大学，2003.

手》的录制，他们对大众评审团的筛选流程还是比较严格的。我是在金鹰网报名参加的，流程很麻烦，除了填写个人真实信息、上传生活照之外，还有很多选项，比如喜欢什么歌曲、喜欢哪位歌手、为什么想现场观看节目等等。网上报名结束以后，节目组会打电话进行审核，主要是看是否具备一些基本的音乐素养，是不是真心喜欢这个节目。最后是否入选会在网上公布，也会收到确认短信。当然，不排除节目组会做一些特殊的安排，也在论坛里听说过职业观众，他们都是有报酬的。（8号访谈者）

可能不同的节目有不同的操作方法吧，有些节目会有一些刻意的设计，有一些就比较随意了。我是萧敬腾的“铁粉”，曾经参加过北京卫视《最美和声》的录制，当时是节目组正在征集现场观众，刚好我有一个朋友在电视台工作，所以就让我去参加了。他们选观众好像有很多渠道，粉丝团肯定是首选，也有一些专业的中介机构负责找观众。节目是在北四环的五洲大酒店录制的，那天我是六点多就到了，一直快九点才开始录制。先是录观众，现场有一个导演负责调动情绪，告诉大家怎么做，主要就是让大家要全身心投入，要有表情，和台上形成互动吧。因为很多都是粉丝，所以当时感觉不同的导师出来时，现场气氛也有些差别，萧敬腾在台上的时候明显就比其他三位导师的气氛要high，听说一大半都是他的粉丝。很多粉丝真的很疯狂，根本不需要安排，也会表现得很卖力。（2号访谈者）

通过访谈可以发现，节目现场观众的“卖力表演”，不排除一部分是节目组刻意安排而为之，“职业观众”这一群体也的确是近年来在电视圈新兴的一种行业现象。但不可否认，很多现场观众，尤其是粉丝团，他们的现场反应是真实的，在现场音响、舞美设计堪比演唱会的场景奇观下，聆听着实力派歌者用心用情地演绎，现场观众不由自主地融入其中，分辨不出影像与真实的区别，有意或无意地成为观展的一部分。

2.“不在场”观众的“微博签到”“朋友圈签到”

“不在场”观众的表演最典型的莫过于“边看节目边刷微/圈”这一新式的受众行为。如今,媒介技术、终端介质以及用户习惯的变革已经推动电视行业进入到跨屏时代,边看节目边刷微博、微信,与朋友圈、陌生人分享自己看电视的感受,已经成为新媒体时代受众收视行为的常态。这种被一些学者称为“微博签到”的电视观看模式,是指很多观众在观看电视的同时,通过发微博/微信证明我正在看此节目,同时把自己看电视的感受分享给微博/微信好友。值得一提的是,由于社交媒体的互动是实时的,当人们在微博、微信上看到某个节目被热议时,自然而然地也可能对节目产生好奇,甚至有很多人为了避免自己显得“落伍”而打开电视机收看节目,由此形成观众回流。

现如今,电视节目收视率与微博讨论度之间的关系正在成为电视人乐此不疲的新课题。这种“边看电视边刷微吐槽”的收看方式,像极了以往边看电视边嗑瓜子的场景。及时在社交媒体上分享自己看节目的心得体会,已经成为许多受众尤其是年轻人看电视的标配动作,甚至是促成他们收视行为的原始动力。这一点在一年一度的全民景观——“春晚”这里可谓是得到最好的诠释。2010 年被称为“微博元年”,而从 2011 年开始,微博围观春晚似乎就成了除夕夜的“新民俗”,及至 2012 年、2013 年,微博吐槽春晚达到极致,形成蔚为壮观的一道媒介奇观,以至于有媒体发出“微博拯救春晚”的感慨。与吐槽春晚的“微博签到”动机有所不同,娱乐节目受众的“刷微”行为更多的是寻找一种“存在感”,借由实时对节目发表自己或弹或赞的看法这一表演行为,尽情公开展示自我认同。

我经常边看电视边刷微博,这也算是一种和朋友们进行交流的方式吧,看到好玩的或者好笑的,都会在微博上@一下好友,希望能够得到他们的回应。(11 号访谈者)

看到唱得很糟糕的歌手,忍不住就要在微博上吐槽一下。(10 号访谈者)

就是表达一下自己的观点吧，不都说电视行业门槛很低嘛，任何一个观众看了节目都有自己的想法，无所谓对错，只是表达一下观点。（13号访谈者）

大家现在都喜欢在朋友圈分享一些自己觉得有趣的、好玩的，看节目有时候也是觉得挠到大家的笑点了，所以就会截个图发个圈，给生活加点料嘛！（17号访谈者）

另外，在他人面前的表演获得赞美或是认同时所产生的愉悦感，也增进了受众的自我认同建构。社会心理学认为，“人类在社会生活中有两种认同的需要，一是通过寻找‘我’与‘我们’的差异而获得‘自我认同’，它使个体获得一种与众不同的独特性和唯一性；二是通过寻找‘我们’与‘他们’的差异而获得‘社会认同’，它使个体获得一种与众相同的一致性和同一性。为了同时满足这两种需要，个体总是在寻找二者之间的平衡”①。比如有受访者指出：

每当发表的一些观点得到他人回应或是被朋友点赞的时候，内心会非常高兴，并产生一种自我良好的感觉。（14号访谈者）

此外，也有受访者表示：

有时候发表的一些比较犀利的观点如果得到认可，就会觉得受到肯定，信心油然而生。（8号访谈者）

由此也就构成了阿伯克龙比和朗赫斯特所阐述的扩散受众四阶段行为的循环过程：媒介渗透、日常生活、表演、观展/顾影自盼。无所不在的媒介形态提供了丰富的影像，使人们的日常生活中充斥着海量的媒介信息，促成人际讨论；讨论会使受众的情绪更加投入，加深其对媒介内容的认同；为展示这种认同，受众会公开在他们面前表演，并将自己视如是受到他们注视的观展；在认为自己无时无刻不受到关注的顾影自盼的心理作用下，引发受众下一次的媒

① BREWER M B. The social self: On being the same and different at the same time[J]. Personality and Social Psychology Bulletin, 1991(17):475-482.

介消费行为。如此循环往复，受众的自我认同不断被建构与再建构。

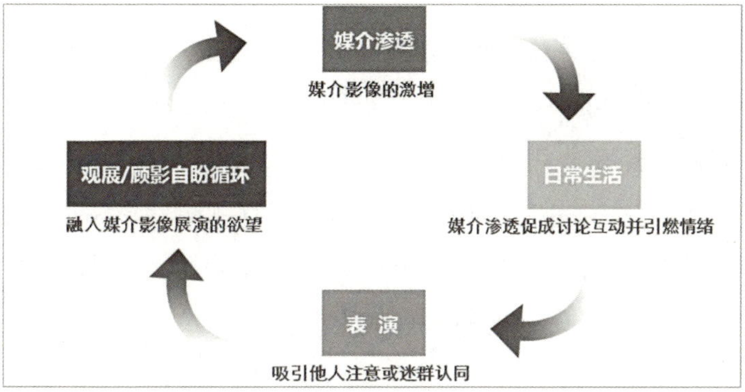

资料来源：ABERCROMBIE N，LONGHURST B. Audiences：A sociological theory of performance and imagination［M］. London：Sage，1998：178.

图 5—11　扩散受众行为的四个循环阶段

(四)奇观的“局外”审视者

在娱乐节目受众中，还有这样一部分群体，他们虽然也热衷于收看节目，但对节目的态度却相对冷静，且不乏提出批判性意见，给人以局外审视者的感觉。在被各类娱乐节目充斥的媒介环境下，受众对媒介既欣赏亦抱怨，“娱乐至死”“泛娱乐化”都是时常见诸报端的词汇，而这种担忧不仅存在于传媒管理者、研究者层面，普通的电视观众同样对这些深层次问题有所思考。正如麦奎尔所言，“受众期望，传媒能够具备良好的品位，遵守一定的道德规范，有时也要符合其他一些价值标准，例如符合当地社区要求、坚持爱国主义和维护民主政体等。而对小说和娱乐内容来说，所谓适用的标准，一般是指粗俗的语言、暴力、性，以及媒介提供的各种行为模式。在这里，家庭生活、对儿童的保护、个人情感和成年人的道德标准，都是参考的重点”①。而在深访中我们发现，对于电视娱乐奇观现象的担忧和批判主要集中于媒介责任、文化创新及其对受众社会交往的影响。

① 麦奎尔. 受众分析[M]. 刘燕南，李颖，杨振荣，译. 北京：中国人民大学出版社，2006：130.

1.关于媒介责任

电视娱乐节目的弱意识形态性，一方面使得其成为电视内容产制突破的试验田，获得更大的灵活性和发展空间；而另一方面，也在某种程度上造就了娱乐节目过度商业化、商品属性极度膨胀的反作用力。娱乐节目具有娱乐、教育、审美、文化认知等多重社会功能，但在激烈竞争的市场环境下，许多节目的教育、文化认知功能乃至审美功能受到了抑制和扭曲，导致节目品位的下降，也引发了受众的不满。代表性观点如：

看电视是会上瘾的，尤其是对于孩子来说，我家的孩子今年读高三，马上就要高考了，所以我们是严格控制她看电视的时间的。但现在媒介渠道实在是太多了，平板、手机都可以看，有的时候是一种放松，但孩子肯定掌握不好这个度，所以电视台从社会责任的角度讲，真的不能一味靠娱乐节目来赚钱，还是应该多开发一些有内涵、有知识含量的节目。有一档节目是关于脑力竞赛的，对，江苏卫视的《最强大脑》，我觉得就比那些唱歌跳舞的节目要有意义得多。(15号访谈者)

中学老师也表达了类似的观点：

电视对孩子的成长有很大的影响，那些玩玩闹闹、唱唱跳跳的节目对紧张备课的中学生来讲没有太多益处，他们从中学不到有益的知识，看电视就有点浪费时间。但有些文化科教类的节目还是有助于开阔学生视野的，比如最近播的一些科技类节目，学生在节目里可以接触到最先进的科技成果，聆听大师级科学家的演讲，这对他们才是有所帮助的，才是有意义的。(20号访谈者)

研究者同样对媒介的社会教化功能表示担忧：

娱乐节目邀请明星嘉宾参与节目，既能提升收视率，也为节目增加了不少看点，这本无可厚非，但是对于明星效应的使用，需要把握一个度，努力做到寓教于乐，而不是一味地以猎奇、出格的内容来取悦观众。应正确引导青少年的审美观、竞争意识和成败观，引导他们在面对失败时要学会反思，汲取经验教训；在胜利时也要尊重对手、享受过程，多传播积极向上的正能量。(5号访谈者)

2. 关于文化创新

中国电视行业的文化创新是一个老生常谈的问题，原创匮乏，创新能力不足，已经成为当前中国电视节目生产的最痛处，突出表现在：其一，过度依赖引进模式，缺乏扶持培育本土化原创的市场环境；其二，电视荧屏难逃同质化窠臼，模仿抄袭问题突出。

现在打开电视就是“千台一面”，国内娱乐节目模仿之风太严重了，好不容易有几档水准比较高的模式节目崭露头角，不过很快就有一堆模仿抄袭之作跟风出现。湖南卫视推出《爸爸去哪儿》，浙江卫视《人生第一次》就来个“爸爸妈妈去哪儿”，听说还要出一个新节目叫《爸爸回来了》，连浙江这样比较有实力的卫视都逃脱不了跟风的窠臼，就更别提那些实力不济的二三线卫视了。(5号访谈者)

也有在电视台常年从事节目研发和创新的从业者表示：

这几年来，节目创新的口号是天天喊，没有哪个电视台不重视创新研发工作，但关键问题在于建立培养一个完善的创新机制和创新环境。现在多数电视台都是为了提升收视，眼光比较短浅，认为搞搞节目方案征集，引入一些社会制作机构的节目就算是创新了，其实都是治标不治本的短期行为，并未从根本上考虑怎么样让创新的力量在自己台里生根发芽。(6号访谈者)

节目创新总是喊得比做得好，其实真正能够落到实处的只有很少的几个一线卫视，比如湖南、江苏、浙江，它们是真正走在市场化前沿的实践者，总是能够引领娱乐的风潮。不过国内整个传媒的版权保护意识不强，导致很多电视台花大力气、投入巨资研发或引进的节目，在很短的时间内就会被山寨、被抄袭，甚至是出现“劣币驱逐良

币”的不良现象，如此下去只会是恶性循环。（7 号访谈者）

3.关于对受众社会交往的影响

媒介与个体社会化的关系也是许多人思考的重要维度。早期的一些研究者将“媒介使用”视为是一种独立的、另类的行为类型，必定会替代其他活动，从而有很多对媒介的批评之声：电影造成观众与现实的隔离；广播电视扼杀了人们之间的交流，削弱了户外社会活动，人们又退回到私人化的家庭小圈子里。相反，也有研究认为，大多数媒介使用行为是可以获得有效的社交回报的，其本身即是一种普遍存在的正常的社会行为方式，也是一个重要的“社会化的代理人”——一个社会学习机会，是更广泛地参与社会的一种途径。[①] 总体而言，基于大众媒介的社会交往，尤其是虚拟网络空间的交往，会增加、补充，甚至取代现实的人际交往，其结果是，无所不在的传媒景观可能加大也可能削弱人们社会交往的潜能。媒介使用与社会化程度之间是否存在确定的因果关系，在学术界尚未有一致结论。但是，从本研究的深访中同样可以窥见一些对媒介影响人的社交能力的担忧。

我属于比较“宅”的类型，平时没有太多社交活动，每天也基本上是两点一线，工作和回家，主要的娱乐活动就是看电视了，《非诚勿扰》《天天向上》《我是歌手》这些节目基本都是每期必看。其实我也挺不满意这种状态的，越来越宅，真快成了“沙发土豆”了。（3 号访谈者）

我是一名大学辅导员，我觉得现在年轻人的活力真的是一代不如一代，很多学生下了课就守在电脑前，看节目、玩游戏，不喜欢参加社交活动，姑且不谈集体主义这么高大上的东西，就是分享、关爱这些起码的品质也有些淡漠了。这应该和现在的媒介大环境也有一定的关系吧。（8 号访谈者）

---

① ROSENGREN K E, WINDAHL S. Media matter: TV use in childhood and adolescence[M]. Norwood, NJ: Ablex, 1989.

第三节 娱乐奇观中的浸入式收视

一、沉浸相关理论溯源

(一)沉浸理论的源起及其发展演变

沉浸理论(Flow Theory)最早出现于心理学研究领域,由美国芝加哥大学心理学家米哈里·契克森米哈赖(Mihaly Csikszentmihalyi)1975 年首次提出。"它是指一种个人精力完全投入在某件事情上的感觉,忘我、忘记时间、忘记其他所有不相关的东西,完全沉浸在某项事物或情境中,沉浸产生时会有高度的兴奋和充实感。"①"Flow"一词,中文中有译作"心流",也有译作"沉浸",契克森米哈赖主要是从现象出发,提出一个最基本的问题:"人为什么会专心致志、浑然忘我?"他指出,几乎人类所有的行为都有心流的最优状态:节庆、阅读、静坐、瑜伽、写作、思考、观景、休闲,等等。为了与后文人机交互研究中的"沉浸"(Immersion)概念加以区别,本书统一以"心流"来对应英文中的"Flow",侧重于心理学意识状态的研究。

心流体验(Flow Experience)是心流理论中的核心概念。1990 年,契克森米哈赖在其代表性著作《心流:最佳体验的心理学》一书中对"心流体验"进行了系统的论述,他指出,"心流状态是最佳的本能运动状态。在那里,人完全沉浸在他所做的事情上。这是每个人都不时会有的感觉,其特征就是最大限度的专注、参与,直至完成,展示出最好的技能。在这个过程中,时间、食物、自我意识等全部被忽视了"②。随后,契克森米哈赖与其合作者进一步提出心流体验的 9 个构成维度:自觉体验、清楚的目标、挑战一技能平

---

① CSIKSZENTMIHAIYI M. Play and intrinsic rewards[J]. Journal of Humanistic Psychology, 1975,15(3):41-63.

② CSIKSZENTMIHAIYI M. Flow:the psychology of optimal experience[M]. New York: Harper and Row, 1990.

衡、专注任务、潜在的控制感、明确的反馈、行动一意识融合、时间感扭曲、失去自我意识，这些成为后续研究的重要基础。基于此，1996 年，杰克森（Jackson）和迈什（Marsh）提出心流体验的 9 因子模型（见图 5—12）：①

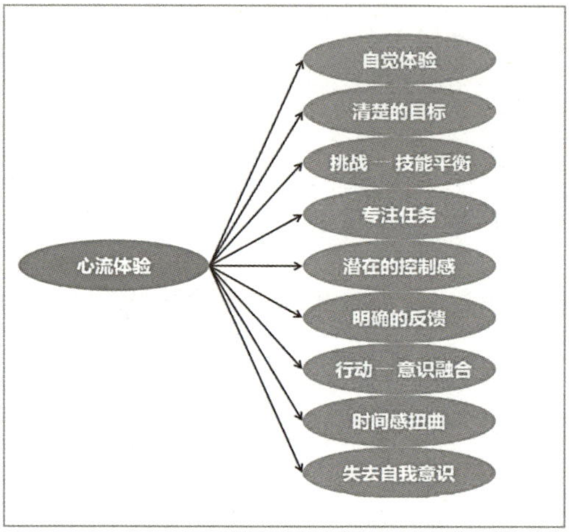

图 5—12　心流体验 9 因子结构模型②

（1）自觉体验：心流体验的最终结果，为了自己的渴望而工作，不是因为对后来奖励的期望，本质上存在收获感的体验；

（2）清楚的目标：确切地知道自己在做什么活动，明确意义和结果；

（3）挑战一技能平衡：对情境需求和个人技能平衡的感知；

（4）专注任务：非常专注的感觉，彻底的和紧张的专注感；

（5）潜在的控制感：控制事件的力量，这种控制感在心流体验中并不是有意识达成的；

（6）明确的反馈：获得迅速和清楚的反馈，确定所有事情都按计划执行的感觉，对个体行为迅速和清楚地监督；

（7）行动一意识融合：投入的程度太深，以至于产生了行为的自动性；

（8）时间感扭曲：时间过得更快或更慢，或者不会意识到时间的流逝；

---

①② JACKSON S A，MARSH H W. “Development and validation of a scale to measure optimal experience：The flow state scale”[J]. Journal of Sport and Exercise Psychology，1996，18：17-35.

(9)失去自我意识：自我消失了，个体与任务合为一体，缺乏对自我的控制。

自从1975年沉浸理论被提出后，诸多学者都从自身研究领域出发，对这一理论进行了大量丰富的研究，研究框架大致包括三个部分：心流体验的前因变量、心流体验以及心流体验带来的结果。尤其是以量表为基础的心理学实证研究，极大地完善了该理论。与此同时，心流体验也被广泛应用于外语、音乐、体育等教学研究中。随着数字传媒技术的发展，人机互动、虚拟现实、移动互联等传播技术、传媒生态环境的变化，使传播学意义上的"沉浸"研究开始崭露头角。

(二)传播学视域中的"沉浸"概念

在沉浸理论发展的早期，其在休闲心理学领域得到广泛应用，研究者在各种各样的活动中对心流体验加以测量，包括运动、绘画、娱乐、工作等。20世纪末，在网络环境、网络使用行为的研究文献中，心流(Flow)和沉浸(Immersion)的概念逐渐进入研究者的视野，二者在研究领域、研究轨迹上出现交集。这种交集，集中于对网络环境中人的状态的研究上；二者之间的主要区别在于，"心流"强调沉浸的效果，即人的身心状态，而"沉浸"强调对造成沉浸的环境因素的研究。

1.心流研究：从心理学角度考察人机互动，强调沉浸的效果

1996年，霍夫曼(Hoffman)和诺瓦克(Novak)首次将心流体验的概念运用于网络导航行为，提出"用虚拟来更好地理解真实世界"，并将网络导航中的心流定义为一种身心状态，其中包括以下要素：(1)人机交互引发的一连串无缝衔接的不间断反应；(2)真正享受这个过程；(3)伴随着忘我；(4)伴随着自我激励的过程。随后，霍夫曼和诺瓦克还对互联网环境中的心流状态进行了大量实证研究，将网络环境下的心流状态概念扩充至十个方面：①

---

① NOVAK T P, HOFFMAN D L. Measuring the Flow Experience Among Web Users[D]. Project 2000, Vanderbilt University[D]. Paper Presented at Interval Research Corporation, July 31, 1997.

(1)鼓舞:指个人对于行动感兴趣或具有热诚之情绪;

(2)挑战:指个人(行动的机会)或(情境的需要);

(3)控制:指个体相信事情的发生是由于本身的行为、能力、人格与努力所造成的结果;

(4)注意力专注:指个体将其注意力集中于目前正在进行的活动或环境中;

(5)互动:指个体能够对于媒体环境的形式或内容进行修正的参与程度;

(6)涉入:指个人透过内心的需求、价值与兴趣,而与目标所得的知觉关联;

(7)玩乐性:指活动能够提供快速的响应、使用的简易性,以及能够依照个体需求量身定做等功能;

(8)技能:指个体对于本身行动的能力或处理情境的能耐之认知;

(9)远距离临场感:指个体产生一种置身于虚拟环境中的感觉;

(10)时间扭曲:指个体对于时间流逝的感受会改变,可能会有几小时像几分钟,或是几分钟像几小时的感受。

相较于杰克森和迈什早期提出的心流体验的9因子模型,霍夫曼和诺瓦克将心流体验迁移至网络环境的研究,最突出的一点是强调"远距离临场感",跨时空、跨地域,这也正是虚拟环境所带来的最大不同。

目前,网络心流体验理论在国外被广泛应用于互联网环境下网民行为及心理研究方面,譬如网络浏览、网络游戏、网络购物、社交网络等,这些研究认为,心流理论是描述人机互动关系相当普遍且有用的架构,在网络使用行为中确实存在着沉浸于其中的现象。

2.沉浸概念:应用于虚拟现实研究,强调环境对人的作用

传播意义上的"沉浸"概念,最初主要出现在与虚拟现实相关的研究中。虚拟现实(Virtual Reality,简称 VR),兴起于20世纪末,"是一个综合数字图像处理、计算机图形学、多媒体技术、模式识别、网络技术、人工智能、传感器技术以及高分辨显示等技术,融视觉、听觉、触觉为一体,生成逼真的三维

虚拟环境的信息集成技术系统”①。因此，虚拟现实就是通过计算机和网络技术创造一个仿真世界，本质上是一种新的传播工具和传播方式。然而，与一般意义上的传播所不同的是，虚拟现实技术利用模拟仿真方式为用户创造了一个实时动态的三维图像世界，并且以视、听、触、嗅等的逼真感知和互动体验，让人产生一种沉浸的幻觉(Illusion of Immersion)，即虚拟现实的沉浸性。

超越传统意义上人与机器之间的某种类型的互动关系，“虚拟现实系统正在利用技术的进步，传达给用户一种更加完整全面的身体和心理感受，使得人机交流中的人能够越来越趋向于回到人的本原状态，进而创造和产生出一种全新的传播交流方式，即沉浸式传播”②。随着新传媒技术的日新月异，沉浸传播也正在得到理论界越来越多的关注。其中，清华大学熊澄宇教授指出，“随着交互式媒体的发展，移动媒体出现，以及未来物联网的革新，我们将沉浸在一个媒体萦绕的环境下，新媒体技术越来越成为人们不可或缺的工具，一种新型的传播方式——虚拟遥在和沉浸式传播将随之到来”③。

国内研究中对沉浸传播首次进行系统论述和阐释的是李沁于2013年出版的著作《沉浸传播：第三媒介时代的传播范式》，她将沉浸传播(Immersive Communication)定义为“一种全新的信息传播方式，是以人为中心、以连接了所有媒介形态的人类大环境为媒介而实现的无时不在、无处不在、无所不能的传播”。④ 李沁提出，在经历了原始传播、单向传播、互动传播之后，未来随着物联网与“智能城市”“智慧地球”等融入人们的日常生活，虚拟与现实二者融合成一个完整的环境媒介，人类社会将进入以沉浸传播为特质的“第三媒介时代”。

二、“浸入式收视”概念的提出

(一)浸入式收视的含义

上述关于“沉浸式传播”“沉浸传播”的研究，主要是从媒介环境、媒介演

①② 杭云，苏宝华. 虚拟现实与沉浸式传播的形成[J]. 现代传播，2007(6)：21-24.

③ 熊澄宇. 对新媒体未来的思考[J]. 现代传播，2011(12)：126-127.

④ 李沁. 沉浸传播：第三媒介时代的传播范式[M]. 北京：清华大学出版社，2013：43.

进的宏观角度展开。尤其是近些年来日益受到重视的沉浸传播研究，其立足点正是人与环境的关系，着眼于整体大环境，包含了媒介空间、环境、生态等内容，所研究的是不同社会空间、媒介场景或者虚拟场景组合在一起后的空间场景，尤其是电子媒介不断发展所产生的混合场景及其对传播内容、传播方式、媒介功能等方面带来的影响。虽然早期关于心流体验方面的研究也是从心理学角度探讨个人沉浸于某些活动中的心流状态，但针对电视受众方面的研究却寥寥无几。

在当下的电视娱乐节目传播格局中，各种娱乐奇观文本吸引了越来越多受众的注意力，凝聚着他们的想象力，成为记录当代社会品位、希望、恐惧和幻象的晴雨表。应该说，近年来最受欢迎的电视娱乐节目或多或少都包含了一些奇观的形式。这些娱乐奇观使成千上万的受众着迷上瘾，通过电视和互联网创造出一个互动的奇观社会。麦奎尔提出，考察受众与媒介关系需要注意两个维度：情感指向（Affective Direction）和卷入度（Involvement）。前者指受众对媒体积极或消极的态度；后者也可以称为“依恋程度”，其范围包括从偶尔观看，一直到对媒介人物或媒介表演产生极度的个人迷恋感。他援引诺布尔的研究指出，受众对于媒介事件和媒介人物的卷入程度可以分为两种：一种是“承认”，受众对某一种特定媒介人物非常喜爱，但是尚未失去现实感，这种体验会有助于其形成自我认识；与此相反，另一种则是“认同”，即受众深深沉溺于媒介事件或人物中，感到自己与媒介人物情感与共，声气相通，丧失了与现实社会的联系，这很容易导致个人的“身份迷失”以及对媒介的过度依赖。[①]

在媒体奇观感染下，受众呈现出一种“浸入式收视”（Immersive Watching）状态，即受众在观看节目时，专注于节目所营造的世界，进入到一种潜意识层面的信息接受与发出的状态，整个意识的注意力集中在有限的视域，呈现出欲罢不能、不断回味的心理反应，以达成某种精神补偿和欲望满足。为了论述清晰，并且与上述针对媒介环境演进的“沉浸传播”研究有所区隔，本书采用“浸入式”的提法，主要针对受众在收看电视节目时的接受状态。受众的浸入式收

① 麦奎尔.受众分析[M].刘燕南，李颖，杨振荣，译.北京：中国人民大学出版社，2006：145-147.

视，具体包括空间的浸入、时间的浸入和情感的浸入三个层面。

1. 空间的浸入

空间的浸入，主要是指受众对娱乐节目场景所产生的代入感。虽然二维平面是电视节目与生俱来的特性，对比电影三维立体空间的营造略显不足，但是近年来，娱乐节目已然迈入大投入、大制作的“大片时代”，无论是演播室内节目，还是户外节目，都在视觉元素方面取得很大的突破，各种铺满舞台的LED显示屏、高性能投影灯、超现实的时空转换……为受众营造出一个充满奇幻氛围和美好享受的感官空间。在此，以江苏卫视2014年1月推出的科学类真人秀《最强大脑》为例加以说明。该节目打破以往科学类节目或是刻板说教而索然无味，或是悬疑神秘而难以为继的制作模式，开创了互动式、分享式的科学真人秀节目类型，并且在道具奇观、神奇选手和明星效应的三重攻势下，取得收视和口碑的双赢，第一季节目的15秒广告价格也从最初的15万攀升至收官之夜的80万。“最强道具”成为这档节目播出后为受众所津津乐道的焦点之一，其中不仅有由5000个魔方组成的魔方墙、100幅可拆解为5cm×5cm小块的油画墙、《清明上河图》巨幅3D长卷等固体道具，还有101只斑点狗、32对同卵双胞胎等活体道具。此外，这些道具不再拘泥于传统的制作、搭建，而是利用高科技手段实现奇观化的视觉呈现，令受众不由自主地陶醉于节目所设置的场景中。比如，参赛者需要完成“听琴辨曲”项目时，黑暗空间里的小提琴演奏师身上和琴上布满感应热点，以方便电脑实时捕捉生物运动信息，观众在屏幕上看到的是各种几何形状的演奏轨迹，伴随着优美的小提琴乐曲，整个空间也灵动起来，让受众似乎置身于奇幻的高科技世界。此外，3D电视、裸眼3D技术等的进步将为受众在空间感的浸入上提供更多的可能性。

2. 时间的浸入

时间的浸入，主要是指受众心理时间的浸入，是受众在观看娱乐节目时对一期节目或整季节目结束时最终结果的渴望。电视是时间与空间的艺术，一般而言，电视节目时间包括播出时间、叙述时间和心理时间三种形式以及三者之间相互关系的组合。（1）播出时间是一档节目从开始到结束的物理时长，是实实在在的时间形式；（2）叙述时间是制作者利用电视表现手段对节目内在叙事主线或场景进行交代、展示的时间（叙述时间具有假定性的特征，导演和剪辑师既可以按照纵向的时间顺序展开叙述，也可以打破常规，按照平行或者交叉等原则组接镜头语言，完成叙事）；（3）心理时间则是受众观看电视节目的心理感受时间（这类时间的表现因节目的吸引力不同而变化，有些节目节奏拖沓、剪辑混乱，会令受众感觉观看时间漫长，而有些节目信息量大、爆点不断、节奏明快、可看性强，受众就会感觉观看时间过得很快，甚至于在节目结束后，还久久沉浸于其中或是反复观看，形成一种心理上的依赖）。设置悬念，是电视娱乐节目中常用的引起受众时间浸入的手段，也正因此，节目插播广告的时刻常常也是悬念的时刻，以最大限度地避免受众流失。总之，心理时间的浸入，是受众对节目传播过程的介入，随着时间的推进，潜在的事件逐渐明朗，悬念得以释放和化解。在这一过程中，受众得到心理上的愉悦，时间的流逝对于受众而言就是揭开迷雾、知晓结局的心路历程。

3.情感的浸入

情感的浸入，是指受众与他们喜爱的节目中的人物产生情感共鸣，会因为人物表现、经历等产生或喜或忧的情感。受众在观看娱乐节目时所产生的情感浸入与阅读文学作品所产生的共鸣是一致的，正如一位读者描绘她在看狄更斯作品时的经历所言，“我在情感上真正地介入了那类人。我不是在看场景，我不是在看发生的事情，但是当那个穷孩子陷入到困境要求再得到一些时……这深深地打动了我，以致我不能再看下去”①。任何一类艺术作品都需要有感染力，娱乐节目也不例外。当受众被节目中所传达的内容和形式要素所打动，并且激发起相同的思想情绪、情感和行动力时，情感浸入的作用场也就发生了。典型案例如电视选秀奇观，这类节目为普通人提供了一个展示自我的圆梦舞台，每一名选手、每一首歌曲的背后，都透射出一个平凡而真切的人生故事，娱乐节目将这些发生在普通人身上的场景原

① NELL V. Lost in a Book：The Psychology of Reading for Pleasure[M]. London：Yale University Press，1988.

汁原味地还原出来给受众观看，使他们产生亲近感和认同感。此时此刻，受众已然忘记自我，忘记权威，“希望体验替代式回报的欲望，尽管这只是与受众没有实际经济联系的关系，但受众还是常常会情不自禁地和参赛者一起比赛，正是这种受众介入的能力为节目带来了高收视率”[①]。

（二）浸入式收视的基本特征

从柏拉图著名的洞穴比喻开始，到居伊·德波的景观社会、鲍德里亚的拟像理论，再到凯尔纳的媒体奇观，围绕视觉经验变化和社会建构问题，“影像”与“观看”之间的关联性问题成为人类文明进程中建构意义的主要来源，正如海德格尔所说，“现代性最核心的文化机制在于视觉成为主导我们感知体系最重要的力量”[②]。在观看的过程中，受众得以理解所处的社会环境，并从中确认自己与所生活世界的关系。当代受众演变为扩散受众，他们沉浸于弥漫的媒介景象中，身处其中却浑然不觉。人们根据自己的需求，从媒介内容中选取材料建构想象，世界也因此被展示。每个人都既是表演者，也是观看者，一方面通过媒介景观建构日常生活，另一方面也通过日常生活中的媒介消费进行认同建构与再建构。从心理学上分析，电视媒介所建构的空间，就好像是现实之外的另一个世界，如同梦境一般，对观看的人具有精神补偿和欲望满足的功能。而观众要想进入到电视媒介的重构空间中，最主要的途径就是“浸入式收视”，其基本特征包括以下方面：

1. 受众在收看前存在着期待视野

“期待视野”是当代文学批评理论中接受美学的核心概念之一，最早由康茨坦斯大学文艺学教授汉斯·罗伯特·姚斯提出，指的是“阅读一部作品时读者的文学阅读经验构成的思维定向或先在结构”。[③] 在文学阅读活动中，读者会在自身旨趣、经验、素养、理想等基础上形成一种对文学作品的欣赏要求和欣赏水平，落实到具体阅读中，就表现为一种审美期待，“这是读者

---

① 陈犀禾. 当代美国电视[M]. 上海：复旦大学出版社，1998：89.

② 海德格尔. 世界图像的时代[M]//孙国兴. 海德格尔选集，上海：上海三联书店，1996：885.

③ 姚斯、霍拉勃. 接受美学与接受理论[M]. 周宁，金元浦，译. 沈阳：辽宁人民出版社，1987：6.

在阅读理解之前对作品显现方式的定向性期待，这种期待有一个相对确定的界域，此界域圈定了理解之可能的限度”①。从某种程度上来讲，任何艺术作品的接受与效果研究都是具有一定相通性的，受众在观看娱乐节目时同样存在着期待视野。从内容设计上来讲，任何一档娱乐节目能够维持与受众互动的深层动力来源于受众对节目人物（参赛选手或参与嘉宾）认同的情感体验。受众收看某个节目，一个很重要的心理机制是，节目中某个人或某些人获得了他的认同，他在观看的过程中对其有关心、关怀和期待。而这种期待视野通常来自于两个方面：一是既往观看娱乐节目获得的审美经验；二是受众个人化的生活经验。正是在这两者相互交融中形成具体的收视期待视野。对于节目文本的接收者——受众而言，每个人都有自身独特的生活经历和审美经验，因此也就有着不同的收视需求，在观看之前自然或不自然地都会融入具有个性化的“期待”。这种期待视野是先于收视活动而存在的。正是这种期待在某种程度上决定了受众对节目的选择，那些符合受众欣赏期待的文本自然更加容易引起注意，反之，就难以唤起受众的收看兴趣和动机。

2. 受众的浸入式收视是一个循序渐进的过程，包含着一系列自我反应

与受众在面对大众传媒时的选择性心理过程类似，受众浸入式收视的过程也是一个意识“停留—观看—浸入”的由浅入深的过程。能够促进受众意识停留的因素有很多，感兴趣的明星、媒体报道、朋友圈推荐等主客观条件都有可能激发受众对某一个娱乐节目或是节目片段产生观看动机，进而促成行动。而当受众发生收视行为时，节目内容、形式是否符合其期待视野，就决定了受众是否会持续观看下去。只有那些符合受众审美期待的节目才会引发更为深层次的移情、卷入、同化、浸入等心理反应。换言之，收看节目这一审美活动，不是主体单方面的行为，也不是客体单方面的属性，而是在一个互动的“心一物”场域下发生的行为。

3. 在受众的感知系统的浸入后，可能引发行为系统的浸入

娱乐奇观所引发的受众浸入式收视，首先体现在极具冲击力的场景、画

① 朱立元. 当代西方文艺理论[M]. 上海：华东师范大学出版社，2005：289.

面以及音效对受众感知系统的作用。首当其冲的是视觉浸入。视觉是造成受众浸入感的最重要因素，因为人的感知绝大部分来自于视觉。“全景呈现”如今已经成为综艺大片的标准配置，比如，《中国好声音》的录制现场内外共设置有26个机位用来捕捉导师、学员和观众面部表情的微妙变化；《我是歌手》节目现场总计有38台摄像机同时开工，覆盖舞台、观众席、后台所有活动区域；《爸爸去哪儿》的拍摄现场更是有40多个机位，包括专业航怕，可以说是名副其实的360度全景呈现。听觉是仅次于视觉的感知系统，人类获取信息的15%是依靠听觉完成的，在娱乐奇观情境下，听觉感官的刺激可以向受众提供辅助信息，可以增强视觉的感知，引发人的情绪状态的变化，也令受众的浸入感更加鲜明强烈。在以往的音乐类节目中，为了保证收声效果而压低现场，或者使用伴奏带是十分常见的做法，而《中国好声音》为了追求最佳听觉效果，不仅请来顶级业内人士坐镇，而且在细节上精益求精，比如导师与身边音箱的距离需要精确到厘米，每一位学员手持的话筒标上不同数字以利于收音，等等。不仅是受众的感知系统浸入，当下的娱乐节目在吸引受众行为系统浸入方面同样颇费心思，各类节目的APP游戏就是典型代表，《爸爸去哪儿》《最强大脑》《汉字英雄》等都先后推出了同名手游，将节目核心元素植入其中，吸引用户深度参与，进一步加深受众的浸入式收视感。

4.受众与节目文本达成某种情感融合后，完成心流体验

电视娱乐奇观之所以能够持续吸引受众的注意力，促使受众心甘情愿地投入大量的休闲时间、精力乃至物质花费，很重要的原因就在于节目中所传递出的价值观念、情感态度与受众自身实现了某种融合，受众通过娱乐节目观看他人的表演，观看与自身相似或渴求的经验被展示，洞察社会重要的表征进而产生认同心理。正如同很多受访者都曾提到，在观看他们的表演过程中，常常会产生仿佛自己是节目主体中的一员，也参与到节目中进行表演的感觉。这种自我代入感，正是受众走向浸入式收视、完成心流体验的必经阶段。当然，每个人的生活经验、情感经历各不相同，受众只能站在一定的视角和立场去看待和理解娱乐奇观，情感融合的过程也是情感碰撞的过程，是一种建立在差异基础之上的融合。

三、浸入式收视与娱乐奇观传播模式

(一)奇观化传播:大片时代娱乐节目的生存逻辑

自20世纪90年代中期以来,电视娱乐文化开始成为当代中国文化生态圈中被提及频次越来越高的词汇之一,王一川等人在“娱乐文化研究丛书”总序中指出:“娱乐成了90年代审美文化和日常生活的一种普遍景观和重要特征。我们正在面对娱乐文化。具体地说,我们正置身在以娱乐文化面貌出现的审美文化(大众文化、主流文化和精英文化)潮流之中。”①独乐乐不如众乐乐,在由电视媒介创造的“超真实”世界里,娱乐节目借由快乐的名义,裹挟着消费社会下生存的各方主体——生产者、明星、大众,制造着一场场华丽的奇观,炫目的舞台、震撼的音乐、亲民的偶像、疯狂的粉丝等各种元素相互“内爆”,“把我们这些生活在其中的子民们带进了一个由娱乐、信息和消费组成的新的符号世界”②。

相亲节目以“剩男剩女”这个现时代最为焦虑的社会性议题为话题,容纳了各种人性欲望、消费元素和价值观念的碰撞、冲突和妥协,为广大单身男女提供了公开交友和表达的平台,为渴求了解他人内心隐私的受众提供了一扇窗口,上演了一出性别表演的大众狂欢,也因此在短时间内成为一档颇受欢迎的电视节目。该节目体现出的是高度仪式化的特征,运用变幻莫测的灯光和富有感染力的音乐来强化或美好、或遗憾的现场气氛,妆容精致、衣着华丽的女嘉宾与汇合了世间百态的男嘉宾,在公众的注视下,或眉宇传情、或唇枪舌剑,成为闯入公共领域的婚恋奇观。

选秀节目为所有的普罗大众营造了一个圆梦的舞台,小人物也有大梦想,来自各行各业的选手,他们有着各自悲喜交加的人生故事,在梦想的指引下,他们登上舞台,向世人展示自己的才华以及对美好生活的无限期冀。

---

① 王德胜.文化的嬉戏与承诺[M].郑洲:河南人民出版社,1998:总序5.

② 凯尔纳.媒体奇观——当代美国社会文化透视[M].史安斌,译.北京:清华大学出版社,2003:2.

台下的观众在欢呼中感动着，在感动中狂欢着，草根与明星、追梦者和圆梦者，共同成就了一次又一次的超级选秀奇观。正如文化学者罗岗所言，“根本上说，今天我们已经进入一个景观时代。景观时代，也就是作秀时代，几乎所有人都有自己的一技之长，都想拿出来让人观看，被人消费”。①

亲子节目为诸多偶像的迷恋者提供了一次走近偶像家庭、窥探偶像日常生活的绝妙机会。节目中，独具嗨点的明星父子、小清新式的语言喜感、纪录片般的拍摄手法，共同成就了节目收视和口碑的跃升，在成为学界和业界争相讨论的综艺节目标杆的同时，也形成了蔚为壮观的“萌娃”奇观，参加节目的几位小朋友迅速成为炙手可热的“大明星”，广告代言、商业演出纷至沓来，甚至其一举一动、一颦一笑都牵动着观众和粉丝的心。

户外竞技节目让原本优雅、神秘的文体明星走下“神坛”，让观众在激烈的竞技比拼中看到他们真性情的一面，明星不再明星化，而是真真切切、实实在在地参与到游戏中，甚至是“用生命在玩游戏”。每期节目不同的主题化呈现，通过电视镜头将观众带入到或熟悉、或陌生的情境叙事中，通过场景、人物与游戏等的多极反应形成充满张力的戏剧效果，幽默的语言、诙谐的动作、全身心的投入，使得观众在收看中不自觉地沉浸其中，很好地契合了当下人们寻求放松、解压的心理需求。

（二）浸入式收视：娱乐奇观传播模式的重要维度

传播模式，是指研究传播过程、性质以及效果的公式。社会科学中的模式概念，是对社会规律的直观而简洁的论述。首先，模式具有构造功能，能够较为直观地揭示各系统之间的次序及相互关系，能够帮助人们较好地理解事物的整体形象；其次，模式具有解释功能，它可以用间接的方式对复杂事物和信息做出解读，若采用其他方法则可能相当复杂或含糊。模式研究，在传播学领域占有举足轻重的地位。借助传播模式分析，可以较为清晰地展示传播各要素之间的相互关系、传播过程，以及传播功能，描述传播活动特有的时间序列和空间结构。在传播学发展历史上，包括拉斯韦尔“5W”模

① 龚丹韵．“达人秀”之后选秀节目将何处去 如何找新模式[N]．解放日报，2010-8-16(3)．

式、香农一韦弗模式、德弗勒模式等在内的众多经典模式，对于理解人类的传播活动、促进传播研究，都起到重要作用。

如前所述，娱乐奇观是媒体奇观在电视娱乐行业的具体体现，是由传播者、娱乐节目文本以及受众共同打造的一场狂欢盛宴，传播者通过现代化的电子手段呈现出豪华的场景，在设定的虚拟交流空间内，以“伪真实”的事件为表现内核，营造出一种超越现实、非同一般的氛围，使得观看节目的受众被深深地吸引，甚至于深度参与其中构成表演的一极，形成“全民同乐”的狂欢场景。

如图5—13所示，传播者包含节目内容生产者和广告商两大主体。当娱乐与商业紧密握手时，便产生了所谓“娱乐产业”的繁荣，受众的需求被融入到媒介产品的生产过程中，传播主体以电视娱乐节目为起点，众多衍生产品和增值产品随之席卷而来、环环相扣，这样一条“多点聚利”的传媒产业链，也成为娱乐奇观的发动机和原始动力。

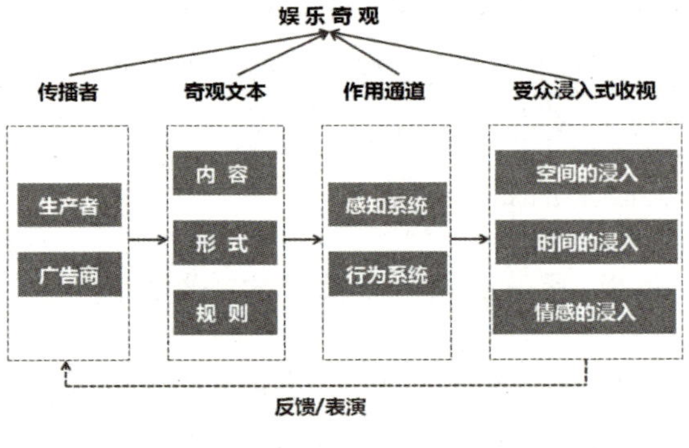

资料来源：本研究自制

图5—13 娱乐奇观传播模式

奇观文本是娱乐节目在当下奇观化传播过程中必然的演变方向。在20世纪90年代娱乐节目刚刚进入繁荣发展的初始阶段，是一个“策划时代”，节目主要以追求形式上的新颖和差异化取胜。其后，随着行业竞争的加剧，依靠策划来凝聚受众注意力的能量已经消耗殆尽，如今的娱乐节目已经进入“大片时代”——大投入、大制作、大品牌。在内容上，娱乐奇观文本无所不包，几乎囊括人类社会生活的方方面面；在形式上，形成了“大娱乐”“跨界娱乐”的全新理念，不同类型电视节目的功能元素以及优质形态都被集纳到娱乐节目中来，打破了传统节目的类型界限、风格界限以及功能界限；在规则上，通过对节目规则元素的排列组合来制造不确定性，激发和强化戏剧冲突，正是它们之间的不同组合与配置，如同万花筒般使得娱乐节目产生了千变万化的迷人景观。

在以往的传播模式中，受众因素或是被忽视，或是单纯作为一种反馈机制而被简单提及。在娱乐奇观传播模式中，受众的浸入式收视则是奇观本身的重要维度，是与传播者、内容文本并列的三个方面。而随着娱乐节目生产与传播过程中对各类新媒体技术的开发实践，娱乐奇观对于受众的作用通道不仅仅是以视听觉为代表的感知系统，在吸引受众行为系统的深度参与方面同样前景无限，这进一步强化了受众的浸入式收视状态，这种状态具体体现在空间的浸入、时间的浸入和情感的浸入三个层面。不仅如此，沉浸于娱乐奇观中的扩散型受众，不只是理所应当地存在和观看，更是在沉浸的过程中形成认同、参与建构。目击者、窥视者、认同者、效仿者……无论是扮演哪种角色、进行何种表演，受众都已经成为娱乐奇观中不可分割的一部分，都被建构为传播的主体。

第六章

消费社会语境下电视娱乐奇观的现实反思

- 第一节　消费时代娱乐奇观生发与扩散的必然
- 第二节　娱乐奇观与主流文化的疏离与建构
- 第三节　奇观快感文化背后的后现代危机

对任何传播现象和传媒文化的描述与解读都离不开社会语境。改革开放以来，中国经历了经济、社会高速发展的历史阶段，尤其是1992年市场经济体制正式确立后，伴随着新一轮的改革开放，生产过剩、拉动内需成为国人时常见诸报端的热点词汇。与此同时，人民的购买力逐渐提高，消费欲也明显增强，这一点在城市人群中体现得尤为明显。消费主义正是伴随着社会转型而产生的新的主体类型中的重要维度，也是中国城市社会从苦行者社会转型到消费者社会的标志之一。[①] 本章立足于消费社会相关理论，结合中国的社会实际与传媒实践，从根源上剖析当代娱乐奇观产生与扩散的必然，同时也对这一媒介文化现象持“谨慎乐观”的态度，对其与主流文化的关系、可能带来的后现代危机进行评析。

第一节　消费时代娱乐奇观生发与扩散的必然

一、消费文化在中国的落地生根

消费文化根植于消费社会，这是一种与消费社会整体结构和运行机制相适应的文化形态。英国学者迈克·费瑟斯通在《消费文化与后现代主义》一书中对“消费文化”有如下论述：“消费文化，顾名思义，即指消费社会的文化。……消费文化的一个重要特征就是，商品、产品和体验可供人们消费、维持、规划和梦想，但是，对一般大众而言，能够消费的范围是不同的。消费

① 王宁.从苦行者社会到消费者社会：中国城市消费制度、劳动激励与主体结构转型[M].北京：社会科学文献出版社，2009：310.

绝不仅仅是为满足特定需要的商品使用价值的消费。相反，通过广告、大众传媒和商品陈设技巧，消费文化动摇了原来商品的使用或产品意义的观念，并赋予其新的影像与记号，全面激发人们广泛的感觉联想和欲望。所以，影像的过量生产和现实中相应参照物的丧失，就是消费文化中的内在固有趋势。”①

在中国人的传统消费观念中，量入为出、节俭节约、注重实用价值、讲究经济实惠等理念深入人心。提到消费，人们往往联想到的就是吃穿住用行等生活必需品的消费，“新三年，旧三年，缝缝补补又三年”的生活方式是普通百姓生活的突出特点。在改革开放浪潮的冲击下，这种传统的消费观念也开始发生巨大转变，精神消费、超前消费、时尚消费、享乐型消费、炫耀性消费等消费主义理念开始在普通民众尤其是年轻一代中盛行。在消费文化的转型过程中，大众传媒无疑扮演着推波助澜的重要角色，日新月异的新媒介形态与琳琅满目的商品广告，不仅改变和塑造着现代人崭新的生活方式和价值观，也成为人们的消费顾问，引领着时尚、享乐与消费的新潮流。以自行车广告为例，在 20 世纪七八十年代，自行车广告大都有着这样的诉求：“中国名牌/畅销中外/荣获轻工业部优秀产品/荣获国家银质奖。”在当时，自行车作为家庭生活的三大件之一，人们对其质量有着较高的要求和期待，广告为了赢得人们的信任，着重强调产品过硬的质量。再来看当代的自行车广告，“科技时尚人性，生活可以更美好”（捷安特）、“骑乐无穷，飞鹰自行车”（飞鹰）、“与爱人同行，永久最好”（永久）……广告语中质量诉求不再是重点，取而代之的是对科技、情感、时尚潮流的突出。

同样，电视娱乐节目的更新换代亦是消费逻辑对文化生产进行渗透的重要体现。在 20 世纪 90 年代前后，伴随着国人生活水平的提高以及闲暇时间的增多，大众化休闲时代刚刚起步，以综艺表演、游戏、答题等为主要内容的娱乐节目兴起，成为受众逃避生活压力、获得暂时性满足的重要方式。而当受众能够接触到的媒介渠道、娱乐方式越来越多元化，受众对娱乐内容的需求水平也随之提升时，他们不再满足于唱唱跳跳、玩玩猜猜的简单方式，

① 费瑟斯通.消费文化与后现代主义[M].南京：译林出版社，2000：165-166.

转而更加注重视听观感、场景呈现、情感表达等深层次的东西，以各种大型真人秀节目为代表的娱乐奇观便成为电视荧屏娱乐版块的主导。由此，媒介既是消费文化的载体，因不断引领消费旨趣而得到受众的簇拥，同时消费文化也在媒介的裹挟下更加深入人心，内化成受众的一种生存状态和生活方式，二者共谋共生，共同演绎着一幕幕娱乐奇观。

二、视觉时代的“他者引导”效应

美国社会学家大卫・理斯曼(David Riesman)在《孤独的人群——美国人性格变动之研究》一书中，根据人口学的研究，独到地设想了人口增长与社会性格类型的对应关系，将社会性格划分为传统引导型、内部引导型和他人引导型，并且从父母角色、教师角色、同侪群体以及大众传播媒介的变化四个维度来分析成因。其中，“他人引导型”是指美国大城市晚近(20 世纪 40 年代)以来出现的社会性格，他指出，“在新的家庭教育约束方式的影响下，同侪群体对于儿童社会化来说变得日益重要，不仅如此，学校和同侪群体也由大众传播媒介所强化和推动，如通过电影、收音机、漫画、流行文化等。在这种情形下出现的性格类型称之为他人引导型。一切他人引导型的人有一个共同特征，即他们把同龄人当作个人引导的来源——无论是直接认识的，还是通过朋友和大众传媒间接认识的”①。理斯曼所论述的他人引导型正是出现于资本主义晚期，流行文化的协同作用及其影响力在这一阶段表现得淋漓尽致。这一论述对于当代中国娱乐奇观的盛行同样具有启示意义。

第一，视觉时代的到来使得影像消费、娱乐消费成为大众心理的解构者和建构者。所谓视觉时代的基本含义在于，相较于文字或印刷时代，以影像或形象为代表的视觉要素在社会文化中占据主导地位，电影、电视、广告、形象设计、虚拟影像等图像元素凌越语言文字成为社会主流。而视觉文化与消费社会、娱乐奇观之间又存在着一种暧昧且意味深长的联系，“消费社会

---

① 理斯曼，等. 孤独的人群——美国人性格变动之研究[M]. 刘翔平，译. 沈阳：辽宁人民出版社，1988：19.

理论突出了社会形态从以生产为中心的模式，转向以消费为中心模式。在这个深刻的转变过程中，视觉因素作为一个不可避免的趋向呈现出来。消费社会的理论范式强调的是欲望的文化，享乐主义的意识形态和都市的生活方式"[①]。丹尼尔·贝尔在分析美国消费时代对大众心理、社会价值观的影响时曾经指出，传统美国人奉行的是新教伦理和清教精神组合而成的世界观，这种世界观强调努力工作、节俭节欲，重视社会责任和人的道德行为。而随着消费时代的到来，原本的价值观被解构，电影、电视和广告成为处于时代变化中的人们的引路者："在这方面，广告所起的作用不仅是单纯地刺激需求，它更为微妙的任务在于改变人们的习俗"，于是，"娱乐道德观"代替了原来的"行善道德观"。[②] 以此来观照中国社会，这种"视觉引导"的理论分析与当下的社会现实也是基本契合的。

第二，同侪群体的参照效应加剧了娱乐节目受众的观展/表演行为，形成一种互相效仿、愈演愈烈的内部循环，从而成为娱乐奇观的重要组成部分。视觉时代的"他者引导"，除了大众传媒的示范和鼓动外，参照群体尤其是同侪群体的行为方式同样具有重要的影响作用。所谓"同侪群体"，也称之为同辈群体、同龄群体或伙伴群体，它是由地位相近，年龄、兴趣、爱好、价值观和行为方式大体相类似的人组成的一种非正式群体，各种各样的粉丝团便是典型的同侪群体。现如今的粉丝团，早已不是简单的偶像崇拜，尽管刚开始时是自发形成的，但后来逐渐形成有组织管理的团队，许多规模较大的粉丝团还拥有统一的服装、口号、聚集地、线上社区等，可以说，已经完全从一种个人行为发展成为"粉丝文化"的群体行为。在同一粉丝团内部，每个人的一言一行都是内部成员互相参照、互相学习的范本；而在不同的粉丝团体之间，这种相互的观展和表演行为就更加明显，比如 2014 年情人节当天，韩国明星金秀贤的粉丝就集资买下《新京报》整版广告，祝金秀贤 2 月 14 日情人节快乐和 2 月 16 日生日快乐。随后，4 月 20 日，明星鹿晗过生日，其粉丝也效仿前者，在北京国贸地铁站投放巨幅庆生海报，甚至每天还有粉丝

① 周宪. 视觉文化与消费社会[J]. 福建论坛·人文社会科学版，2001(2)：29-35.
② 贝尔. 资本主义文化矛盾[M]. 赵一凡，蒲隆，任晓晋，译. 上海：三联书店出版社，1989：116.

主动来擦拭这些广告牌。正是同侪群体之间的这些参照效应，进一步加剧了受众的观展/表演行为，促成了娱乐奇观的传播和扩散。

三、日常生活的审美化与景观化

“日常生活的审美化”——这一西方学界20世纪80年代中后期文化研究领域的核心议题之一，随着中国消费社会转型的深化，已成为新世纪以来学术界热议的话题。最早讨论这个问题之一的英国社会学家费瑟斯通认为，日常生活审美化与两个关键词有关：一是消费文化，二是后现代主义。他从三个维度详细阐释了“日常生活审美化”的含义：首先是指在第一次世界大战和20世纪20年代出现的达达主义、历史先锋派和超现实主义运动等艺术亚文化，这些艺术流派所追求的就是消解艺术与日常生活之间的界限；其次指的是将生活转化为艺术作品的谋划，即通过打破艺术与生活的原有界限，以艺术的精神来建构生活，比如19世纪初英国的浮华主义、19世纪中后期的巴黎豪放派与先锋派艺术等，他们致力于把生活和艺术品位相结合，建构一种标新立异的生活方式；再次是指充斥于当代社会日常生活方方面面的符号与影像之流，这也正是消费文化发展的中心，在这个层面的审美化中，现实与影像之间的差别消失了，出现了仿真的世界，按照鲍德里亚所描绘的后现代图景，超现实的东西就是今天的现实本身。①

以费瑟斯通对“日常生活审美化”内涵的阐释来观照当下中国社会文化现实，不难发现，这一美学现象，或曰文化现象，早已悄然间在我们周围滋生、成长。在此，本书无意于对“日常生活审美化”这一理论命题进行更深入的论述，而是想借用这一概念，阐述在“日常生活景观化”的文化潮流中，电视娱乐奇观盛行的必然逻辑。所谓“日常生活景观化”，是指将发生在人们日常生活中的平常事、普通事作为影像表现的对象，“前台”的表演行为与“后台”的私密行为形成交织，通过对人们日常私人生活的涉入，呈现影像消费性、生活化、景观化的特征。

---

① 费瑟斯通.消费文化与后现代主义[M].南京：译林出版社，2000：95-99.

具体到娱乐奇观上，主要表现为以下两个方面：其一，记录节目“后台”的故事成为吸引观众兴趣的重要看点。包括《中国好声音》《我是歌手》等在内的选秀节目，其场景设计都是分为舞台和后台两大区域，而与以往聚光灯紧紧追随舞台上的表演不同，这些节目都将后台区域引入到镜头呈现中，紧张备战的明星、欢呼激动的亲友、落寞感伤的身影……这些更能展示表演者“真实”一面的景象，成为激发舞台主体叙事能量的活跃因子，在奇观的建构中起到穿针引线的作用。其二，日常生活和日常经验成为电视娱乐奇观的建构空间。日常生活因其与观众实际经验的贴近性，自然容易引发情感共鸣和审美期待。无论是诸如《爸爸去哪儿》《花儿与少年》这样的户外旅行真人秀，还是如《变形计》《烈火雄心》这样的生活交换体验节目，其受欢迎的重要原因即是日常生活景观的建构，褪去刻意雕琢的表演，还原生活中的真实状态，伴随着私人领域的公共化，人际相处、情感倾诉等私人话语逐渐暴露在公众视野，这也正是梅罗维茨认为的“公共情境”合并“私人情境”的景观。

第二节　娱乐奇观与主流文化的疏离与建构

一、主流文化的内涵与外延

在谈及娱乐奇观与主流文化之间的关系时，首先需要对主流文化的内涵和外延加以厘清。何为主流文化？有观点认为，“主流文化，或称主旋律文化，是建立在国家权力基础上，表达国家正统意识形态的文化，具有权威性和强制性的特征”[①]。也有观点认为，“主流文化，是占据社会主流的文化，即被社会大多数人所认同的，在社会文化结构中占据主导地位的文化体系

① 徐圻. 冲突中的交融——论当今中国三种文化形态及其关系[J]. 贵州大学学报(社会科学版)，1998(5)：20-25.

以及文化现象，对其他文化起着重大的影响”①。还有观点认为，“主流文化是一个国家或民族的领导者、组织者积极倡导、能吸纳社会成员充分参与的文化形态”②。

主流文化多在与精英文化、大众文化的对应中被提及，并将主流文化视为来自官方，精英文化来自学界，而大众文化来自大众。从这个角度出发，本书更倾向于第一种对主流文化的界定，即主流文化指的是社会中由主导权力所倡导的一整套价值体系和观念，反映的是国家意志、文化取向和价值观，通常具有权威性、严肃性和浓厚的政治意义。主流文化积极功能的发挥，是保证政治稳定、促进社会发展的重要精神因素。改革开放三十多年来，一方面，主流文化在不断改革创新中表现出兼容并包的趋势，弘扬主旋律与文化多样化并行不悖，主流文化通过各种经济、行政、法律手段适时地对大众文化加以调控，以实现意识形态统一；另一方面，当代中国的主流文化也正处于一种前所未有的矛盾之中，这种矛盾与经济社会的转型是相适应的。

作为一种典型的大众文化形态，娱乐奇观已经将受众从单向的娱乐节目欣赏者转化为娱乐内容的积极消费者，其与主流文化的关系也一直处于一种疏离与建构的持续性张力之中。一方面，娱乐产业已经成为文化创意产业发展中最具活力的增长点之一，得到来自政策层面和实践发展的双重认可，成为增强文化软实力，建设社会主义文化强国的重要环节；另一方面，娱乐文化又因其天然的通俗性与大众趣味性，以及商业性因素的膨胀，在现实的操作中不可避免地出现与主流文化相背离的负面社会影响。围绕两者之间的关系，社会各界同样是众说纷纭、争辩不已。面对娱乐奇观这个已经打开的潘多拉盒子，有人将其视为群魔乱舞的洪水猛兽，是消费主义思潮营销下的一种畸形娱乐观；也有人为之欢呼雀跃、身体力行，以娱乐专业主义的姿态，为其在社会文化图谱上谋求合理合法的一席之地。

① 邓淦之.大众文化与主流文化：两种文化维度的差异、联系与融合[J].佳木斯大学社会科学学报，2012(3)：122-124.

② 叶思诗，杨燕.新时期主流文化取借大众文艺的路径——从《超级女声》《红歌会》到“唱红歌”活动[J].新闻知识，2011(7)：15-17.

二、娱乐奇观与主流文化的疏离

站在主流文化和精英文化的立场来看，娱乐奇观在很多维度上与主流文化所倡导的核心价值是一种疏离的关系。这种疏离首先体现为乌托邦理想与现实的距离感。在由生产者、广告商和受众共同建构的娱乐奇观下，人们沉浸于视听盛宴和虚构叙事所带来的另一空间里，在这里，可以暂时忘记生活和工作中的压力和责任，可以尽情放松、休闲、做梦，"因为娱乐不仅是一种现实的逃避，娱乐所包含的乌托邦主义同时是对现实的质疑和代替。尽管娱乐没有明确地对阶级、种族以及等级制度予以批判，但娱乐是一种渴望冲击现实结构的冲动"①。

其次，这种疏离体现还体现在二者传播载体、特征表现方面的差异。主流文化具有鲜明的权威性、统一性和先进性特征，集中表现为一种对社会价值观念的导向。而娱乐奇观却体现出一种对大众趣味的最大化靠拢和宣扬。所谓的大众趣味自然是相对于官方趣味、精英趣味而言的，人们通常把内容的通俗性、形式的低级性（不完善性）、功能的娱乐性等作为大众趣味的典型特质。在大众趣味的导向下，娱乐奇观走向高台，走入大众，以满足大众需求、迎合大众娱乐的倾向为主旨，明星和草根成为奇观参与者的两端，以往在官方和精英趣味中被弱化或遮蔽的自我、狂欢、身体、情感等元素和符号在故事、游戏、景观中逐渐走向前台，甚至占据社会文化的中心舞台。相应的，"大众以热情的关注（收视率、点击率、谈论与玩味的深广度）和货币式投票（通过各种方式购买相关'产品'）使自己成为文化或趣味市场的主体，成为一切资源的集体操作者与构成者"②。

最后，这种疏离还集中体现在娱乐奇观鲜明的商业诉求与主流文化以社会效益为大的分歧上。在传媒作为一种异常活跃的产业而存在的今天，传媒产品必须最大化满足消费群体的需求，成为一种货真价实的商品，娱乐

① 南帆. 双重视域——当代电子文化分析[M]. 南京：江苏人民出版社，2001.
② 沈湘平. 大众趣味的权力化及其后果[J]. 求是学刊，2007(2)：34-38.

奇观因其受众的广泛和产业属性的突出，成为电视台提升市场份额、获取商业利益的重要利器。尽管所有的娱乐节目无一不是标榜“社会效益”为重，力求通过展现节目中的积极价值元素来与主流价值观相契合，但是在现实操作中，由于传媒业“一元体制，二元运作”的制度根源，以及市场竞争、广电集团内部利益等的背景指向，导致娱乐奇观的商业诉求仍然是一种“不能明说”的主导倾向。

三、娱乐奇观对主流文化的建构

文化从来都不是一元的，正是文化的多元多样才使得人类文明呈现出百花齐放的美丽。娱乐奇观集聚的是人们对生活的认知和态度，每一种娱乐节目样态都不仅仅是单纯的娱乐放松，更是多种文化功能的综合体现。“作为一种固定出现的松弛，游戏成了一般生活的陪衬、补充和事实上的组成部分。它装饰生活、拓展生活并作为一种生活的功能而为个人和生活所需要。之所以如此，是由于它所包含的意义、它的意蕴、它的特殊价值、它的精神的与社会的交往作用，一句话，是由于它的文化功能。”①从大的方面来讲，电视娱乐是多元文化的载体，其建构的文化形态具有丰富的层次性，既有主流文化成分，也有大众文化元素，当然还包括主流文化与大众文化融合变通的一面。与早期那种“一体化”“一元化”的正统规范相比，当下的主流文化表现出前所未有的宽容，正是在与大众文化之间的碰撞、对抗之中，二者不断相互渗透，共同繁荣发展。从娱乐奇观的具体表现形态来看，其对主流文化的建构作用主要体现在以下方面：

第一，电视娱乐节目表现为对主流文化的鲜明体现，主旋律元素成为节目的主体。一年一度的央视春节联欢晚会即是典型的依托传统文化进行的一种国家意识形态议程设置。对于普通的电视观众而言，精心筹备的春晚既是不可或缺的民俗文化仪式，也是一场视听感官的饕餮盛宴；但是从政治传播的视角来看，春晚在满足了人们节日娱乐需要的基础上，也不由自主地

---

① 胡伊青加. 人：游戏者[M]. 成穷，译. 贵州：贵州人民出版社，1998.

接收了国家要传达的“必要认识”。纵观20多年的除夕夜春晚，其宣扬的主题价值基本上都是国家意识形态的体现，可以说，春晚已经成为典型的中国特色社会主义电视文化的代表，其价值取向中的政治意蕴已经成为不可分割的一部分。除了以春晚为代表的各类综艺晚会外，一些娱乐节目也将主旋律的内容作为节目策划的核心创意点，比如以《中国红歌会》为代表的“电视红歌现象”。2006年，地处革命老区的江西卫视为纪念长征胜利70周年，推出了大型电视选秀活动《中国红歌会》。以《中国红歌会》为开端，在2006—2011年的五年时间里，与“红歌”相关的一系列活动成为电视媒体的一场盛大景观，诸如《我爱记歌词》《绝对唱响》等歌唱类节目中设置红歌单元、中央电视台推出《红歌90年》、天津卫视推出《军歌嘹亮》……此类节目不仅得到了主流媒体的高度关注，而且得到了国家领导人、主管部门的高度肯定。

第二，这种建构作用表现在娱乐奇观对主流价值观、传统文化的认同、发扬和互动上。随着电视娱乐节目制作理念、制作经验的不断成熟和完善，许多节目不断尝试找寻“载趣”与“载道”的平衡点，努力做到“载趣而有道”“载道而不失载趣”。在管理政策导向以及电视媒体出于“文化自觉”的实践探索等主客观因素的影响下，近年来，公益与娱乐的多样态融合成为节目制作者的共同选择，“梦想”“圆梦”“幸福”成为出现在娱乐节目中的高频词。《中国好声音》定位为“励志音乐评论节目”，突出专业性，旨在为普通的音乐爱好者提供实现梦想的舞台；《中国梦想秀》以“梦想”为创作旨归，为普通百姓追求梦想提供出口，节目也成为展示百姓多元梦想、实现人生励志的公益平台。正是这种对主流价值观的积极践行，赢得了主流媒体的高度赞扬，比如《光明日报》点评认为，“《中国梦想秀》和《中国好声音》高举主流价值观的大旗，为至情至爱歌唱，为立志励志喝彩，为大善大美呼喊，为荧屏吹来一股清新之风”①。不仅如此，诸如汉字、成语、诗词歌赋、谜语等传统文化元素更是直接成为娱乐节目的创意源泉，《中国汉字听写大会》《中国成语大会》《中国谜语大会》《朗读者》等文化类节目在收视和口碑上均有不错表现，并且直

① 李蕾．输出正能量 传递真性情——从浙江卫视《中国梦想秀》《中国好声音》看综艺节目如何突围[N]．光明日报，2012-08-08(015)．

接带动了一股娱乐节目的汉语言文化热潮，为观众呈现出一道大众文化与传统文化创意混搭的文化盛宴。

第三，娱乐奇观对主流文化的建构作用还突出表现在娱乐产业对提升国家文化软实力的积极促进作用上。“软实力”(Soft Power)这一概念由美国哈佛大学教授约瑟夫·奈(Joseph Nye)于20世纪80年代首次提出。他指出，“软实力”主要有三个来源：“一是文化，当一国文化包含普世的价值观，且政策是促进别国所共有的价值观和利益时，其获得理想结果的可能性增大；二是政治价值观，指在国内能实现民主、在国际机制中与别国合作、在外交上促进和平与人权的价值观；三是被认为合法和拥有道德权威的对外政策。”[①]文化正是打造文化软实力的重要来源。长期以来，文化在我国都是作为一项事业来经营，由政府统筹安排，民间力量、市场力量发挥不足，这种计划式的文化产品生产模式随着市场经济的完善而越发显示出不相适应的一面。约瑟夫·奈在接受《南风窗》专访的时候就一针见血地指出：“中国依旧缺乏帮忙创造国家‘软实力’的非政府机构。”[②]从这个角度来看，当前蓬勃发展的娱乐产业由于其与市场的天然契合性以及流行文化的商业性、时尚性等因素，理应成为我们打造文化软实力的重要一环。从各国的发展经验来看，在当代以市场经济为主导的消费社会语境下，任何一国核心价值观的传播以及文化软实力的提升，都离不开流行的、大众的文化产品，大众文化在推广生活方式、塑造社会价值观方面具有更加隐蔽的、强大的潜移默化作用。从远的方面讲，美国的好莱坞电影、模式节目已经成为输出美国文化的重要载体；从近邻来看，包括娱乐节目、影视剧、明星等在内的韩流文化，已经成为风靡亚洲的流行文化现象，同时也对提升韩国文化的市场地位与国际影响力都具有重要的作用。因此。对于创造收视和口碑效应的娱乐奇观，我们需要做的应该是不断完善政策机制、强化市场职能、拓展盈利方式，在促进其自身可持续发展的同时，强化版权意识和原创意识，继而走向国际化模式输出之路。

---

① JOSEPH N. Soft power：the means to success in world politics[M]. Public Affairs，2005.

② 于盈. 约瑟夫·奈：中国缺创造“软实力”的非政府机构[J]. 南风窗，2009(13).

第三节　奇观快感文化背后的后现代危机

快感(Pleasure),从字面意思来理解,就是愉快、快乐的感觉,主要是指一种感官上的快适和生理上的舒畅感受。关于快感与美感的关系问题,是中西方美学研究的关键问题之一。如何区分二者,美学大师朱光潜曾经有这样一段浅显易懂的论述:“美感和快感是很容易分别的。其一,美感与实用活动无关,而快感则起于实际要求的满足。口渴时要喝水,喝了水就得到快感;腹饥时要吃饭,吃了饭也就得到快感。其二,美感经验是直觉的而不是反省的。”[①]而在西方,从柏拉图、康德、尼采等哲学先知,到精神分析—结构主义传统,再到后现代主义的理论家,对于快感问题都有丰富的理论论述。在20世纪80年代以前的传播与文化研究中,快感更多的是作为一种个体心理感觉研究范畴,通常解释为“对那种觉得想要或使人满足之物的预期与欣赏”,[②]20世纪80年代以来,研究者开始更多地关注快感的社会、意识形态与话语内容。

詹姆逊认为,“‘快感’是一种商品,或者说‘快感’是‘经济’,因而也是‘政治’的。快感问题的政治意义,不仅是个体经验性的快乐那么简单,而是各方艺术的、文化的、政治的、经济的和道德的力量及其种种理论和实践的形式都在致力于挖掘它、利用它、改造它、建构它,并从中最终实现自己的利益”[③]。“快感”作为一个批评术语成为电视文化的核心概念,则要归功于费斯克独到而又饱受争议的论述。费斯克认为,快感是驱动大众文化的根源,他将快感划分为两种类型:“一是躲避式的快感,它们围绕着身体,在社会意义上,倾向于引发冒犯与中伤;二是生产式的快感,围绕社会认同与社会关系,并通过对霸权力量进行符号学意义上的抵抗,而在社会的意义上运

① 朱光潜.朱光潜谈美[M].上海:华东师范大学出版社,2012.

② 费斯克,等.关键概念:传播与文化研究辞典[M].李彬,译注.北京:新华出版社,2004:210.

③ 詹姆逊.快感:文化与政治[M].王逢振,译.北京:中国社会科学出版社,1998:137-138.

作。”[①]费斯克对于快感的阐述，将其与受众微观的政治权力抵抗联系在一起，与大众文化的平民主义思想可谓是一脉相通。

时至今日，没有人会否认消费时代的电视文化是一种快感文化，为受众提供视听感官上的愉悦是其主要功能，这是由电视自身的传播特性及其所面向的受众群体所决定的。电视是一种视听合一的传播媒介，具有较强的冲击力和感染力，但同时这种声画也是线性的，具有转瞬即逝的特点，几乎不给受众留下深入思考的机会，因此电视带给人们的大多是感官层面的内容，反映并促成的也是一种感性思维。此外，电视传播面向的是社会大众，他们的欣赏水平和文化程度参差不齐，电视节目要想在更广的范围传播，就必须考虑到多数人的接受需求而偏向于大众趣味。因此，电视节目，尤其是娱乐节目以轻松消遣的方式来迎合大众口味自然无可厚非，问题在于，当传媒以娱乐的思维演绎所有的内容，当追求快感体验成为娱乐节目营造视听刺激“冠冕堂皇”的理由而罔顾社会文化、受众审美旨趣的沉沦时，就不得不引起重视和思考。

一、以快乐之名：电视娱乐功能极度膨胀

自20世纪90年代中期以来，在媒体市场化改革推动下的传媒文化娱乐化已经成为当代重要的文化景观之一，一个越来越明晰的事实是，娱乐化的内容成为电视文化最为浓墨重彩的一笔：各大省级卫视无一不是以引进、研发大型电视娱乐节目作为打响知名度、保持品牌竞争优势的首要利器，就连一向是“高冷范儿”的央视也加大了对综艺娱乐节目的投入力度，在“开门办央视”的理念下，放下身段与民间制作公司联手合作，以开发综艺节目富矿为突破点，强化“娱乐”属性，力求实现年轻化转型。在传统的节目编排上，只有周末才是娱乐节目的天下，而如今，娱乐节目的战火已经从周末燃至周间，“5＋2”格局转向“4＋3”，各大卫视不仅周末档“针锋相对”，周间后黄金时段同样也是寸土必争。除了湖南、上海、浙江、北京、江苏等一线卫视继续

① 费斯克. 理解大众文化[M]. 王晓珏，宋伟杰，译. 北京：中央编译出版社，2001：68.

以大型综艺划分领地之外，安徽、湖北、山东、河南等二三线卫视也纷纷加大节目研发投入力度，力求在娱乐节目市场分一杯羹。节目类型上更是涵盖广泛，无论是军事、科技、文化、体育等冷门题材，还是歌舞、才艺、喜剧等综艺门类，统统可以用娱乐化的表现手法加以包装，刻上快乐的烙印。

电视娱乐功能极度膨胀的过程，也就是电视文化走向泛娱乐化道路的过程。娱乐走向纯粹化，渗透到人们日常生活的方方面面，不仅娱乐节目大行其道，就连新闻类节目也趋于趣味化、柔性化处理。“媒介文化的泛娱乐化带来的荧屏内外充满了调侃、戏谑和颠覆的全民狂欢时代，或曰‘众神狂欢’，成为当下的文化景观。”①在此，我们暂且不谈新闻娱乐化的问题，而主要以娱乐文本过度娱乐化所带来的低俗化倾向为审视对象。诸如，虚构人物故事，情感造假；以身体、性为兴奋点，以边缘性的话题和庸俗化的取向来博取收视；热衷于“贩卖”隐私，盲目引导追星热潮；主持人奇装异服，油腔滑调，插科打诨，评委说话口无遮拦，尖酸刻薄；将儿童包装成成人，利用孩子的童真哗众取宠，等等，这些都是娱乐节目低俗化的表现。比如，2013年，江苏和浙江两大卫视曾经高调推出明星跳水真人秀节目，两档节目同样都是购买版权的模式节目，在节目制作、明星阵容等方面可谓“大手笔”，节目的立意和出发点也都有一定的创新之处，客观上对于普及跳水项目、增进受众对竞技体育的了解具有推动作用，但节目在实际操作过程中却出现种种偏差，有的甚至完全走起猎奇、娱乐路线，出现了“周韦彤夹紧”“女星泳衣走光”“释小龙助理溺亡”等负面消息，以至于被管理部门责令停播限期整改，两节目的收视也呈现出明显的“高开低走”态势。《人民日报》发表评论认为，“中国跳水想要的是项目推广，却苦于难寻更好的模式，只能依托娱乐节目做推广；跨界明星明知挑战专业跳水注定窘态百出，但苦于难寻更好的提升曝光度平台，只能硬着头皮向前冲；而当节目定位与观众收视一旦形成相互迎合之势，恐怕只能是观众的口味越来越重，节目的底线越来越不靠谱”②。

---

① 杜晓红.电视文化中的“快感”问题研究[D].苏州大学，2011.

② 钟文.明星跳水“秀”的啥[EB/OL](2013-04-08).http://sports.people.com.cn/n/2013/0408/c143318－21048326.html.

批判理论的观点认为，某种意识形态的实现，往往是通过话语建构来完成，娱乐话语、娱乐文本也不例外，同样也是承载着特定的意识形态导向。"在娱乐化浪潮中，文本表面传播的是娱乐信息，但在本质上它传递的却是享乐主义与消费主义等意识形态。"①不仅如此，娱乐奇观背后的意识形态更为隐蔽、自然，以"润物细无声"的方式悄然影响和改变着受众的价值取向、生活方式、情感心理。电视是制造快乐的梦工厂，电视娱乐奇观正是以斑斓明快的色彩、华丽绚烂的场景以及震撼人心的声效，为现代人编织了一个"快乐的世界"，同时也完成了消费主义意识形态的隐性书写。

二、娱乐欣快症：快感体验代替审美体验

过度娱乐必然涉及媒介和受众两方，前面对于电视娱乐功能极度膨胀的分析主要是从娱乐的提供方——媒介角度来分析。而作为受众一方来讲，倘若过度接受或过度参与娱乐内容，同样也可能会迷失在虚拟的快感之中，成为文化工业流水线上"单向度的人"。"欣快症"是詹姆逊从精神病理学角度对后现代主义的文化逻辑和大众文化的美学表征所做的著名诊断。他将"欣快症"界定为"焦虑与异化感的消逝，以及一种无痛的、类似于吸毒幻觉的欣快感"。在后现代世界里，"焦虑"和"异化"的概念不再适用，主体的异化被主体的分裂所替代。后现代主义"从负面可描述为焦虑及现实的失落，也可以从正面想象为欣快症、麻醉状、使人欣喜若狂的或引起幻觉的强度"。②

电视娱乐奇观为受众创造的是另一番不同于现实的虚拟空间，虽然其叙事性不如电视剧般环环相扣，但是人物（参赛者）的性格命运、比赛结果，甚至是节目嘉宾的一颦一笑，都会牵动粉丝的心。如前所述，在观看喜欢的娱乐节目时，受众会全身心投入，处于一种浸入式收视状态，情绪、情感完全被节目所左右。当娱乐奇观占据了受众大部分休闲时间时，就会出现受众为了观看一场晋级赛而熬夜等待，为了满足对偶像的了解而无休止地搜索

---

① 蔡骐，蔡雯．娱乐化浪潮中的媒介文化——文化研究与传播政治经济学的解读[J]．湖南大众传媒职业技术学院学报，2007(1)：5-10.

② 詹姆逊．快感：文化与政治[M]．王逢振等，译．北京：中国社会科学出版社，1998：182.

一切相关信息，甚至于为了维护喜欢的选手或是明星，转战各大论坛为偶像声援造势……当过度沉浸于各种娱乐狂欢之后，一旦回归现实生活，受众主体所留下的只是倦怠的身心、萎靡不振的心绪，全然不见放松调整后所应有的活力与状态，面对奇观世界与现实社会的巨大落差，空虚感、无助感油然而生，人们可能变得更加消沉、忧郁，而只有在那些传媒用心编织的美好图景中，似乎才能找到自我的存在价值，在忘乎所以的宣泄中，找到寄托，找到自我。因此，"这是娱乐狂欢的胜利，是娱乐欣快感对个体自我的胜利，对于回到现实的主体来说，只能意味着主体的全面溃败与失落"①。

在后现代色彩日益浓厚的当下，作为大众文化的典型代表，电视娱乐奇观在文化的认知功能、教育功能以及审美功能方面渐趋淡化，更加突出和强化的是其强烈的感官冲击所带来的娱乐功能。娱乐奇观通过绚丽宏大的场景、紧张刺激的竞赛规则以及俊男靓女们的"卖力表演"，带领观众从缺席抵达在场，从放松走向沉迷，虚拟的快感凌越失落的现实，成为大众消费文化的集散地。康德曾经对"愉快"做出两种区分：一种是"感性的愉快"，主要是经由感官或者鉴赏所获得；另一种是"智性的愉快"，主要通过可显现的概念或者理念表现出来。② 而当视听感官的生理快感得到满足时，伴随而至的便是反思能力、批判能力的衰减。可以说，电视娱乐奇观的过度盛行和泛滥，不仅让承担更多社会教化、舆论监督功能的严肃类节目越来越边缘化，同时也使得受众的快感体验急剧上位、膨胀，对于文化艺术的审美体验正在被感官快感所置换。更加令人担忧的是，传播者与生产者之间的互动可能形成恶性循环，受众越是沉迷于感官视听的消费中，传播者越是可能投其所好，如此电视文化所承载的理性、深刻、高雅趣味、审美品位被一点一点地消解着，娱乐的真正内涵、终极意义被严重扭曲，积极意义上的电视娱乐功能被颠覆。

① 杜晓红. 电视文化中的"快感"问题研究[D]. 苏州大学，2011：115.

② 康德. 实用人类学：第 2 卷[M]. 邓晓芒，译；转引自邵培仁，潘祥辉. 论中国电视娱乐节目的困境与出路[J]. 嘉兴学院学报，2005(5)：5-10.

三、枯萎的精神领地：当文化沦为快消品

对于大众文化、媒介文化的研究，已经成为新时期文化研究领域最受关注的领域。尽管二者的概念内涵并不完全一致，但在当前的文化研究语境中，大众文化研究日渐向媒介文化研究倾斜却是不争的事实。中国当代大众文化的发展历程不过短短数十年，在这并不算长的时间里，大众文化借由传播媒介的技术支撑而不断发展壮大，大众文化与媒介文化也呈现出更加水乳交融的发展趋势。尤其是新世纪以来，各种新的媒介形态不断涌现，大众文化在政策层面获得合法性地位和生存空间的同时，也获得了来自传媒的技术原动力。如此，媒介文化来势汹汹，将每一个人都裹挟其中，在枝繁叶茂的同时却又旁逸斜出，成为精英文化、主流文化批判的众矢之的。

改革开放以来，在"时间就是金钱，效率就是生命"的价值观指导下，在社会经济发展步入快车道的同时，人们的生活也进入"快时代"，由此带来各种矛盾冲突也成为社会转型期的突出特点。有学者用"青春期焦虑"来比喻当下中国的社会现状：政治领域——地方集权主义化的民主焦虑；经济领域——大型资本政治化的泡沫焦虑；文化领域——意识形态空壳化的信任焦虑。[①] 文化的这种信任焦虑，其典型症候就是大众文化对于主流文化的冲击，而文化沦为"快消品"的社会现实，反过来又加剧了这种分裂和焦虑。

所谓"快消品"，即快速消费品（Fast Moving Consumer Goods，简称FMCC），是指那些使用时效较短、流转速度较快、更新换代较快的消费品，此类产品主要包括个人护理用品、食品饮料、保健品、烟酒等。一般来讲，快消品具有以下基本特征：一是便利性与随机性，即消费者选购此类产品时往往以方便购买为原则，随用随买、随买随用；二是从众性与冲动性，消费者购买所需的知识程度较低，易跟风购买，同时容易受到产品包装、打折促销、卖场气氛等感性因素影响，易冲动性消费；三是品牌忠诚度不高，即消费者很容易在同类产品中转换不同的品牌进行尝试。归结而言，快消品的消费特征

① 周志强.这些年我们的精神裂变[M].北京：社会科学文献出版社，2013：6-8.

就是简单、迅速、冲动、感性。对应于文化领域的“快消”现象，我们看到的是，电视节目更新换代日益加速，一瞬间的流行代替了经典的传承；传统文化被以大众喜好的、通俗易懂的方式进行碎片式解读和传播；感官冲击僭越审美内涵，却又以“雁过无痕”的姿态将现代人的业余时间一网打尽。长此以往的结果是，这些形形色色、光怪陆离的文化快餐把我们的精神世界填充得水泄不通，侵占着我们的精神领地，经典缺失、娱乐当道，文化将失去生机和活力，思想之花也会枯萎。

如今，我们已经习惯于将高雅文化束之高阁，“以百姓喜闻乐见的方式”似乎成为一切文化艺术“沉沦”的冠冕堂皇的借口，社会对文化的宽容度越来越高，对文化品位的要求似乎也越来越低。无论是否有文化价值、价值几何，只要不触碰“底线”，只要算不得“低俗”，就可以畅通无阻，甚至成为流行的风向标。与过去相比，社会文化的内涵也发生了很大的改变。在20世纪80年代，只有诸如文学、音乐、美术或者电影这样的艺术方可被称为“文化”，“文化”与“高雅”虽不是完全对应，但参与这样的文化活动，至少意味着脱离“庸俗”的日常生活情境，进入到一种“艺术”体验中。及至20世纪90年代，人们更多的是谈论艺术边缘化问题，是商业化对“纯文化”的亵渎和侵蚀。而今天，文化呈现出另一番格局，宏大的、高雅的被视为脱离生活、脱离实际，而只有获得大众推崇和追捧的似乎才是真正的“文化”。于是，“文化曾有的高雅旨趣、理性主义、启蒙色彩让位给了商业、娱乐、媚俗，文化不断沉沦，遵从市场意识形态引导的大众文化占领了社会的大片领地。为使自己的产品为市场所接受，文化制作者往往以降低品位、贬损精神内涵为代价，按照社会成员的大多数——大众的审美趣味来从事创作”①。即便是如《中国好声音》《我是歌手》《爸爸去哪儿》《奔跑吧兄弟》这样深受主流意识形态与社会普罗大众一致点赞、充满正能量色彩的娱乐节目，在文化快消的时代，也不过来也匆匆去也匆匆，很快被大众遗忘在新一代的娱乐奇观中。

① 李琦.众声喧哗与众生失语——当下媒介文化的人文反思[J].湘潭大学学报(哲学社会科学版)，2012(5)：80-84.

结语　电视娱乐奇观:媒介文化研究的时代命题

当下的中国电视生态，在政策、技术和市场的三轮驱动作用下，正在不同层面呈现出愈加多元的图谱。而其中一大重要的变化就是，娱乐节目不仅与电视剧、新闻一起构成带动收视的“三驾马车”，而且以各种类型真人秀为代表的大型季播娱乐节目正在成为引领中国电视产业增长的创新点。电视娱乐奇观，作为一种文化样态和大众媒体的视听产品，它既受到结构性社会变迁的影响，同时也对社会文化有着一定的反作用力——此间的相互建构与影响，为研究者提供了一个多元的议题空间和丰富的视角选择。本书以当代电视娱乐奇观作为研究对象，在纵向梳理了中国电视娱乐节目发展流变与受众角色变迁的基础上，选取当下典型的奇观节目文本作为案例，从文本细读的角度，层层剥笋，剖析了这些节目是如何制造出一幕幕影像盛宴，成其为“奇观化传播”。然后，以娱乐奇观传播的两端——内容生产者和受众，作为进一步分析对象，一方面对电视娱乐产业在生产机制、产品形态、营销模式等方面的新变化作出解读，揭示出娱乐奇观背后的商业逻辑；另一方面，从数字受众和意见受众两个维度入手，重新审视置身于视听/商业奇观双重范式下的受众角色。可以说，进入人们视线的各种娱乐奇观现象从自发到自觉，到人为制造，再到常态化，已经在不知不觉中被植入人们的日常生活，成为奇观社会的组成部分。正如道格拉斯·凯尔纳所言，“媒体文化会继续成为新千年社会变革的主要动力之一，其影响力比以往任何时候都大得多。媒体文化为性别文化、社会认可的行为、生活方式和时尚提供范式，它也制造出一个又一个时代的偶像”①。本书主要结论归纳如下：

第一，娱乐奇观是媒体奇观在电视娱乐行业的具体表现，奇观化传播已经成为大片时代娱乐节目的生存逻辑。

“娱乐奇观”是媒体奇观在电视娱乐行业的具体表现，是由传播者、娱乐节目文本以及受众共同打造的一场狂欢盛宴，传播者通过现代化的电子手段呈现出豪华的场景，在设定的虚拟交流空间内，以“伪真实”的事件为表现内核，营造出一种超越现实、非同一般的氛围，使得观看节目的受众被深深吸引，甚至于深度参与其中构成表演的一极，形成“全民同乐”的狂欢场景。一方面，大众媒体为构建这样一个奇观化传播的影像世界而殚精竭虑，并竭尽所能地力求让节目得到全方位高效传播，实现收视和口碑的双赢；另一方面，受众在一定程度上也乐于接受媒介提供的奇观文本，并且参与其中，共同书写奇观。

娱乐节目是电视提供娱乐功能的最主要体现，是依据人们的日常生活所做出的一种轻松调整，受众也正是基于个体经验来完成审美和娱乐的接受过程。当日常生活的景观化成为一种常态时，人们习惯于通过影像、画面、音频等视听元素来获取信息，对电视节目的感官期待要求更高。于是乎，越来越多的娱乐节目开始重视视觉表达效果，影像可看与否、可体验与否，画面冲击力如何，成为衡量传播力和影响力的重要指标，在一定意义上，显现出图像对话语的凌越，奇观化传播开始成为大片时代娱乐节目突围制胜的生存逻辑。在这种节目制作理念的转型中，重在强调时间质感的传统叙事美学；被置换成空间性的造型美学，在这样的娱乐奇观世界里，受众的感官体验得到最大化释放，进而加入其中并乐此不疲，一个情境开放、众声喧哗的娱乐场域得以生成，传播链条上的各类主体游弋其中，实现本体需要。可以说，娱乐奇观已经深刻地影响到电视娱乐节目的生产理念以及娱乐产业的呈现形态与发展方向。

第二，娱乐奇观的传播模式是由传播者、奇观文本、受众共同完成的，尤

① 凯尔纳. 媒体奇观——当代美国社会文化透视[M]. 史安斌，译. 北京：清华大学出版社，2003：英文原版前言 10.

其是受众的“浸入式收视”，是构成娱乐奇观的重要因素。

娱乐奇观的传播者包括节目的内容生产者和广告商两大主体。在当下的电视业与广告业的合作中，一场新的变革正在发生——广告商的身份正在从“投资商”转向“合伙人”。在实际操作中，尤其是大型娱乐节目的内容营销，需要电视台、广告商从策划到执行再到传播等各个环节共同协商、共同参与、同步执行，广告商与生产者之间成为同呼吸共命运的有机体。受传者，既是节目受众，亦是消费者，他们的需求被融入媒介产品的生产过程中，传播者以娱乐节目为起点，形成“多点聚利”的产业链，这也正是娱乐奇观生成和扩散的原始动力。

奇观文本是娱乐节目在当下奇观化传播过程中必然的演变方向。如今的电视娱乐已然进入“大片时代”——大投入、大制作、大品牌。在内容上，娱乐奇观文本无所不包，几乎囊括社会生活的方方面面；在形式上，形成了“大娱乐”“跨界娱乐”的全新理念，不同类型电视节目的功能元素以及优质形态都被集纳到娱乐节目中来；在规则上，真实和冲突成为核心诉求，正是它们之间的不同组合与配置，如同万花筒般使娱乐节目产生了千变万化的迷人景观。

在娱乐奇观的传播模式中，受众的浸入式收视则是奇观本身的重要组成部分，是与传播者、内容文本并列的三个方面之一。而随着内容生产与传播过程中对各类新媒体技术的开发应用，娱乐奇观对于受众的作用通道不仅仅是以视听觉为代表的感知系统，在吸引受众行为系统的深度参与方面同样前景无限，这进一步强化了受众的浸入式收视状态，这种状态具体体现在空间的浸入、时间的浸入和情感的浸入三个层面。

第三，中国电视娱乐节目孕育于早期的电视文艺，大致经历了宣传文艺、电视综艺和娱乐体验三个发展阶段，受众角色也经历了从被动接受到主动参与的转变。

在20世纪90年代中期以前，中国的电视娱乐节目一直在羞羞答答和蹒跚学步中缓慢前行。直到1997年以湖南卫视《快乐大本营》为代表的游戏娱乐节目的诞生，才真正宣告电视娱乐节目风潮的来临。与娱乐节目样态发展相同步的是，受众的角色和地位也在发生着改变：从宣传文艺阶段的接受教化者，到电视综艺阶段的观看欣赏者，再到娱乐体验阶段的参与表演者甚至是评判决定者。在这样的变迁过程中，电视娱乐对于受众的影响日渐深入，从腠理之影响直到心灵之影响，一方面，受众从被动的接收者成长为主动的参与者；另一方面，受众地位实质上也是从一种自上而下的教化式控制，转变为消费时代被商业逻辑、视听盛宴所引诱的奇观“迷狂”。

第四，电视娱乐奇观文本有着自身独特的编码规则：在内部，它是多种节目元素的聚合之地，致力于展现多方力量的博弈与冲突，以诉诸受众的视听快感为目的；在外部，它是蕴含社会文化密码的传感器，反映着一定的社会价值观和社会理想，因其真幻交融、丰富复杂而成为社会文化隐喻。

并非每一档娱乐节目都能创造奇观，真正能够算得上娱乐奇观的节目，也可以被称为“现象级节目”，它至少需要满足三个层面的要求：第一，要有超高的收视率，在为电视台带来巨大经济收益的同时，也要在受众中引发“收视狂潮”；第二，节目形态要有一定的新鲜感，或是颠覆传统节目模式，或是在继承的基础上有质的飞跃；第三，要有社会性的话题产生，在某一段时间内能够激发社会各行业各层次人群讨论，并且具有一定的社会启示意义。从真正的电视娱乐诞生以来，能够创造娱乐奇观的节目也不过有《超级女声》《非诚勿扰》《中国好声音》《爸爸去哪儿》《奔跑吧兄弟》等寥寥数档，本书选取后四档节目作为文本分析对象，探析这些奇观文本的编码规则。

《非诚勿扰》以“剩男剩女”这个现时代最为焦虑的社会性议题为话题，容纳了各种人性欲望、消费元素以及价值观念的碰撞、冲突与妥协，上演了一出性别表演的大众狂欢。该节目体现了高度仪式化的特征，全景式舞台、灯光音效等共同促成了“真人＋表演＋婚恋＋镜像”的媒体奇观。《中国好声音》上演的则是一场平民与明星共舞的选秀奇观，在竞赛、征服和加冕三重脚本的推动下，“好声音”与“好故事”交织进行，在高度模式化的设计中完成了“丑小鸭”的加冕，成为千百万追梦人的精神寄托。《爸爸去哪儿》成为奇观的根源在于这种质朴亲情的偶像化生产，正是这种明星日常生活叙事的转向，让节目多了一份“小清新感”，以真实赢得认同，再加之纪录片式的超精良制作与推广团队的出色营销，共同成就了这场“萌娃奇观”。《奔跑吧兄弟》以人类寻求娱乐放松的原始需求为立足点，通过精心设计的主题情境营造出深度代入感，同时节目将原本“星光熠熠”的明星还原到现实的人物关系图谱中，其中所展现的“真性情”对观众形成了巨大的召唤力和吸引力。

第五，在传媒市场化、商业化的背景下，节目内容成为电视台创造核心竞争力的媒介产品，在这层含义下，电视娱乐奇观也是内容生产者与广告商共谋下的商业奇观。

在娱乐文化大行其道的今天，广告与娱乐之间的界限日渐消弭。新世纪以来，各种真人秀节目类型的蓬勃发展不仅将电视娱乐奇观推向极致，同时也在改变着传统电视节目营销，电视媒体正在从资源驱动走向价值驱动时代——由以往依靠资源扩张的一次售卖实现增收，转向凭借传播效率的提升拉动自身品牌的溢价能力，优质的节目内容资源成为平台强大的议价资本，大型季播节目一再刷新广告招标价格，则是优质节目价值驱动力实实在在的体现。基于此，娱乐节目与广告之间共生共荣的关系也进一步强化，很多广告客户之于节目的关系，已经悄然从“投资商”转向“合伙人”，私人定制式的内容营销在娱乐奇观中屡见不鲜。

除了广告营销模式的转变外，节目模式的全球流动也是促成娱乐奇观的重要产业因素。作为文化产业的重要组成部分，电视节目生产具有与生俱来的产业特质，全球节目模式贸易的兴起与发展，正是电视作为文化工业的生产属性使然。娱乐节目因其独特的娱乐产业属性以及跨地域、跨文化传播的现实操作性，成为模式节目的主阵地，流行的节目模式具有一定的示范意义和市场引导价值，节目模式的生产与销售已经成为全球电视市场竞争中一个新的经济增长点和盈利领域。

而在产业链层面，娱乐作为媒介产业的动力机制，已经成为市场驱动下电视媒体打造核心竞争力、寻找增量的探路先锋。以娱乐节目作为传播出发点，在娱乐专业主义理念的指导下，通过节目塑造成功的文化产业品牌融入文化大市场中，最大化释放节目的资源价值，以此促成节目观众向娱乐奇观消费者的转化，实现电视产业领地的拓展。

第六，对于电视娱乐奇观，意见受众呈现出不同的收视反应，在这其中，受众的“浸入式收视”状态值得关注，他们沉浸于弥漫的媒介景象中，成为奇观化传播的重要组成部分。

在娱乐奇观的生产过程中，节目的产制者、广告商制造了一个充满影像和符号的景观世界，受众在媒介建构起来的意象中完成对意象的消费，在媒介所提供的娱乐文本中获取快感和信息。而在受众主体意识不断增强的同时，被媒介景观的无意识浸染也更加深化。

从收视数据来看，娱乐节目已经成为电视受众不可替代的欢乐盛宴，是与电视剧、新闻时事并驾齐驱的拉动电视收视市场的“三驾马车”。来自参与观察和深度访谈的研究发现，娱乐奇观的受众大致可以分为奇观效应下的单向度受众、与奇观共振的生产性受众、寻求自我建构的扩散受众，以及奇观的“局外”审视者四类不同的观看主体。而在这其中，无论是持何种态度的意见受众，都有可能呈现出“浸入式收视”的状态，包括空间的浸入、时间的浸入和情感的浸入三个层面。不仅如此，沉浸于娱乐奇观的扩散型受众，不只是理所应当地存在和观看，更是在沉浸的过程中形成认同、参与建构，受众已经成为娱乐奇观中不可分割的一部分，被建构为传播的主体。

第七，在影像消费、娱乐消费成为日常生活常态的今天，娱乐奇观的生发与扩散具有其必然性。娱乐奇观与主流文化之间呈现出“疏离—建构”的双重关系，同时，这种奇观快感文化背后的社会文化、心理危机同样不容忽视。

消费社会是评判、研究当下中国媒介文化转型与发展的重要现实语境，在消费文化的转型过程中，大众传媒无疑扮演着推波助澜的重要角色。同样，电视娱乐节目的更新换代亦是消费逻辑对文化生产进行渗透的重要体现。在大众化休闲刚刚起步的年代，以综艺表演、游戏、答题等为主要内容的浅层次娱乐节目，基本可以满足受众的娱乐需要。当受众能够接触到的媒介渠道、娱乐方式越来越多元化，对娱乐内容的需求水平也随之提升，他们不再满足于唱唱跳跳、玩玩猜猜的简单方式，而是更加注重视听观感、场景呈现、情感表达等深层次的东西，以各种大型真人秀节目为代表的娱乐奇观成为受众遥控器追逐的焦点。

作为一种典型的大众文化形态，娱乐奇观将受众从单向的娱乐节目欣赏者转化为娱乐内容的积极消费者，其与主流文化的关系也处于一种疏离与建构的持续性张力之中。一方面，娱乐产业是文化创意产业发展中最具活力的增长点之一，得到来自政策层面和实践发展的双重认可，成为增强文化软实力、建设社会主义文化强国的重要环节；另一方面，娱乐文化又因其天然的通俗性与大众趣味性，以及商业性因素的膨胀，在现实的操作中不可避免地出现与主流文化相背离的负面社会影响。在媒介市场竞争异常激烈，媒体文化深刻影响并改变着人类生活方式、思维方式的背景下，越来越多的媒体刻意遵循着“奇观制造”的逻辑来争夺眼球，以追求快感体验为主导而罔顾社会文化、受众审美旨趣的沉沦……如此，娱乐的真正内涵、终极意义被扭曲，积极意义上的电视娱乐功能被颠覆，奇观也成为众声喧哗、意见论争的话语场。

总的来说，本书所提出的“电视娱乐奇观”概念及其相关论述，进一步丰富了凯尔纳关于“媒体奇观”的研究，将视角聚焦于现象级娱乐节目的内容生产与受众解读，在超级模式风靡全球、娱乐大片日渐成为受众生活一部分的当下，具有重要的研究价值和现实意义，可谓是媒介文化研究的时代命题。同时，一些新的研究切入点，比如娱乐节目的奇观化传播、受众的浸入式收视、节目与广告之间界限的消融、广告商身份的转变等问题，对于电视娱乐节目的创新发展也具有一定的借鉴作用。当然，本书更加侧重于对娱乐奇观的文本与内容、生产与传播策略以及受众的解读进行研究，虽然也结合消费社会理论对奇观的生发与扩散进行了批判性反思，但还不够深刻和独到。笔者将在今后的工作和学习中时刻保持对娱乐产业的关注，不断充实和完善“娱乐奇观”的理论研究，在对现象的观察和思考中，洞悉媒体文化在塑造当代社会价值观、关系和体验等方面日益增强的作用，以求更加深入地揭开奇观效应的面纱。

附录一　深访提纲设计

一、婚恋交友类节目观众深访问题

1. 请谈谈喜欢收看《非诚勿扰》的原因。

2. 你感觉台上的男女嘉宾和现实生活中希望交友求偶的人是一致的吗？比如外形、气质谈吐、表现出来的状态，请男女嘉宾分开谈谈。

3. 如果你是单身，你会考虑通过上《非诚勿扰》节目这样的途径来解决个人问题吗？或者说，你认为这种节目是否真的有可能帮助男女嘉宾解决个人问题？

4. 你觉得观看这种节目，对你的择偶观念、价值观念是否有影响呢？

5. 类似《非诚勿扰》这样的节目曾经多次曝出嘉宾身份造假、出位言论等负面消息，那节目还能吸引你收看的原因是什么呢？

二、选秀类节目观众深访问题

1. 你觉得《中国好声音》最吸引你的地方是什么？你对这类节目的喜欢是从什么时候开始的？比如早期的《超级女声》是否就已经开始关注了？

2. 如果有这些选秀节目的学员举办演唱会或是见面会之类的，在时间和经济条件都允许的情况下，你会去看吗？

3. 你是否为《中国好声音》节目中一些学员的故事所打动？你觉得是真实的吗？对于节目组的一些刻意安排和"讲故事"，你怎么看？

4. 在《中国好声音》这么多的学员中，谈谈你印象最深的学员和你最喜欢的学员，他们身上有哪些特质吸引了你？

5. 你是否记得在《中国好声音》节目上投放广告的都有哪些品牌？

三、亲子类节目观众深访问题

1. 吸引你收看《爸爸去哪儿》的主要原因是什么？

2. 同时期推出的亲子节目还有很多，比如《人生第一次》《老爸老妈看我的》，这些节目有关注吗？请谈谈喜欢或者不喜欢的原因。

3. 你觉得节目中明星父子（女）之间相处的状态是他们生活中的真实状态吗？

4. 你觉得户外真人秀相比较于演播室节目，有什么独到之处吗？

5. 通过观看节目，你有学习到一些关于亲子相处、儿童成长方面的信息或受到教育吗？

四、竞技类节目观众深访问题

1. 请问你喜欢看《奔跑吧兄弟》这类游戏竞技节目吗？简单谈谈原因。

2. 你觉得《奔跑吧兄弟》里面的明星嘉宾在节目中的表现是真实的吗？最喜欢哪位嘉宾？他/她身上的什么特质吸引了你？

3. 如果有这种户外竞技节目在你所在的城市录制，你希望到现场去观看吗？

4. 现实生活中，你有玩过“撕名牌”的游戏吗？或者参加的集体活动中有参照节目设计的小游戏吗？

5. 通过观看竞技类节目，有没有对你的生活态度、生活方式产生一些影响，比如说主动去健身、去节目录制过的地方旅游？

五、其他深访问题

1. 你是否希望到节目现场观看录制，觉得节目现场观众的表现是否真实？

2. 你是否会经常在微博、微信里和朋友分享刚看过的某个电视节目？

3. 你是更喜欢看原创的节目，还是模式引进节目？请谈谈原因。

4. 你觉得电视对观众的影响大吗？电视媒体应该如何平衡娱乐性与文化性？

5. 你觉得媒介对人的社会化有什么影响？

附录二　受访者基本信息

序号	年龄	性别	教育程度	职业	地域分布	访谈方式/地点
1	26	女	硕士	报社记者	北京	QQ
2	28	女	博士	学生	北京	宿舍
3	25	女	大专	企业职员	陕西	QQ
4	22	女	高中	超市促销员	北京	超市
5	36	男	博士	研究员	天津	咖啡店
6	47	男	本科	电视台编辑	北京	办公室
7	33	女	硕士	电视台编辑	北京	办公室
8	29	男	硕士	大学辅导员	上海	电话
9	29	女	硕士	公务员	山东	QQ
10	35	男	本科	公务员	宁夏	QQ
11	30	男	博士	学生	广东	电话
12	51	女	初中	退休职工	山东	家中
13	30	女	本科	企业职员	山东	家中
14	17	女	高中	高中生	山东	电影院
15	43	女	大专	家庭主妇	山东	电影院
16	13	男	初中	初中生	山东	家中
17	34	女	本科	企业职员	浙江	电子邮件
18	23	男	本科	学生	吉林	微信
19	19	女	高中	学生	北京	家中
20	50	男	本科	中学教师	山东	电话

参考文献

外文文献：

ABERCROMBIE N, LONGHURST B. Audiences: a sociological theory of performance and imagination[M]. London: Sage, 1998.

ALASUUTARI P. Introduction: three phases of reception studies[M]//Rethinking the media audience: the new agenda. London: sage, 1999.

ANDERSON J A. The pragmatics of audience in research and theory[M]//The audience and its landscape. Boulder, CO: Westviews, 1996.

ANDERSON J, COLLINS P A, SCHMITT R S, JACOBOVITZ R S. Stressful life events and television viewing[J]. Communication Research, 1996, 23(3).

ANONYMOUS. Enterainers to the world[J]. The Economist, Nov 5, 2011.

APPADURAI A. Modernity at Large: Cultural Dimensions of Globalization[M]. University of Minnesota Press, 1996.

BREWER M B. The social self: on being the same and different at the same time[J]. Personality and Social Psychology Bulletin, 1991(17).

CHALABY J. At the origin of a global industry: The TV format trade as an Anglo—American invention[J]. Media, Culture & Society, 2012, 34(1).

CHRIS H. Empire of illusion: the end of literacy and the triumph of spectacle[M]. Nation Books, 2010.

CSIKSZENTMIHAIYI M. Flow: the psychology of optimal experience[M]. New York: Harper and Row, 1990.

CSIKSZENTMIHAIYI M. Play and intrinsic rewards[J]. Journal of Humanistic Psychology, 1975, 15(3).

DANIEL J B. The image: a guide to pseudo-events in America[M]. New York: Harper

&Row,Publishers Inc. 1961.

DAVID R,BRUCE M. Spectacle[M]. Phaidon Press,2006.

DIANA T. Disappearing acts:spectacles of gender and nationalism in argentina's "Dirty War"[M]. Duke University Press,1997.

EMILY M G,ROBIN L N. Explaining the effects of narrative in an entertainment television program:overcoming resistance to persuasion[J]. Human Communication Research,2010,36(1).

EuroData. One Television Year in the World[R]. EuroData,2008.

FRAPA. The FRAPA Report 2009:TV Format to the World[R]. FRAPA:Cologne,2009.

HAIQING Y. Sports media in China:making spectacle[M]. Sussex Academic Press,2014.

HAROLD L V. Entertainment industry economics[M]. Cambridge University Press,2011.

HONG K. Aesthetic constructions of Korean nationalism:spectacle,politics,and history [M]. Routledge,2011.

JACKSON S A,MARSH H W. Development and validation of a scale to measure optimal experience:The flow state scale[J]. Journal of Sport and Exercise Psychology,1996,18.

JOHN S. Cultural studies and the study of popular culture[M]. Edinburgh:Edinburgh University Press,2003.

JONATHAN C. Suspensions of perception:attention,spectacle,and modern culture[M]. the MIT Press,2001.

JOSEPH N. Soft power:the means to success in world politics[M]. Public Affairs,2005.

LISA K L,AMANDA M R,TRAVIS D P. Simply irresistible:reality TV consumption patterns[J]. communication Quarterly,2008,56(2).

LIVINGSTONE S M. On the cutting edge,or otherwise,of media and communication research[J]. Nordicom Review,2000(2).

MARA E. Broadcast network television,1955—2003:the pursuit of advertising and the decline of diversity[J]. Journal of Media Economics,2003.

MARJORIE G,REBECCA L,WALKOWITZ J M. Media Spectacles[M]. Routledge,1993.

MAX H,THEODOR W A. Dialectic of enlightenment:philosophical fragments[M]. New York:Stanford University Press,2002.

MCKENZIE W. The spectacle of disintegration:situationist passages out of the twentieth century[M]. Verso,2013.

MORLEY D. "To boldly go…": the "third generation" of reception studies[M]//Rethinking the media audience: the new agenda. London: sage, 1999.

NELL V. Lost in a Book: the psychology of reading for pleasure[M]. London: Yale University Press, 1988.

NICK C. Media rituals: a Critical approach[M]. Taylor & Francis, 2002.

NOVAK T P, HOFFMAN D L. Measuring the Flow Experience Among Web Users[R]. Project 2000, Vanderbilt University. Paper Presented at Interval Research Corporation, July 31, 1997.

PAUL T. The Spectacle: media and the making of the O. J. Simpson story [M]. Praege, 1997.

PM Valkenburg & SC Janssen. What do children value in entertainment programs? A cross-cultural investigation[J]. Journal of Communication, 1999, 49(2).

PRAMOD K N. Seeing stars: spectacle, society and celebrity culture[M]. Sage Publications India Pvt Ltd. , 2009.

ROSENGREN K E, WINDAHL S. Media matter: TV use in childhood and adolescence [M]. Norwood, NJ: Ablex, 1989.

SUSAN M, LAURIE O. Reality TV: remaking television culture[M]. New York: New York University Press, 2004.

ZEEV W. Public spectacles in Roman and Late Antique Palestine[M]. Harvard University Press, 2014.

中文译著:

阿多诺. 电视和大众文化模式[M]//外国美学:第 9 辑. 北京:商务印书馆,1992.

阿多诺. 文化工业在思考[M]. 高丙中,译. 天津:天津社会科学出版社,2000.

霍克海默,阿多诺. 启蒙辩证法[M]. 上海:上海人民出版社,2003.

海德格尔. 世界图像的时代[M]. 孙国兴. 海德格尔选集[M]. 上海:上海三联书店,1996.

姚斯,霍拉勃. 接受美学与接受理论[M]. 周宁,金元浦,译. 沈阳:辽宁人民出版社,1987.

阿塔利. 21 世纪词典[M]. 梁志斐,周铁山,译. 桂林:广西师范大学出版社,2004.

德波. 景观社会[M]. 王昭风,译. 南京:南京大学出版社,2006.

德波. 景观社会评论[M]. 梁虹,译. 桂林:广西师范大学出版社,2007.

鲍德里亚. 消费社会[M]. 刘成富,全志钢,译. 南京:南京大学出版社,2008.

胡伊青加. 人：游戏者[M]. 成穷，译. 贵州：贵州人民出版社，1998.

费斯克，哈利. 解读电视[M]. 郑明椿，译. 台北：台湾远流出版有限公司，2006.

伯格. 通俗文化、媒介和日常生活中的叙事[M]. 姚媛，译. 南京：南京大学出版社，2006.

理斯曼，等. 孤独的人群——美国人性格变动之研究[M]. 刘翔平，译. 沈阳：辽宁人民出版社，1988.

贝尔. 资本主义文化矛盾[M]. 赵一凡，蒲隆，任晓晋，译. 北京：三联书店，1989.

戴扬，卡茨. 媒介事件：历史的现场直播[M]. 麻争旗，译. 上海：北京广播学院出版社，2000.

凯尔纳. 媒体奇观——当代美国社会文化透视[M]. 史安斌，译. 北京：清华大学出版社，2003.

詹姆逊. 快感：文化与政治[M]. 王逢振，译. 北京：中国社会科学出版社，1998.

马尔库塞. 单向度的人——发达工业社会意识形态研究[M]. 刘继，译. 上海：上海译文出版社，2008.

马尔库塞. 审美之维[M]. 李小兵，译. 桂林：广西师范大学出版社，2001.

罗伯特. 重组话语频道[M]. 麦永雄等，译. 北京：中国社会科学出版社，2000.

艾伦. 重组话语频道：电视与当代批评理论：第 2 版[M]. 牟岭，译. 北京：北京大学出版社，2008.

马尔库塞. 单面人——发达工业社会的意识形态研究[M]. 左晓斯等，译. 长沙：湖南人民出版社 1988.

沃尔夫. 娱乐经济——传媒力量优化生活[M]. 黄光伟，邓盛华，译. 北京：光明日报出版社，2001.

波兹曼. 娱乐至死[M]. 章艳，译. 桂林：广西师范大学出版社，2009.

汤普森. 世界民间故事分类学[M]. 郑海，郑凡，刘薇林等，译. 上海：上海文艺出版社 1991.

洛厄里，德弗勒. 大众传播效果研究的里程碑：第三版[M]. 刘海龙等，译. 北京：中国人民大学出版社，2009.

费斯克. 大众经济[M]//吴士余. 大众文化研究. 上海：上海三联书店出版社，2001.

费斯克. 理解大众文化[M]. 王晓钰，宋伟杰，译. 北京：中央编译出版社，2006.

费斯克，等. 关键概念：传播与文化研究辞典[M]. 李彬，译注. 北京：新华出版社，2004.

韦伯斯特等. 视听率分析：受众研究的理论与实践[M]. 王兰柱等，译. 北京：华夏出版社，2004.

赫勒. 日常生活[M]. 衣俊卿,译. 重庆:重庆出版社 1990.

希尔. 流行真人秀——真实电视节目受众的定性与定量研究[M]. 赵彦华,译. 北京:中国国际广播出版社,2008.

莫利. 电视、观众与文化研究[M]. 冯建三,译. 台北:台湾远流出版事业股份有限公司,1995.

麦奎尔. 受众分析[M]. 刘燕南,李颖,杨振荣,译. 北京:中国人民大学出版社,2006.

戴尔. 明星[M]. 严敏,译. 北京:北京大学出版社,2010.

费瑟斯通. 消费文化与后现代主义[M]. 刘精明,译. 南京:译林出版社,2000.

史蒂文森. 认识媒介文化——社会理论与大众传播[M]. 王文斌,译. 北京:商务印书馆 2001.

弗里斯. 娱乐[M]//詹姆斯·库兰,米切尔·古尔维奇. 大众媒介与社会. 杨击,译. 北京:华夏出版社,2006.

中文专著:

陈建宪. 神祇与英雄——中国古代神话的母题[M]. 上海:三联书店出版社,1994.

陈犀禾. 当代美国电视[M]. 上海:复旦大学出版社,1998.

高鑫. 电视艺术学[M]. 北京:北京师范大学出版社,1998.

郭庆光. 传播学教程[M]. 北京:中国人民大学出版社,1999.

郭镇之. 中国电视史[M]. 北京:中国人民大学出版社,1991.

韩青,郑蔚. 电视娱乐节目新论[M]. 北京:中国广播电视出版社,2005.

何煜,刘如文. 电视导论[M]. 杭州:浙江大学出版社,2005.

洪民生. 中国中央电视台 30 年[M]. 北京:中国广播电视出版社,1988.

胡智锋. 电视节目策划学[M]. 上海:复旦大学出版社,2006.

蒋晓丽等. 奇观与全景:传媒文化新论[M]. 北京:中国社会科学出版社,2010.

赖黎婕等. 媒体奇观视域下的中国电视娱乐文化转型研究[M]. 广州:暨南大学出版社,2013.

李沁. 沉浸传播:第三媒介时代的传播范式[M]. 北京:清华大学出版社,2013.

李显杰. 电影叙事学:理论和实例[M]. 北京:中国电影出版社,2000.

刘扬. 媒介·景观·社会[M]. 重庆:重庆大学出版社,2010.

陆杨,王毅. 大众文化与传媒[M]. 上海:三联书店出版社,2000 .

罗钢,刘象愚. 文化研究读本[M]. 北京:中国社会科学出版社,2000.

罗青. 市场经济环境下中国电视节目市场的建构[M]//新闻与传播评论：2004 卷. 武汉：武汉出版社，2005.
南帆. 双重视域——当代电子文化分析[M]. 南京：江苏人民出版社，2001.
牛力. 漫谈好节目的克隆与创新之道[M]. 北京：电子工业出版社，2010.
潘忠党. 传播·文化·社会译丛[M]. 北京：华夏出版社，2003.
孙宝国. 中国电视节目形态研究[M]. 北京：新华出版社，2007.
孙宝国. 中国电视娱乐节目形态学[M]. 北京：新华出版社，2009.
王德胜. 文化的嬉戏与承诺[M]. 郑州：河南人民出版社，1998.
王逢振编译. 电视与权利[M]. 天津：天津社会科学院出版社，2000.
王杰文. 媒介景观与社会戏剧[M]. 北京：中国传媒大学出版社，2008.
王宁. 从苦行者社会到消费者社会：中国城市消费制度、劳动激励与主体结构转型[M]. 北京：社会科学文献出版社，2009.
王耀辉. 文学文本解读[M]. 武汉：华中师范大学出版社，1999.
吴琼. 视觉文化的奇观——视觉文化总论[M]. 北京：中国人民大学出版社，2005.
徐舫舟，徐帆. 电视节目类型学[M]. 杭州：浙江大学出版社，2006.

杨秾. 北京电视史话[M]. 北京：中国广播电视出版社，2012.
殷乐. 电视娱乐：传播形态及社会影响研究[M]. 北京：中国社会科学出版社，2011.
曾文莉，谭秀湖. 中国电视娱乐节目受众话语权力研究[M]. 北京：中国广播电视出版社，2012.
张晓海.《综艺大观》导演工作漫笔[M]//王录. 电视综艺节目特色与走向. 北京：中国广播电视出版社，1999.
张月新，张明新. 转型社会的媒介景观[M]. 武汉：武汉大学出版社，2007.
赵毅衡. 符号学原理与推演[M]. 南京：南京大学出版社，2011.
赵勇. 大众媒介与文化变迁——中国当代媒介文化的散点透视[M]. 北京：北京大学出版社，2010.
周小普. 全球化媒介的奇观：默多克新闻集团解读[M]. 北京：中国社会科学出版社，2006 年。
周志强. 这些年我们的精神裂变[M]. 北京：社会科学文献出版社，2013.
朱光潜. 朱光潜谈美[M]. 上海：华东师范大学出版社，2012.
朱立元. 当代西方文艺理论[M]. 上海：华东师范大学出版社，2005.
朱立元. 现代西方美学史[M]. 上海：上海文艺出版社，1993 .

宗匠，汪文斌，李幸. 电视娱乐节目：理念、设计与制作[M]. 北京：中国广播电视出版社，2003.

学位论文：

杜晓红. 电视文化中的“快感”问题研究[D]. 苏州大学，2011.
范欣. 奇观化生存——当代中国媒体现状与境遇研究[D]. 浙江大学，2009.
刘倩. 当代中国电视奇观现象研究[D]. 苏州大学，2012.
张玉佩. 当代阅听人研究之理论重构：试论阅听人的思辨能力[D]. 台湾政治大学，2003.
周亭. 中国电视娱乐产业研究——一种生产者的视角[D]. 复旦大学，2007.
周欣欣. 中国电视娱乐节目收视现状及影响因素研究[D]. 中国社会科学院，2011.

期刊论文：

凯尔纳. 消费社会批判：法兰克福学派与让·波德里亚[J]. 樊柯，译. 首都师范大学学报（社会科学版），2008(1).
毕啸南. 2016 年中国综艺节目年度观察[J]. 中国电视，2017(3).
蔡骐，蔡雯. 娱乐化浪潮中的媒介文化——文化研究与传播政治经济学的解读[J]. 湖南大众传媒职业技术学院学报，2007(1).
程耿金妍，冯尚钺. “好声音”中“好故事”的叙事学分析——以《中国好声音》为例[J]. 中国传媒科技，2013(4).
戴扬，邱林川，陈韬文. “媒介事件”概念的演变[J]. 传播与社会学刊，2009(9).
邓淦之. 大众文化与主流文化：两种文化维度的差异、联系与融合[J]. 佳木斯大学社会科学学报，2012(3).
范欣. 媒体奇观研究理论溯源——从“视觉中心主义”到“景观社会”[J]. 浙江学刊，2009(2).
高金萍，孙利军. 西方电视研究的理论进路[J]. 国外社会科学，2008(6).
郭炜华. 模式节目的国际发展与本土创新[J]. 收视中国，2012(12).
杭云，苏宝华. 虚拟现实与沉浸式传播的形成[J]. 现代传播，2007(6).
何志武，张洁. 碎片化时代的媒体奇观——电视综艺节目热潮的归因与批判[J]. 现代传播，2015(5)：66-71.
胡瑞庭. 浙江卫视综艺节目创新创优实践的理论价值与意义[J]. 现代传播，2013(2).
胡正荣，李舒. 电视娱乐节目可持续发展的路径选择[J]. 中国广播电视学刊，2008(6).

胡智锋，周建新.新世纪十年中国电视娱乐节目热点分析[J].湖南大众传媒职业技术学院学报，2011(2).
蒋为民.《中国达人秀》的全媒体传播策略及其效能分析[J].新闻大学，2012(2).
金慧敏.从话语的铁屋子里突围——试论戴维·莫利的积极受众论[J].甘肃社会科学，2011(2).
孔令顺.论电视娱乐节目的逻辑起点[J].现代传播，2012(5).
李建秋.电视娱乐节目类型及叙事模式[J].新闻爱好者(理论版)，2008(9).
李琦.众声喧哗与众生失语——当下媒介文化的人文反思[J].湘潭大学学报(哲学社会科学版)，2012(5).
李兆丰.市场、品牌与卫视的"主流化"生存——卫视品牌价值观分析[J].现代传播，2013(3).
刘冠群.电视娱乐节目的对抗文化对受众抗逆力影响初探[J].华中师范大学学报(人文社会科学版)，2012(3).
刘悦笛.景观社会中的"阿凡达悖论"[J].现代传播，2010(4).
刘自雄.解析"媒介事件"的内涵[J].辽东学院学报，2005(5).

刘自雄.透视电视娱乐的文化"母题"与叙述策略——《超级女声》的叙事话语分析[J].新闻大学，2005(4).
卢文浩.《非诚勿扰》的快感产生机制分析[J].2011(1).
鲁哲.意义的生产和流通——费斯克《电视文化》述评[J].新闻与传播研究，1998(4).
路明涛.中国式"季播"[J].视听界，2011(5).
吕海媛.慧眼识新——由《中国好声音》看创新性节目广告投放[J].广告大观(综合版)，2012(11)：28-30.
苗棣.制作为王：《非诚勿扰》的成功之道[J].现代传播，2010(5).
邵培仁，潘祥辉.论中国电视娱乐节目的困境与出路[J].嘉兴学院学报，2005(5).
邵培仁，杨丽萍.电影地理论：电影作为影像空间与景观的研究[J].河南大学学报(社会科学版)，2010(5).
沈湘平.大众趣味的权力化及其后果[J].求是学刊，2007(2).
石德生.景观社会理论：经济社会景观化构序构境的深刻批判[J].青海社会科学，2017(1)：123-128.
王德君.浅析当下大型电视晚会奇观化现象[J].中国广播电视学刊，2011(7).
王冬冬.论上海城市形象片的去奇观化叙事[J].新闻大学，2014(1)：70-75.

王润斌,肖丽斌.媒体奇观理论观照下的奥林匹克运动会:一种文化批判的视角[J].体育与科学,2015(2):26-33.

王颖吉.当代学术话语中的"奇观家族"——领域与范式差异[J].贵州社会科学,2010(4).

吴凡.2009年综艺娱乐节目收视分析[J].收视中国,2010(3).

谢耘耕,陈虹.中国真人秀节目发展报告[J].新闻界,2006(2).

熊澄宇.对新媒体未来的思考[J].现代传播,2011(12).

徐帆.电视研究正当时:基于社会转型、媒介演进和理论纵深的思索[J].现代传播,2012(11).

徐帆.娱乐专业主义:基于《中国好声音》的解读[J].南方电视学刊,2012(5).

徐圻.冲突中的交融——论当今中国三种文化形态及其关系[J].贵州大学学报(社会科学版),1998(5).

徐翔,邝明艳.接受与效果研究中的"潜文本"——文学理论与传播研究的交叉视角[J].文艺理论研究,2010(1).

薛敏芝.经济全球化时代的植入式广告[J].中国广告,2005(6).

仰海峰.消费社会批判理论评析——鲍德里亚《消费社会》解读[J].长白学刊,2004(3).

叶思诗,杨燕.新时期主流文化取借大众文艺的路径——从《超级女声》、《红歌会》到"唱红歌"活动[J].新闻知识,2011(7).

殷乐.电视模式的全球流通:麦当劳化的商业逻辑与文化策略[J].现代传播,2005(4).

殷乐.媒介融合环境下欧美受众研究的范式转换[J].新闻与传播研究,2010(6).

于盈.约瑟夫·奈:中国缺创造"软实力"的非政府机构[J].南风窗,2009(13).

俞杭英.《奔跑吧兄弟》:做出中国味道[J].中国广播电视学刊,2015(8).

曾一果.重建批判的媒介文化研究——道格拉斯·凯尔纳的"媒介文化研究"[J].国际新闻界,2010(3).

张凤铸,陈立强.一种节目范式的解析:从〈快乐大本营〉说起[J].当代电影,2004(4).

张建珍,彭侃.电视节目模式国际贸易发展简史[J].新闻春秋,2013(2).

张一兵.颠倒再颠倒的景观世界——德波《景观社会》的文本学解读[J].南京大学学报(哲学·人文科学·社会科学版),2006(1).

张玉佩.从媒体影像观照自己——观展/表演范式之初探[J].新闻学研究,2004(82).

赵红勋,李明海,赖黎捷.我国电视娱乐文化"奇观化"研究[J].新闻爱好者,2011(23).

赵毅衡.论"伴随文本"——扩展"文本间性"的一种方式[J].文艺理论研究,2010(2).

郑维东.人口老龄化与电视老龄化[J].收视中国,2008(8).

周宪. 视觉文化与消费社会[J]. 福建论坛·人文社会科学版，2001(2).

周宪. 论奇观电影与视觉文化[J]. 文艺研究，2005(3)：18-26.

朱羽君，殷乐. 减压阀：电视娱乐节目——电视节目形态研究之一[J]. 现代传播，2001(1).

报纸及网站：

陈文，朱美虹.《爸爸去哪儿》亮了户外真人秀[N]. 新闻晨报，2013-11-04(C02、C03).

龚丹韵. "达人秀"之后选秀节目将何处去 如何找新模式[N]. 解放日报，2010-08-16(3).

李蕾. 输出正能量 传递真性情——从浙江卫视《中国梦想秀》《中国好声音》看综艺节目如何突围[N]. 光明日报，2012-08-08(015).

孙超逸. "好声音"变身"好生意"[N]. 北京日报，2012-11-03(07).

许思鉴.《非诚勿扰》将入哈佛课本[N]. 法制晚报，2013-06-20(A45).

殷乐. 当代传播的互文性与景观娱乐[N]. 中国社会科学院院报，2008-03-13(3).

陈成. 2012 多家卫视广告招标《非诚勿扰》吸金 18 亿[EB/OL](2011-11-18). http://news. sina. com. cn/m/2011-11-18/093223486510. shtml.

关力制. "好声音"承认编故事：安排徐海星谈亡父 刘欢忘词[EB/OL](2011-11-18). http://ent. people. com. cn/n/2012/0811/c86955-18720027-1. html.

吴戈.《中国好声音》引发三大启示[EB/OL](2012-10-20). http://culture. gmw. cn/2012-10/20/content_5431807. htm.

张颐武. "纯粹"觅得"好声音"[EB/OL](2012-08-07). http://opinion. people. com. cn/n/2012/0807/c1003－18681739－1. html.

钟文. 明星跳水"秀"的啥[EB/OL](2013-04-08). http://sports. people. com. cn/n/2013/0408/c143318－21048326. html.

《爸爸去哪儿》冠名费近 3. 12 亿 创综艺节目新高[EB/OL](2013-12-04). http://news. xinhuanet. com/fortune/2013-12/04/c_125807264. htm.

2016 年广播影视业创收收入超 1. 3 万亿元[EB/OL]. http://www. sohu. com/a/157644428_481352.

尼尔森研究证实 Twitter 信息量与收视率显著相关[EB/OL](2013-03-21). http://it. sohu. com/20130321/n369722387. shtml.

专访吕焕斌 揭秘《爸爸去哪儿》大电影为啥这么火[EB/OL](2014-02-12). http://news. xinhuanet. com/ent/2014-02/12/c_126121006. htm.

后 记

新中国新闻学的重要奠基人甘惜分先生曾言“我唯一的标准是学术标准”。甘老的名言是吾辈不懈追求的人生目标，虽无法望其项背，但也是我在学术研究道路上时刻谨记的至理名言。正因为如此，本书付梓可谓“婉转曲折”。自有此出版想法，到样稿勘误完毕，时光悄然已经过去三年。每每想到自己的观点文字要发表“示众”，都有愧对“学术标准”之内疚，于是，凡自认为重要处，皆会重读经典、重拾原著、重温文献，反复核验、认真论证。现在的书稿，虽难达学术标准，更遑论学术高度，但至少是对自己学术生涯的一个小小注脚。

有关本书的初步设想始于进入北京电视台工作以后，在与节目一线工作者的接触、交流中，我实实在在地感受到了激烈竞争下的省级卫视对于一档现象级综艺节目的渴望和焦虑。而在受众层面，现象级综艺已经成为人们茶余饭后必不可少的谈资，不断影响着受众的心理和行为，进而作用于社会意识形态和社会文化。慢慢地，我开始有意识地对这类现象进行更深入、更系统的学理性思考，并将其作为博士论文的选题方向。

有人曾经说过，专业和工作能够对口，那是幸运的；如果和兴趣又一致的话，那么就是幸福的！我想我是幸福的。从2007年硕士入学开始，我有幸师从刘燕南教授在中国传媒大学开始我的研究生涯，而后在中国传媒大学传媒科学研究所从事互联网传播效果测量、网络舆情分析工作，2012年进入北京电视台工作，一直以来我从事的都是与媒介调查、传播效果评估、受众分析、节目研发等相关的学习和研究，在知识和经验得到积累的同时，也收获了很多的乐趣和成长。

执笔至此，真心要感谢很多师长、朋友和家人给我的莫大帮助和指导。

首先要感谢我的导师刘燕南教授，没有刘老师的支持和鼓励，就没有这本书的付梓出版。从论文完成到修改成书，这期间自己经历了从单身到妻子到母亲的角色转变，繁忙工作与家庭琐事之间，深度思考的学术研究一度无暇顾及，好在有刘老师如沐春风般的鼓励和敦促，本书才最终得以与读者见面。尽管书中所列举之案例略显“过时”，但对电视娱乐奇观的剥笋式解读和批判性思考有助于我们更好地洞悉媒介文化在塑造社会价值观、重构社会关系等方面的重要影响力。

感谢我的部门领导秦新春主任，秦主任在工作中为我创造了很多学习和研究的机会，也总是鼓励、支持我将工作中的观察思考转变为铅字。

感谢父母和家人，是你们在默默为我分担哺育孩子、照顾家庭的重任。岁月静好，牵手前行。

另外，限于水平，书中难免有错误和待商榷处，敬请读者、师者、同行多多批评指正！

2017 年 12 月 22 日于家中